复旦卓越·人力资源管理和社会保障系列教材

商业保险理论与实务

杨俊峰　主　编　　肖红梅　周　欣　副主编

丛书编辑委员会

编委会主任　李继延　李宗泽
编委会副主任　冯琦琳
编委会成员　李　琦　张耀嵩　刘红霞　张慧霞
　　　　　　郑振华　朱莉莉

復旦大學 出版社

内容提要

保险在应对突发事件和灾害损失等方面具有经济补偿、保险金给付、资金融通和防灾防损等职能,这在宏观上有利于国民经济持续稳定地发展、科学技术的推广应用、社会稳定和对外贸易的开展,微观上有助于稳定企业的经营和收入、促进企业加强风险管理、保障人民生活的安定、提高企业和个人的信用等,保险因此也被称为"精巧的社会稳定器"。

为了使学生快速并且全面地掌握保险的基础知识和实践技能,为从业奠定良好的理论和实践基础,提高就业竞争力,本教材在编写上注意了普遍性、适用性和全面性。本书的主要内容包括:风险与保险、保险的基本原则、保险合同、人身保险、财产保险、责任保险和信用保证保险、保险公司经营管理、保险监管。

本书适合保险专业的学生作为参考用书,同时适合大众作为了解商业保险的参考。

丛书总主编　李　琦

编辑成员(按姓氏笔画排序)

邓万里　田　辉　石玉峰　孙立如　孙　林　刘红霞
许晓青　许东黎　朱莉莉　李宝莹　李晓婷　张慧霞
张奇峰　张海蓉　张耀嵩　肖红梅　杨俊峰　郑振华
赵巍巍

前言

保险在应对突发事件和灾害损失等方面具有经济补偿、保险金给付、资金融通和防灾防损等职能。这在宏观上有利于国民经济的持续稳定发展、科学技术的推广应用、社会稳定和对外贸易的开展;在微观上有助于稳定企业的经营和收入、促进企业加强风险管理、保障人民生活的安定、提高企业和个人的信用等,因此保险也被称为"精巧的社会稳定器"。改革开放四十年来,保险在我国获得快速发展,保费收入从1980年的4.6亿元增长到2017年的3.66万亿元,增长了将近8 000倍。《2016—2017保险业风险管理白皮书》显示,2016年是我国保险业里程碑之年,在这一年,保险行业原保险保费收入总计3.1万亿元,规模已达世界第二。

2014年,《国务院关于加快发展现代保险服务业的若干意见》印发;2018年,国务院机构改革新组建了中国银行保险监督管理委员会。政策的出台和国家机构的调整,会促进保险业的发展空间不断扩大、保险业总资产不断增加、保险机构数量不断增多。保险业对人才的需求非常迫切,成为吸纳就业人口的重要服务性行业,越来越多的大学毕业生投身保险业。这也为高等职业院校的保险教育提供了很好的发展机遇,越来越多的高职院校开设了保险专业,而很多经济管理类专业纷纷开设了保险类的课程。

高职院校主要培养具有相关行业一线实际工作能力的高端技术技能型人才,为了使学生快速并且全面地掌握保险的基础知识和实践技能,为从业奠定良好的理论和技能基础,提高就业竞争力,本教材在编写上注意了普遍性、适用性、全面性,紧跟保险业的发展步伐,在章节体系上设计了学习目标、案例分析、知识链接、阅读资料、本章小结、主要专业术语的中英文对照表、技能训练和思考题等教学内容和项目。

本书的编写由杨俊峰、肖红梅和周欣通力合作完成,具体分工为:第一、第三章由周欣编写,第二、第四、第五、第六章及附录由杨俊峰编写,第七、第八章由肖红梅编写,全书由杨俊峰统稿。

  本书在编写过程中,参考了前辈和其他同专业教师编著的教材内容,具体见参考文献和相应章节内容的注释,在此对他们的前期研究成果给本教材带来的启发和借鉴表示感谢!感谢复旦大学出版社王雅楠编辑,她在编辑方面的专业精神和水准使本书得以尽快出版面世。感谢领导、同事对我的信任和支持。感谢我的先生,他对我工作大力支持,使我在繁忙的教学工作之余能利用节假日和周末的时间编成本书。感谢我刚入小学的女儿,她对本书的期待和得知妈妈在编写教材时的自豪、喜悦、期盼之情,督促我扎扎实实,尽力使本教材的编写适合高职学生的培养需求。感谢我在平安保险公司工作的大学同学苏传军,我在教学过程中对实务操作或对法条理解拿不准的时候,经常随时拨通电话向他请教。最后感谢所有关心、帮助我的亲人、朋友们!

杨俊峰
2019 年 6 月 16 日

目 录

前言 1

第一章　风险与保险 1
第一节　风险与风险管理 1
第二节　保险概述 9
第三节　保险的分类 10
第四节　保险的职能与作用 12
第五节　保险的起源与发展 13
本章小结 16
主要专业术语的中英文对照表 17
本章知识、技能训练与思考题 18

第二章　保险的基本原则 19
第一节　最大诚信原则 19
第二节　保险利益原则 27
第三节　近因原则 31
第四节　损失补偿原则 33
第五节　损失补偿原则的派生原则 35
本章小结 40
主要专业术语的中英文对照表 41
本章知识、技能训练与思考题 41

第三章 保险合同 ... 45
第一节 保险合同的特征与种类 ... 45
第二节 保险合同的要素 ... 50
第三节 保险合同的订立、生效与履行 ... 53
第四节 保险合同的变更、解除、中止、复效和终止 ... 56
第五节 保险合同的解释和争议处理 ... 60
本章小结 ... 61
主要专业术语的中英文对照表 ... 63
本章知识、技能训练与思考题 ... 63

第四章 人身保险 ... 65
第一节 人身保险概述 ... 65
第二节 人寿保险 ... 69
第三节 健康保险 ... 76
第四节 人身意外伤害保险 ... 80
本章小结 ... 83
主要专业术语的中英文对照表 ... 83
本章知识、技能训练与思考题 ... 84

第五章 财产保险 ... 87
第一节 财产保险概述 ... 87
第二节 企业财产保险 ... 90
第三节 家庭财产保险 ... 94
第四节 机动车辆保险 ... 97
第五节 货物运输保险 ... 104
第六节 工程保险 ... 109
本章小结 ... 113
主要专业术语的中英文对照表 ... 114
本章知识、技能训练与思考题 ... 114

第六章 责任保险和信用保证保险 ... 118
第一节 责任保险 ... 118
第二节 信用保证保险 ... 124

本章小结 ··· 129
　　主要专业术语的中英文对照表 ··· 130
　　本章知识、技能训练与思考题 ··· 130

第七章　保险公司经营管理 ·· 134
　　第一节　保险公司经营管理概述 ··· 134
　　第二节　保险产品开发与保险费率 ·· 139
　　第三节　保险销售 ·· 143
　　第四节　保险核保与承保 ·· 151
　　第五节　防灾防损 ·· 154
　　第六节　保险理赔 ·· 157
　　第七节　保险资金运用 ··· 162
　　第八节　保险职业道德 ··· 167
　　本章小结 ··· 177
　　主要专业术语的中英文对照表 ··· 178
　　本章知识、技能训练与思考题 ··· 179

第八章　保险监管 ·· 182
　　第一节　保险监管概述 ··· 182
　　第二节　保险监管的主要内容 ··· 185
　　第三节　保险监管的方式 ·· 192
　　本章小结 ··· 197
　　主要专业术语的中英文对照表 ··· 197
　　本章知识、技能训练与思考题 ··· 198

附录　中华人民共和国保险法 ··· 201

最高人民法院关于适用《中华人民共和国保险法》若干问题的解释（一） ········· 222
最高人民法院关于适用《中华人民共和国保险法》若干问题的解释（二） ········· 224
最高人民法院关于适用《中华人民共和国保险法》若干问题的解释（三） ········· 227
最高人民法院关于适用《中华人民共和国保险法》若干问题的解释（四） ········· 230

参考文献 ··· 233

第一章

风 险 与 保 险

学习目标
- 了解:风险分类的不同标准;风险管理的基本方法;保险业的起源与发展。
- 理解:风险管理的过程;风险管理与保险的关系。
- 掌握:风险的本质及其组成要素;保险的概念、特征及分类。
- 能力:能够理性地面对身边有可能发生的风险,找出应对风险的方法,降低风险发生概率及损失;能够结合实际较好地理解保险的职能和作用,同时为后续保险制度的学习奠定基础。

第一节 风险与风险管理

案例分析

【案情】 2017年11月18日,北京市大兴区西红门镇新建二村一自建房屋"聚福园公寓"起火,造成19人死亡、8人受伤,遇难者死因均系一氧化碳中毒。起火部位位于地下中部冷库间南墙中部的墙面上,起火原因系埋在聚氨酯保温材料内的电气线路故障所致。樊某某等20人因涉嫌重大责任事故罪被大兴公安分局依法刑事拘留。

经调查,樊某某自2002年至2006年,未经相关部门审批,先后分三次建成地下一层、地上二层、局部三层楼房,建筑面积共计约20 000平方米,并陆续用于出租、经营。2016年3月,为出租和经营目的,在未经相关部门审批的情况下,组织人员在地下一层修建隔断墙,准备建设冷库。2017年2月、3月,分别与相关公司签订制冷设备购销合同和防水保温工程施工合同,开始冷库建设施工。其间,樊某某多次安排李某、王某等人在自建房及地下冷库内铺设接连电线,相关作业人员均无专业资质。起火前,地下冷库正处于安装调试阶段,尚未投入使用。

【分析】 我们对发生在身边的重大灾难震惊,也感受到风险的难以预料与无情。

试思考:如果租住在公寓内的房客预先知道了风险将发生,他们就不会租住在这里;如果房屋所有人预先知道灾难的发生,他也会采取防护措施避免。难题是这种假设是否可能存在?人们是否能够准确预知风险的发生?风险是不随人的意志而产生的,人们应该正确认识风险,采取合理的措施将风险降到最低。

风险的存在是保险产生和发展的基础,"无风险则无保险"。因而在学习正式的保险内容之前,应首先接触的内容是风险与风险管理。

资料来源:根据央视新闻整理。

一、风险概述

(一) 概念

在日常生活中,人们经常会提起风险这个词。通常,人们认为风险是任何有可能发生的自然灾害或者意外事故,即认为风险是未来结果的不确定性。例如,自然界的台风、海啸、地震等,以及由于个人的行为过失导致的交通事故等,都被认为是风险。然而,在传统意义上的保险领域风险被定义为:损失和损失程度的客观不确定性。这种不确定性表现在:发生与否不确定、发生时间不确定、损害对象不确定、发生状况不确定,以及损害程度不确定。

阅读资料

"风险"的起源

"风险"一词由来已久,相传在远古时期,以打鱼捕捞为生的渔民们每次出海前都要祈祷,祈求神灵保佑自己在出海时能风平浪静、满载而归。但是,一旦出现大风兴起大浪,就有可能造成船毁人亡。捕捞活动使他们深刻认识到"风"会给他们带来的无法预测、无法确定的灾难性危险,有"风"就意味着有"危险",这就是"风险"一词的由来。可见,"风险"是一个与不确定性密切相关对实现目标不"吉利"的事件。这一名词传承下来,延伸到许多领域。例如,用于投资方面,有可能不能收回本金就意味着有风险,称为"投资风险";酒后驾车,由于酒精作用使司机精神失常,很容易酿成车祸,这就意味着酒后开车有风险;人吃东西不注意卫生,意味着有生病的危险(风险)。管理经济学中的风险,是根据概率和概率分布的概念来进行的,指一种特定的决策所带来的结果与期望的结果之间变动性的大小;系统工程学中的风险,是指用于度量在技术性能、成本进度方面达到某种目的的不确定性;在指挥决策学中,风险被理解为在不确定性的决策过程中,所面临的无法保证决策方案实施后一定能达到所期望效果的危险。还有医疗风险、安全风险、质量风险、战争风险、被偷风险、地震风险,等等。长期以来人们通常将可能出现的、影响目标实现的"威胁"等不利事件统称为"风险",是一种未来的可能发生的不确定性事件对目标产生的影响。即"可能发生的事件对预期目标的影响",影响程度越大,风险也就越大;反之风险就越小。

"当我们冒险时,尽管我们无法预知结果如何,但我们是把赌注压在自己作出的决定所产生的结果上了。"

——彼得·L.伯恩斯坦

"吉凶悔吝者,生乎动者也。"

——《周易·系传下》

(二) 风险的要素

一般来说,风险由三部分构成:风险因素、风险事故和损失。

1. 风险因素

风险因素是指促使风险事故发生,或增加风险发生的概率,或加大损失严重程度的潜在条件。风险因素通常又分为实质性风险因素、道德风险因素和心理风险因素三个方面。

(1) 实质性风险因素。这是一种有形的风险因素,它是指引起或增加损失机会、增加损失严重程度的直接条件,是一种有形的风险因素。例如,汽车刹车系统失灵、地壳断层等,都属于实质性风险因素。

(2) 道德风险因素。这是一种无形的风险因素,与人的品德修养有关。即由于不诚实等故意行为促使风险事故发生或扩大风险事故损失程度的主观因素。例如,为获得比保费高昂的赔偿金,被保险人可能以隐瞒病情、自杀、危险驾驶等来造成人身伤害事故获得赔偿,也可能以故意纵火、撞车等行为造成财产损失获得赔偿。

(3) 心理风险因素。这也是一种无形的风险因素,与人的心理状态有关。心理风险因素和道德风险因素一样都是无形风险,但是它是指与心理状态有关,由于人们主观上的疏忽或过失,而不是故意行为,以致造成了风险事故的发生机会,或者扩大了损失程度。例如,责任心不强造成玩忽职守、违规违章作业等造成损失,都属于心理风险因素。

2. 风险事故

风险事故是风险因素爆发的过程。风险事故也可以称为"危险事件",是造成财产损失或人身伤害的偶发事件,是造成风险损失的直接原因,只有风险事故发生,才会导致损失。例如,车祸、地震、火灾等都是风险事故。风险事故的现实性是由风险因素的可能性转化而来的,如刹车失灵这一风险因素造成了车祸这一风险事故的发生。

3. 损失

损失是指非故意、非计划、非预期的经济损失,也就是经济价值的减少。损失可以从两个方面来理解:一方面损失是经济损失,强调的是能以货币衡量。即使对于人身伤亡,也是从由此引起的对本人及家庭产生的经济困难或者其对社会所创造经济价值的能力减少出发来考虑的;另一方面损失是非故意、非计划和非预期的,例如固定资产的折旧虽然造成了经济价值的减少,但这是一种有计划的和预期中的行为,因此不属于这里所定义的损失。

损失可以分为两种形态,即直接损失和间接损失。其中,直接损失是指风险事故造成的直接财产损失和人身伤害,而间接损失则是由直接损失所引起的其他损失。例如,超市商场因火灾造成固定资产受损,属于直接损失,而因火灾造成短期内无法恢复营业状况,则属于间接损失。有时候风险事故造成的间接损失或超过直接损失。

4. 风险因素、风险事故、损失三者关系

风险是由风险因素、风险事故和损失构成的统一体。三者之间的关系是:风险因素引发了风险事故,风险事故导致了损失的发生。损失金额的大小体现了风险事故的大小,也反馈了风险因素的隐患和危害程度。同时需要注意的是,对于同一事件,在某些条件下,风险因素可能是损失发生的直接原因,则它就是风险事故;而在另外一些条件下,可能是造成损失的间接原因,这时就是风险因素。

(三) 风险的特征

风险具有一些特有的性质,理解风险的特征可以更好地认识和识别风险。总体来说,风险常见的特征有客观性、偶然性和可变性等。

1. 风险的客观必然性

风险的客观必然性是指风险是客观存在的,是不以人的意志为转移的。人们通过对风险事件长期、大量的跟踪观察发现,风险的发生频率、程度大小等均与一些客观因素有关。例如,洪涝灾害多发生在降雨较多的地区,干旱多发生在降雨较少的地带,火灾多发生在秋冬干旱季节,地震多发生在地震带附近,特定疾病与生活某些习惯有着密切联系等。因此,通过观察统计结果,进而分析风险诱发原因,可以发现风险的存在是客观的、必然的现象。风险存在的客观性,使得人们可以识别及控制风险、进行风险管理、降低风险发生的频率和减少损失程度,但是由于风险存在的客观性,因此只能在有限的时间和空间范围内进行风险管理,而很难完全消除风险。

2. 风险的偶然性

风险的偶然性是指对特定的个体发生某些具体的风险事故是偶然的,是一种随机现象,即风险在什么时间、地点发生,以及发生什么风险,损失程度如何都是不确定的,这也就是风险发生的偶然性。由于诸多风险因素共同的影响才会造成风险事故的发生,且每一因素的出现和发生也要满足某些条件,因此这些都是无法准确预测的。所以说,就总体而言,风险是客观存在的,是必然的,但就特定的个体而言,风险的发生是随机的偶然的,因此,这也就造成风险发生的不确定性。

3. 风险的可变性

风险的可变性是指在一定条件下,风险可能在其性质、损失范围和损失程度等方面发生变化。世界上万物都处于相互联系、相互制约、运动变化过程中,风险也是如此。这种变化主要来自两个方面:一方面,随着科学技术水平的提高,人们识别风险、抵御风险的能力也在增强,从而不少风险可以得到控制,风险发生概率及损失程度都可能会降低。例如,随着医学技术水平的提高,人民面临疾病和死亡威胁的风险也大大降低。人类的寿命增加,抵抗疾病的能力增加,像曾经威胁人类生命的天花及一些癌症,可以被医疗技术所治疗和控制。这些风险已经弱化,并将逐渐减少或消失。另一方面,科技进步、人类生活方式改变等也会造成一些新的风险的产生,这种新的风险可能造成更加惊人的损失。例如,空难风险、计算机泄密风险、核风险等。所以,从发展趋势来看,风险不是固定不变的,旧风险可能会消失,新风险又可能会产生。

(四) 风险的分类

从不同的角度来看,风险可以有不同的分类。根据国务院国有资产监督管理委员会对风险的分类方法,风险可以按风险产生的原因、风险的性质、损失的原因等进行分类。下面介绍几种常见的分类。

1. 按损失的原因分类

按损失的原因对风险进行分类,可以分为自然风险、社会风险、经济风险、技术风险、政治风险和法律风险。该分类方法可以分析识别风险源头并便于研究防治措施。

自然风险是指由于自然现象引发的风险，如台风、雷暴、洪水、气候反常等所导致的财产损失、人身伤亡的风险。

社会风险是由于个人和团体的行为的疏忽、恶意、侥幸、过失造成的损害风险，如偷盗、绑架、反社会行为等。

经济风险是指经济参与者在经营活动中，由于自身及外部经济环境造成的经济利益受损的风险。如通货膨胀、汇率变动、消费需求变化、经营管理不善等造成的经济损失风险。

技术风险是指由于科学技术发展运用之后对人们生活带来的改变而造成的风险，例如核辐射、空气污染等。

政治风险是指由于政治原因所带来的损失风险，如政权更迭、政策的颁布实施、宗教冲突、种族冲突、国家战争等引发社会动荡造成损失。

法律风险是指由于国家实施的新法规对原有法规进行修改造成的经济损失风险，如行业的准入条件、新技术在行业的准许。

2. 按风险的性质分类

按照风险的性质，可以将风险分为纯粹风险和投机风险。

纯粹风险是指只有损失机会而没有获利可能的风险。这种风险类型所导致的风险结果只有两种，即损失和无损失。例如，车祸对受害者会造成财产损失和人身伤害，且没有利益获得。

投机风险是指这类风险可能会造成损失同时也可能带来获利机会的不确定的状态。这类风险类型所导致的风险结果会有三种，即损失、无损失和获利。例如，常见的股票交易、赌博都属于投机风险。

3. 按风险损害的对象分类

按照风险损害的对象，风险可以分为财产风险、人身风险、责任风险和信用风险。

财产风险即这类风险造成了财产损毁、灭失和贬值的风险。例如房屋遭受洪水、火灾的风险，机动车辆被盗的风险。

人身风险即这类风险会造成人的伤残、死亡的风险。这类风险一般又分为两类：一是生命风险；二是健康风险。

责任风险是指个人或者团体因行为的过失，对他人造成了人身伤害或财产损失，根据法律契约等对对方财产或人身受损应负有的赔偿责任。与其他风险类型相比，责任风险相对更加复杂且难控制。责任风险有公众责任风险、产品责任风险、雇主责任风险和职业责任风险等。

信用风险是指在经济交往中，由于一方违约或者不可抗力的发生，导致合同不能按照约定的情况执行所构成的经济损失的风险。例如，分期付款购买房屋的购房者拖欠房款就属于信用风险。

二、风险管理

（一）概念

风险管理是社会组织或个人通过风险识别、风险估测、风险评价，并在此基础上采用和选择合理的风险管理技术，对风险进行控制以及妥善处理所造成的损失，即尽力以最小的成本获得最大安全保障的管理活动。

(二) 风险管理的过程

风险管理的过程包括制定风险管理目标、风险识别、风险评估、风险处理、风险管理效果评价等方面。

1. 风险管理目标的确定

风险管理是一种决策过程，首先需要确定风险管理的总目标，即如何对风险进行控制，最大限度地降低损失，以最小的成本获得最大限度的安全保障。具体可以将风险管理的目标分为损失前的目标和损失后的目标两部分。

损失发生前，要尽可能地采取各种措施避免风险，同时应以最小的成本获得最大的安全保障，风险管理应尽可能地节约成本，尽量以最经济的方法避免潜在的损失，减少不必要的费用支出，企业同时应该遵守社会公众责任目标。

风险管理不可能完全消灭风险，损失不可避免。因此，在损失发生后，风险管理的目标也是至关重要的。风险管理应尽可能地维持最基本的生存，保障企业经营的连续性和收入稳定性并持续增长，风险管理应尽可能地减少损失对社会的影响。

2. 风险识别

在确定了风险管理的目标后，风险识别能够发现经济单位面临的风险因素，并对风险类别、特征及其危险性进行定性分析。完备的信息有助于识别出风险，并且作出有效的风险管理决策；同时如果有效信息不足，那么就会增加不确定性，因此对风险的识别也相对较弱。例如，身体健康的年轻人，很少认为需要购买健康保险；自己及周边生活顺利未遇到意外事故的人，很少认为需要购买意外伤害险，不论是否购买保险，都是投保人依据自身情况来采取的对策措施。此外，科学技术引起生活、生产方式的变化所带来的风险需要进一步积累数据来判断如何规避风险，例如互联网金融、互联网支付虽然带来便捷的生活方式，但是也可能蕴含了新的风险，此时的风险识别需要更多的有效信息来帮助判断。

阅读资料

雷曼兄弟银行破产

2008年，有着158年历史的美国第4大投资银行雷曼兄弟由于投资失利，在谈判收购失败后宣布申请破产保护，引发了全球金融海啸。美国政府拒绝将华尔街投行自身经营风险转嫁到政府身上，在协助挽救濒临破产的贝尔斯登之后，拒绝出手拯救雷曼兄弟。该事件再次证明了风险管理的重要，雷曼兄弟、美国最大保险公司美国国际集团（AIG）以及美国很多金融机构之所以大幅亏损，原因都不在于自己的传统业务，而在于它们过多参与了风险管理失控的金融衍生品CDS。

希腊债务危机

2009年10月初，希腊政府突然宣布，2009年政府财政赤字和公共债务占国内生产总值的比例预计将分别达到12.7%和113%，远超欧盟《稳定与增长公约》规定的3%和60%的上限。鉴于希腊政府财政状况显著恶化，全球三大信用评级机构惠誉、标准普尔和穆迪相继调低希腊主权信用评级，希腊债务危机正式拉开序幕。随着主权信用评级被降低，希腊政府的借贷成本大幅提高，希腊政府不得不采取紧缩措施，希腊国内举行了一轮又一轮的罢工活动，经济发展雪上加霜。直至2018年，希腊债务危机有所缓解，但是长远的经济发展依旧让国际投资者担心。国家对整体债务风险的评估与认识,可以影响一个国家长期的经济发展状态。

资料来源:作者收集整理。

3. 风险评估

在识别出风险的基础上,需要对收集的资料进行分析,以测定引起损失的风险事故、概率及损失程度,这是对风险进行的一种定量分析。风险评估主要运用数理分析等测定和估计损失发生概率和损失的严重程度,这些信息的获得对于后期进行风险管理抉择提供依据。

4. 风险处理

风险处理是指采取合理的风险管理对策,即在风险识别、风险评估后,接下来需要重点考虑的就是选择相应的风险管理方法及对策,尽可能地减少损失发生概率及降低损失程度。风险处理是风险管理过程中一个非常重要的步骤,核心是风险处理手段的选择。

5. 风险管理效果评价

风险是不断变化的,风险管理的过程同时也是一个动态的过程,过去的方案有可能随着风险的变化而变得不适用,因此,要对风险管理效果进行评价,及时跟进风险的变化,调整风险管理方案。风险管理效果的评价能够促进风险管理的效率及可操作性,使评价标准能够不断适应新的风险变化,确保风险管理方案切实、可行、有效。

(三) 风险管理的基本方法

在掌握了风险管理的程序后,应该选择具体的风险管理技术方法,这主要包括非保险的风险管理技术方法和保险的风险管理技术方法。

1. 风险规避

风险规避即避免风险,即组织或者个人采取方法回避可能发生的损失,这是最简单、最常用的一种风险管理方法。从某种情况来说,风险规避方法能够使损失降低为零。比如怕出现空难而拒绝乘坐飞机的个人或者家庭,可以因为一生不乘坐飞机而避免空难的风险。风险规避方法的主要优点为,可以避免损失的发生,同时是一种最简单、最彻底的避免风险、降低损失的方法。同时,风险规避也有其缺点,即在避免风险、降低损失的同时,也有失去了获得经济利益的可能性,同时也可能面临其他风险,比如由于害怕空难而避免乘坐飞机的个体会面临其他交通风险的可能。

2. 风险自留

所谓风险自留是指个人或者企业对风险的自我承担。一般采取这种风险管理方法有几种不同的情况:一是可能个人或者组织没有认识到风险的存在以及风险带来的损失,这种无知的态度可能使其采取风险自留的方法;二是个人或组织已经意识到风险的存在以及预估了风险可能带来的损失,认为这个损失是可以接受的或者微不足道的,因此采取风险自留的办法;还有些情况下人们会对比不同的风险管理办法,认为风险自留是最经济有效的方法。是否应该采取风险自留的方法,应该要综合考虑损失预测的准确性以及损失发生后如何补偿。

3. 损失控制

损失控制主要包括预防损失以及减少损失。预防损失即在损失还未发生时,采取措施预防风险的发生。减少损失即尽可能减轻损失的程度。兴修水利、安装喷淋系统、地震预报等都是预防损失即减少损失的方法。防损减损的目标是尽可能地将损失发生的概率及损失程度降到最小。

4. 风险转移

风险转移是指为避免承担风险损失，一方利用有效的机制将风险事故的损失转移给其他人。风险管理者通过将风险转移给第三方，尽可能回避及避免风险。风险转移的方式一般分为保险转移和非保险转移。保险转移即向保险公司支付保费投保，将风险转移给保险公司。当发生风险时，保险公司根据保险合同给予被保险人经济补偿。非保险转移常见的是出让转移以及合同转移。出让转移一般适用于投机风险，如股票市场，当预测到未来股市会下跌时，出售股票，将风险转移出去。合同转移一般指企业通过签订合同，将一些有风险的生产经营活动转移给承包方，合同中约定的经营活动发生风险时，承包方承担风险损失责任。

三、可保风险

(一) 概念

可保风险即能够被保险公司接受的风险，或能够向保险公司转嫁的风险。可保风险必须是纯粹风险，即危险。并不是任何的风险都可以转嫁给保险公司，保险公司能够承保的保险是有条件的。

(二) 条件

1. 风险发生必须是意外且非故意的

可保风险不能是主观预谋的意料之中的风险，其风险必须是意外且非故意的，即风险导致的损失必须在意料之外。保险公司对于故意造成的风险是不予承保的。

2. 风险必须是纯粹的

可保风险一般是纯粹风险，是指只有损失机会而没有获利可能的风险。如火灾、爆炸、轮船沉没、飞机坠毁等，这些风险的发生所带来的只有痛苦，而无任何获利的可能；而投机性风险是有获利的可能性的，如股市风险，这种风险不属于可保风险。

3. 风险损失是可测定的

可保风险损失能够通过风险损失历史数据或者理论模型计算而量化出来，保险的实行需要以损失的可预测性为先决条件，保险的赔付是用货币能够衡量的，若风险导致的损失无法以货币衡量，保险的赔付就无法进行。

4. 风险损失适度

风险损失适度意味着损失不能太重，比如巨灾风险所带来的损失一般是巨大的，这种损失会超过保险人的承受能力，同时如果风险带来的损失是轻微的，那么企业和个人通过自保的方式来降低风险和损失比投保更经济。

5. 风险必须有大量标的均有遭受损失的可能性

某一风险必须是大量标的均有遭受损失的可能性，但实际出现的标的仅为少数才可以投保。有可能遭受损失的标的越多，保险公司的经营越稳健。只有这样的风险，才能计算出合理的保险费率，既能让投保人付得起保费，保险人也能建立起相应的保险基金，从而实现保险的"千家万户帮一家"的宗旨。如果某种风险只是一个或少数几个个体所具有，就不符合保险大数法则的基础，保险人承保该类风险的风险很大。

第二节 保 险 概 述

一、保险的概念

国内外学者在对保险的研究认识的过程中,形成了众多的观点,总体可以分为:以损失概念为理论核心的损失说和以非损失概念为理论核心的非损失说,详见表1.1。

表1.1 关于保险认识的学说

保险认识	代表人物	主要内涵
损失说		
损失赔偿说	马歇尔(Samuel Marshall)、马修斯(E. A. Masius)	该学说源于海上保险,从契约角度出发,认为保险目的在于补偿因偶然事件带来的损失。被保险人交纳保护费,在契约范围遭受损失时获得赔偿
损失分担说	瓦格纳(A. Wanger)	该学说从事后损失处理角度出发,认为保险是由众人互助、共担损失的经济现象
风险转嫁说	维莱特(A. H. Willett)和休伯纳(S. S. Huebner)	该学说从事前风险处理角度出发,认为保险是被保险人将风险转嫁给保险人的经济现象
非损失说		
技术说	韦宛特(C. Vivante)	该学说从保险运行技术角度出发,认为保险是通过计算损失概率来确定保险基金与保费标准的
需求说	高彼(Gobbi)、马内斯(Manes)	该学说从购买保险的动机出发,认为人们支付较少保费可以获得较高的损失赔偿可能性,两者之间的金钱差额激发了人们对保险的需求
经济生活确保说	胡布卡(J. Hupka)、小岛昌太郎、近藤文二	该学说从购买保险的目的出发,认为人身保险、财产保险的目的均为确保经济生活的安定。该学说认为风险导致经济生活不安定,而保险形成的共同财产准备制度可以平滑经济生活的起伏
金融说	米谷隆三、酒井正三郎	该学说从保险的金融属性出发,认为保险与银行机构一样,是具有融通资金功能的金融机构
二元说	艾伦伯格(N. Ehrenberg)	该学说将保险中的财产保险、人身保险区分解释

本书选择从法律角度出发,以《中华人民共和国保险法》规定的概念来阐释保险,即保险是指投保人根据合同约定,向保险人支付保险费,保险人对于合同约定的可能发生的事故因其发生所造成的财产担赔偿保险金责任,或者当被保险人死亡、伤残、疾病或者达到合同约定的年龄、期限时承担给付保险金责任的商业保险行为。

从以上的规定中需要注意两点:

第一,法律规定中的保险主体双方的法律关系。被保险人与保险人地位平等,自愿签订合同而建立起民事法律关系。在该法律关系中,被保险人承担支付保费的义务、享受约定风险发生时的经济补偿,而保险人承担支付赔偿金的义务、享受按约交纳的保费。

第二,法律规定中的保险主体双方的经济学关系。被保险人通过支付保险费,将不确定的大额损失改为确定的小额支出。而保险人借助大数法则预测损失规模,并根据损失概率制定保险费用,向大量被保险人收取保险费用。

二、保险的特征

(一)经济性

现代保险起源于大航海时代的意大利,最早的雏形为海上保险,因此保险最核心的特征便是其具有经济性,是一种经济行为。随着人类社会经济的发展,保险行业也得到迅猛发展,在当代的经济生活中占据越来越重要的位置。人类社会的经济行为多样复杂,风险呈现出不同的形态,与此同时,保险业的发展使得保险公司可以转化其中的一些风险。不论早期的简单保险模式,还是当今复杂的保险形态,保险的实质依旧是保险人通过集合大量同质风险,运用概率论、大数法则等数学工具进行保费定价,最终使得被保险人的不确定风险转化为确定的小额费用支出。

(二)商品性

显而易见的,保险不可能是自然经济的产物,保险是商品经济发展到一定阶段后而产生的,即保险具有商品性。商品经济所具备的基本特征,保险同样也具备。被保险人的保费与保险人所提供的风险补偿进行交换,保险人集聚了众多被保险人的同类型风险,保险人渴望通过自身的发展壮大来分散风险。

(三)互助性

互助性为从被保险人角度出发善意理解保险作用时的特性。被保险人参与保险的行为,既可以理解为"分担风险",也可以理解成"获取金钱差额",互助性为前者"损失分担说"中的理解表达。众多被保险人出资构建的保险基金,用于赔偿遭受损失的被保险人,这种模式可以理解为某些被保险人遭受的损失由参与出资的全体被保险人承担,即保险具备互助性。

(四)法律性

法律性又可以称为契约性。保险从诞生开始,就是一种契约行为。随着社会经济的发展,法律法规逐步发展起来并不断完善来规范保险市场行为。保险行为的达成与执行,均是通过合同约定权利与义务的形式来完成。而没有达成合同时,保险行为则无法进行。

(五)科学性

科学性是从保险存在的依据及价值来阐述的。保险依据大数法则与概率论等数学理论工具,使保险具备了科学性,具有了长久存在的可能性与价值。

第三节 保险的分类

现代保险业的飞速发展,融合到人们日常生活中的深度、广度不断加强。与此相适应的,保险的形态也是多种多样。我们可以按照保险盈利目的、保险标的、保险主体、保险购买意愿等多种角度来进行分类。

一、按保险的政策分类

按照保险设立目的是否营利为划分依据,可以划分为社会保险和商业保险。

社会保险是指政府采取强制手段对公民进行收入分配，在公民暂时或永久失去工作收入或劳动能力时，提供物质上帮助、救济的保险。社会保险设立的目的是非营利的，我国社会保险包括医疗保险、养老保险、工伤保险、失业保险、生育保险。

商业保险是保险人收取被保险人保费建立保险基金，对合同约定的财产、人身伤害进行补偿的商业行为。商业保险是以营利为目的的保险，采用商业化经营模式。

二、按保险标的分类

保险标的通常为价值较高的事物，主要包括财产、人身、责任等。按照保险标的进行分类包括财产保险、人身保险、责任保险。

财产保险是指对有形财产、无形财产相关利益为保险标的的保险，当保险财产遭受合同约定损失时获得经济补偿。有形财产包括建筑物、交通工具、设备等；无形财产包括知识产权等。

人身保险是指以人的身体健康、寿命为标的的保险。在保险存续期间，被保险人身体健康受损或死亡时，将获得符合合同约定的经济补偿。

责任保险是指以被保险人的民事损害责任为标的的保险。根据法律规定或合同约定，被保险人应对他人负有经济赔偿责任时，由保险人负责赔偿。

三、按投保主体分类

不仅个体需要保险，团体、企业均需要保险来规避自身的风险，此时按投保主体可以进一步划分为企业保险、团体保险、个人保险。

企业保险的投保主体为企业，目的为保障企业生产经营活动中的各类风险，包括财产损失风险、经营被迫中断风险、经营中的责任风险、员工意外风险等。企业通过一揽子保险，打包规避自身的风险，如购买企业财产保险、产品责任险、公众责任险。

团体保险的投保主体为由一些个人组成的团体，团体购买的人身保险"总合同"代替了个人购买的人身保险合同，团体保险保费低于个人保险。团体人身保险的种类较多，如团体人寿保险、团体健康保险、团体养老保险等。

个人保险的投保主体为单独个人，个人保险是指个人为了满足自己和家庭的需要而购买的人身保险。例如，家庭财产保险、家用汽车保险、个人退休年金等。

四、按购买意愿分类

保险具有商品属性，通常为自由购买、自愿交易。但是随着社会经济的发展，在某些情况下，法律强制规定了购买保险的情况。所以，按照购买意愿可将保险分为强制保险与自愿保险。

强制保险也可以称之为法定保险，即通过法律规定强制实行的保险。强制保险通常规定了某类人群及保险金额两项要素，如车辆强制险。

自愿保险是被保险人与保险人之间自愿达成的协议。被保险人有权选择合适的保险人及其提供的险种，保险人也有权选择是否承保。

五、按业务承保方式分类

随着保险业的发展，保险公司可以承接超高标的金额的保险，如卫星发射、价值巨大的构筑物等。此时承保的保险公司需要再保险来进一步分散风险。因此,按业务承保方式可以分为原保险和再保险。

原保险是指保险人直接对被保险人因约定事故损失承担赔偿的保险。人们日常生活中接触到最多的保险就是此类保险。

再保险是指保险人将其承担的风险再次进行投保,发生事故损失赔偿时,原保险人与再保险人共同承担损失的保险。再保险通常发生在标的额巨大的商业活动中。

第四节 保险的职能与作用

一、保险的职能

保险的职能由保险的性质决定,保险的职能具体展示了保险性质的含义,保险的职能可以理解为保险所达到的社会功能。随着保险业的发展,保险的职能也发生了升华,可以分为基本职能与派生职能。

(一) 保险的基本职能

保险的基本职能即保险诞生前期所具备的社会功能,包括分散风险职能和经济补偿职能。

分散风险职能是保险最为核心的职能,保险将集中在某一投保人的风险,通过收取保险费的方式平均分摊给所有被保险人。风险此时在时间、空间上均得到分散。不管是古代商人们商船分散相互装货运输规避风险,还是近代保险的发展,分散风险职能都是最为基本的职能。

经济补偿职能是保险的另一项重要基本职能,保险通过收取保费集中起来的保险基金,将会赔偿被保险人遭受合同约定的损失。

(二) 保险的派生职能

随着保险业的发展,保险在基本职能的基础上,又衍生出派生职能。主要包括积蓄基金功能、金融融资职能、监督危险职能等。

积蓄基金功能主要指提前收集的保险费累计形成积蓄池。该功能可以看作应对风险的基金,为社会稳定贡献了强有力的支持。以美国遭受"9·11"恐怖袭击事件为例,保险公司总赔偿金额高达约 500 亿美元,有效缓解了人们在遭遇意外事件时的损失。

金融融资职能主要是指保险人对保险基金的金融管理。保险人收取保费的形式也可以被理解为融资,聚集的保费基金再对外投资获得收益。由于保险基金规模庞大,保险机构是金融市场中重要的参与者。

监督危险职能主要是指保险人会根据被保险人安全等级来划分不同的保险费用,此时可以对被保险人起到监督危险的作用。被保险人出于降低本身保费的意愿出发而更加注意安全、降低危险。

二、保险的作用

保险的作用是保险职能在社会经济运转中产生的具体效应,通常可以分为宏观作用和微观作用。

（一）保险在宏观经济中的作用

1. 有利于社会秩序的稳定与恢复

社会秩序的稳定有序，保障了生活在社会系统中的人们免受动荡之苦，有利于经济的发展。社会再生产是保障社会秩序稳定的重要系统，社会再生产包括物质资料再生产和人口再生产，其中的物质资料再生产包括生产、分配、交换和消费四个环节，它们在时间上连续，在空间上均衡。但某个环节遭受意外灾害时，便会打破社会再生产的连续性和均衡性，威胁社会秩序的稳定。此时保险可以迅速弥补意外灾害造成的损失，使得社会秩序迅速恢复稳定。

2. 有利于科技创新活动

科技创新活动通常费用高昂，一旦失败将面临巨大的损失。保险作为规避风险的金融工具，为科技创新活动提供了强有力的资金支持，保险在科技创新活动中的作用也越来越重要。

3. 有利于对外贸易和国际交往，促进国际收支平衡

保险是对外贸易和国际交往中不可缺少的环节。在当今国际贸易和国际交往中，有无保险直接影响到一个国家的形象和信誉。保险不仅可以促进对外经济贸易，增加资本输出或引进外资，使国际经济交往得到保障，而且可带来巨额无形贸易净收入，成为国家积累外汇资金的重要来源。

（二）保险在微观经济中的作用

1. 有助于个人、家庭及企业的稳定

社会由众多家庭有机组成，社会的稳定也取决于每个个体、每个家庭、每个企业的稳定。同样的，个体、家庭、企业均面临意外风险，所造成的损失可能是其无法承受的。此时保险起到了保障个体、家庭、企业持续生存的作用，为其恢复正常提供了缓冲机制，使其可以平滑过渡危机期。

2. 有助于个人、家庭及企业的风险管理

个人、家庭及企业通过保费转嫁风险时，保险公司此时反向督促个人、家庭及企业进行风管理。例如，在个体投保人身保险时，保险公司对具有不良生活习惯的申请者收取更高的保费。在企业申请生产经营活动中的保险财产保险时，保险公司同样会评估企业风险管理水平，并给出不同的保费概率。这些均反向促进了个人、家庭及企业积极管理自身的风险。

3. 有助于平滑个人、家庭的消费曲线

通常来讲，大多数人具有短视性，很难作出长时间的资金规划。随着现代医疗技术的发展，人的寿命大幅度延长，在人的生命周期中，劳动收入集中在青壮年期，而老年期缺乏收入能力却需要更多的资金。保险平滑了个人、家庭的消费曲线，促进了更加理性、合理的消费。

第五节 保险的起源与发展

一、古代保险思想

人类所生存的环境中存在着各种风险，人类的发展进步伴随着逐步规避风险、保护自身财务和人身安全。在抵抗风险的过程中，人类除了创造科学技术之外，还创造了经济形式来

规避风险,这就是保险。保险在人类古代时期就已经出现了思想萌芽和发展。

世界上几个重要的古老文明,基本都有自己的保险思想萌芽。公元前500年的古巴比伦文明中,国王命令僧侣、官员以赋税形式筹集资金,在民众遭受灾难时予以救助。古巴比伦汉穆拉比法典中就有类似运输保险、火灾保险的内容。在古希腊文明中,盛行社会互助团体以入会费形式筹集资金帮助遭受不幸的会员。在古罗马文明、古埃及文明中,也有类似互助组织。研究学者认为,古巴比伦有了财产保险的原始形态,古希腊、古罗马、古埃及有了人身保险的原始形态。

中国古代时期,长江运输有了互相装货、分摊风险的形式。在古代典籍中也多有记载官方救助、民间互助的思想,其中义仓制度是我国相互保险的原始形态。此外,中国古代封建家族制、乡绅社会均对居民起到了保险的作用。

二、现代商业保险

商业保险是伴随人类社会经济发展而发展的,人类经济活动范围越大、规模越大,所需的资金越多、所承担的风险越高,此时越需要保险业的支持。人类在大航海时代的前期,世界第一张海上运输保险单于1347年诞生于意大利,这是现代商业保险的开端。

大航海时代中,航运贸易突飞猛进,欧洲各城市陆续推动了保险业的发展。1415年西班牙巴塞罗那颁布了有关海上保险承保规则和损失赔偿的规则;1468年意大利威尼斯制定了经营保险业务的法律;1523年意大利佛罗伦萨颁布了保险单的格式;1563年西班牙国王制定了《安特卫普法典》。英国商人获得海上贸易主导权后,同样积极发展保险业务,分别于1601年诞生了《涉及保险单的立法》,1906年出台了《海上保险法》。这些都极大地推动了现代保险业的发展。

现代火灾保险起源于英国。随着人类社会生产力的提高,人们的生活方式也发生了转变。从自然经济状态下的乡村分散居住,改为了城市聚集居住。建筑材料也从简单的石料、砖瓦,改为了砖瓦、木结构等多种建材,此时城市的火灾频频发生,人们渴望火灾保险的支持。1666年9月2日英国伦敦大火的发生,促成了次年英国第一家火灾保险商行的设立。1680年,英国牙医巴蓬与他人合伙成立了火灾保险营业所,并根据房屋建材的不同而实行差别费率,这种差别费率的方法被沿用至今,巴蓬被称为"现代火灾保险之父"。

现代人身保险诞生于财产保险,即将"奴隶贸易"中的奴隶当作货物进行投保,这是以人的生命为保险标的的商业保险的起源。后来,船员和乘客也开始投保人身保险。人身保险的进一步发展是在诞生的数学方法、统计理论运用到人寿保险业务当中之后。1693年英国天文学家哈雷绘制了生命表,用科学方法精确地计算出各年龄人口的死亡率。1756年英国数学家陶德森提出了"均衡保费"思想,为现代人寿保险的产生奠定了科学的理论基础。1762年由英国人辛普逊和道森发起的人寿及遗属公平保险社,首次将生命表用于计算人寿保险的费率,标志着现代人寿保险的开始。

三、当代商业保险的发展现状与趋势

(一) 世界保险业的发展现状

1. 保费收入

2014年,全球总保费达到4.778万亿美元,其中非寿险总保费为2.124万亿美元,寿险总保费为2.655万亿美元。从寿险保费情况来看,排名靠前的国家或地区分别为美国、日本、英国、中国、法国、意大利、德国、韩国、澳大利亚、印度、加拿大,其中英国、日本等国家或地区的保险密度和保险深度领先。

2. 保险深度

保险深度是保费收入占国内生产总值(GDP)的比重。它反映了一个国家或地区的保险业在整个国民经济中的地位。其计算公式为:保险深度=保费收入/国内生产总值。

瑞再 sigma 报告数据显示,全球保险深度为 6.2%,美国、日本、英国和法国 2014 年的保险深度分别为 7.3%、10.8%、10.6%、9.1%,而我国的保险深度在 2016 年仅为 4.16%,差距仍然较大。2016 年中国原保费收入首超 3 万亿元大关,保险增速 27.49%;保险深度 4.16% 较上年增加 0.64 个百分点。

3. 保险密度

保险密度是指按照全国人口计算的平均保费额。它反映一国国民受到保险保障的平均程度。其计算公式为:保险密度=保费收入/人口数量。

2016 年,我国保险密度为 2 258 元,较上年增加 487 元。2016 年,英国的保险密度为 4 359 美元,美国为 4 096 美元,日本 3 554 美元,法国 3 392 美元。

(二) 世界保险业的发展趋势

第二次世界大战之后,世界主要国家陆续经历了经济高速增长,世界各国经贸联系空前紧密。与此同时保险业也得到了空前迅猛发展,呈现出以下特点:

随着全球化的进程,全球贸易和投资实现了一体化,所面临的巨灾风险更大,现代网络通信技术带来了便利,各国法律法规协调,当代商业保险市场呈现全球一体化。

当代商业保险金额持续创新高。根据慕尼黑再保险公司的报告显示,2017 年,哈维、伊玛和玛利亚飓风"三重奏"使保险业的赔付金额创下历史新高。这 3 个飓风及其他巨灾(如墨西哥强烈地震)的最终索赔金额达到 1 350 亿美元,为历史最高。而且,包括未投保损失在内的整体损失达到了 3 300 亿美元,考虑通货膨胀因素后几乎仍是 10 年平均值 1 700 亿美元的两倍,为有记录以来的第二高巨灾损失金额。迄今为止,唯一比 2017 年损失还严重的年份是 2011 年,当年日本东北大地震造成了高达 3 540 亿美元的总体损失。《经济参考报》2018 年 2 月 20 日报道,2018 年年初以来,灾害造成的经济损失已达 2 220 亿美元,是 2009 年 630 亿美元的 3 倍多。全球保险业理赔金额已达 360 亿美元,比 2009 年的 270 亿美元增加 34%,其中自然灾害理赔 310 亿美元,技术灾害理赔 50 亿美元。

当代商业保险与资本市场联系更加紧密。现代金融市场是由货币市场、资本市场、保险市场、外汇市场、信托市场等部分组成的,由于经营同一交易标的——货币,都具有融资和投资功能,因此这些市场之间存在着密切的联系。一方面,为减轻承保业务利润减少的不利影响,保险资金需要到资本市场投资,以获得理想的投资回报;另一方面,为扩大承保能力,增加资本金,保险公司须通过资本市场筹集资金。此外,随着生态环境的恶化、财富的增长和集中,以及人类活动领域的扩大,出现了越来越多的巨灾风险,而传统的再保险方式却有些无能为力,但保险公司或再保险公司可以通过购买保险期货或发行巨灾债券的方式来处理这些风险,也加深了资本市场与保险市场的联系。

高科技的进步在规避一些风险的同时,也带来了另外的高风险。科学技术的发明虽然使人们增加了应付风险的手段,但这并不意味着可以消灭风险,相反,它可能带来新的风险因素。例如,原子能的利用可能带来原子能核辐射的风险;海洋石油开发可能带来海洋石油污染的风险。例如,航空航天工程的进步,不仅带来生活的便利,也带来发射、运行失败的巨大风险;互联网的发展不仅可以一定领域内减弱的信息不对称问题,但也可能带来信息安全的巨大风险。

四、中国保险业的发展

中国古代经济长期处于自然经济状态,只出现了保险业模糊的特征,并没有发展出近现代保险形态,中国现代保险是 19 世纪后产生的。1805 年,英国驻印度的洋行与其广州的洋行联合创办了"广州保险社",开创了中国近代历史上第一家商业保险公司。此后,英国保险商在通商口岸陆续开办了新的保险公司,在中国形成了垄断地位。

1865 年成立的上海华商义和公司保险行成立,是我国第一家民族保险企业。1975 年由官督商办的招商轮船局创办保险招商局。虽然中国民族保险企业在清末民初中取得了一定成绩,但是占据主导垄断市场地位的依旧为外资保险公司。外资保险公司以上海为中心,逐步向内地渗透扩张。1945 年抗日战争胜利后,中国出现民族保险业大发展,到 1947 年 3 月底全国保险业的总分支机构有 507 家,其中总公司 129 家,分支机构 378 家。此时外商保险公司有 50 家。

1949 年中华人民共和国成立后,中国人民政府逐步接管官僚资本保险企业、改造私营保险业,1952 年外国保险公司陆续退出中国保险市场。20 世纪 50 年代中国人民保险公司在各地分支机构依靠行政命令开展业务、内部管理较为混乱,出现了很多问题。1959 年中国人民保险公司贯彻落实国内保险业务停办精神,陆续停办了国内保险业务。1966—1976 年,中国国内保险业务彻底停办。

1978 年改革开放后,党和政府的工作重心转移到以经济建设为中心的社会主义现代化建设事业上。1979 年国务院批准《中国人民银行分行行长会议纪要》,批准逐步恢复国内保险业务的重大决策。1986 年开始中国人民银行逐步批准设立了其他保险公司成立,市场上除了中国人民保险公司之外,出现了很多新的竞争者,保险市场活跃了起来。

我国保费收入从 2011 年的 1.43 万亿元增长到 2016 年的 3.1 万亿元,年均增长 16.8%;保险业总资产从 2011 年的 5.9 万亿元增长到 2016 年的 15.12 万亿元;我国保险市场全球排名已于 2016 年位居第二,2016 年,中国对全球保险市场的增长贡献率达到 59%,居全球首位。2017 年,中国原保费收入达 3.66 万亿元,保费增长 18%。我国现代保险服务业"十三五"时期的主要发展目标为,到 2020 年,基本建成保障全面、功能完善、安全稳健、诚信规范,具有较强服务能力、创新能力和国际竞争力,与我国经济社会发展需求相适应的现代保险服务业。

预计到 2020 年,保险深度达到 5%,保险密度达到 3 500 元/人。

本 章 小 结

保险领域中风险被定义为损失和损失程度的不确定性,即风险的大小取决于风险事故发生的可能性以及风险事故造成损失后果的严重性。一般来说,风险由三部分组成:风险因素、风险事故和损失。风险的特征主要有客观性、偶然性和可变性。从不同的角度,风险可以有几种不同的分类。

风险管理是社会组织或个人通过风险识别、风险估测、风险评价,并在此基础上采用和选择合理的风险管理技术,对风险进行控制以及妥善处理所造成的损失,即尽力以最小的成本获得最大安全保障的管理活动。风险管理的过程包括制定风险管理的目标、风险识别、风险评估、风险处理、风险管理效果评价等方面。风险管理的方法有风险规避、风险自留、损失控制、风险转移。可保风险是能够被保险公司接受的风险,或能够向保险公司转嫁的风险,可保风险发生的条件为风险发生必须是意外且故意的,风险必须是纯粹的,风险损失是可测定的,风险损失是适度的以及风险必须是大量的同质风险单位存在。

保险是指投保人根据合同约定,向保险人支付保险费,保险人对于合同约定的可能发生的事故因其发生所造成的财产损失承担赔偿保险金责任,或者当被保险人死亡、伤残、疾病或者达到合同约定的年龄、期限时承担给付保险金责任的商业保险行为。

按照保险设立目的是否盈利为划分依据,可以划分为社会保险和商业保险。按照保险标的进行分类包括财产保险、人身保险、责任保险。此时按投保主体可以进一步划分为企业保险、团体保险、个人保险。按照购买意愿可将保险分为强制保险与自愿保险。因此,按业务承保方式可以分为原保险和再保险。

保险的基本职能即保险诞生前期所具备的社会功能,包括分散风险职能和经济补偿职能。随着保险业的发展,保险在基本职能的基础上,又衍生出派生职能。主要包括积蓄基金功能、金融融资职能、监督危险职能等。保险的作用是保险职能在社会经济运转中产生的具体效应,通常可以分为宏观作用和微观作用。保险在宏观经济中的作用有:有利于社会秩序的稳定与恢复,有利于科技创新活动,有利于扩大公司生产经营活动。保险在微观经济中的作用有:有助于个人、家庭及企业的稳定及恢复,有助于个人、家庭及企业的风险管理,有助于平滑个人、家庭的消费曲线。

主要专业术语的中英文对照表

中 文 术 语	对 应 英 语	中 文 术 语	对 应 英 语
1. 风险	risk	12. 自然风险	natural risk
2. 损失概率	loss probability	13. 社会风险	social risk
3. 风险因素	hazard	14. 政治风险	political risk
4. 风险事故	peril	15. 经济风险	economic risk
5. 损失	loss	16. 风险管理	risk management
6. 纯粹风险	pure risk	17. 可保风险	insurable insurance
7. 投机风险	speculative risk	18. 风险单位	exposure unit
8. 财产风险	property risk	19. 保险	insurance
9. 人身风险	personal risk	20. 商业保险	commercial insurance
10. 责任风险	liability risk	21. 社会保险	social insurance
11. 信用风险	credit risk		

本章知识、技能训练与思考题

一、名词解释

1. 风险
2. 风险因素
3. 风险事故
4. 损失
5. 风险管理
6. 可保风险
7. 保险

二、解答题

1. 简述风险的构成要素。
2. 简述风险的特征。
3. 简述风险的主要分类。
4. 简述风险管理的过程。
5. 简述风险管理的基本方法。
6. 简述可保风险的条件。
7. 简述保险的特征。
8. 简述保险的分类。
9. 简述保险的职能和作用。

三、实践技能训练

2015年8月12日23点左右,位于天津滨海新区塘沽开发区的天津东疆保税港区瑞海国际物流有限公司所属危险品仓库发生爆炸,事件造成重大人员伤亡和财产损失。请通过网络搜集相关信息资料,从风险因素、风险事故和损失三要素的角度了解该风险是如何发生的,以及我们从中能吸取什么样的经验教训。针对发生的风险,理论上可以运用哪些风险管理技术来进行管理。

第二章

保险的基本原则

学习目标

- 了解：最大诚信原则的产生；保险利益原则的构成要件；财产保险利益的种类；财产保险利益原则的重要性；代位追偿的产生。
- 理解：最大诚信原则的含义；保险利益原则的含义；近因原则的含义；代位追偿的含义和作用；物上代位的含义；重复保险的含义；分摊原则的含义。
- 掌握：最大诚信原则的内容；财产保险保险利益的范围和时效；人身保险的保险利益；近因的认定与保险责任的确定；代位追偿实施的前提条件；代位追偿中保险双方的权利与义务。
- 能力：确定因果关系的基本方法；分辨代位追偿适用的情况；分摊的方式。

第一节 最大诚信原则

案例分析

投保如实告知 出险顺利获赔

【案情】 客户李某，男，年届不惑，是某企业管理人员。2008年7月，李某在某寿险公司购买了一份综合性保险产品"卓越人生"，其中包含"太平卓越人生定期寿险""太平附加卓越人生重大疾病保险2008"等五种保险，年交保费9 000余元。

在购买前，李某忐忑地告诉寿险公司，自己患有轻微的脂肪肝，不知道能不能参保，经过寿险公司体检，证实李某所言属实，但可以通过加费参保，年交保费增加2 000余元。作为家里的顶梁柱，李某深知保险的重要性，他很高兴自己在患病的情况下依然能够参保，而且加费也不高，当即毫不犹豫地购买了保险。

天有不测风云，2010年8月，李某因为连日劳累，突然感到胸骨疼痛、气短，被家人紧急送往医院。经医生诊断患有"急性心肌梗死"，经过十余天的治疗，李某的身体转危为安。

出院后,李某向寿险公司提出理赔申请,要求赔付重大疾病保险金 50 万元及住院费用补偿。寿险公司接到李某的申请后,迅速展开理赔审核工作。根据客户提供的住院病历,结合险种责任等信息,寿险公司认为,李某在投保时已经详细告知了自身健康情况,也按照寿险公司要求进行了全面体检,并加费承保了保单。故审核重点应为李某本次所患疾病是否符合重大疾病条款约定及投保前是否有相关疾病。经过寿险公司核实,李某所患疾病符合重大疾病保险约定,无既往未告知病史,于是迅速作出理赔决定,根据保险合同给付李某重疾保险金 50 万元及住院费用保险金等。

【分析】 根据新《保险法》规定:订立保险合同,保险人就保险标的或者被保险人的有关情况提出询问的,投保人应当如实告知。李某在投保时向寿险公司如实告知了自身存在的疾病,经过寿险公司的审核,通过加收一定数额保险费予以承保。这也符合保险的最大诚信原则。正由于李某的诚信投保,使得最终发生保险事故时得到寿险公司快速赔付。

资料来源:《北京商报》,2012 年 3 月 26 日。

《中华人民共和国保险法》(简称《保险法》)第五条规定:"保险活动当事人行使权利、履行义务应当遵循诚实信用原则。"

一、最大诚信原则的含义

(一)最大诚信原则的产生

对于合同双方来说,诚信是指任何一方当事人不得隐瞒欺诈,都善意地、全面地履行自己的义务。最大诚信原则最早起源于海上保险。在海上保险中,保险人在与投保人签订保险合同时,往往远离船舶和货物所在地,保险人对保险财产一般不可能进行实地查勘,仅能凭投保人提供的资料决定是否予以承保或以何种条件承保,所以特别要求投保方诚实可靠,后来将此作为订立和履行所有保险合同的一个重要条件。很多国家还将其以法律形式加以确定。如 1906 年《英国海上保险法》规定,海上保险合同是一份建立在最大诚信基础之上的合同,如果合同的任何一方不遵守最大诚信,另一方可以视合同无效。我国《保险法》第 5 条规定,保险活动当事人行使权利、履行义务应当遵循诚实信用原则。

(二)最大诚信原则的含义

诚信即坦诚、守信用。诚信是世界各国立法对民事、商事活动的基本要求,具体来说,就是要求一方当事人对另一方当事人不得隐瞒、欺骗,做到诚实;任何一方当事人都全面地履行自己的义务,做到守信用。由于保险经营活动的特殊性,保险活动中对诚信原则的要求更为严格,要求做到最大诚信,即要求保险双方当事人在订立与履行保险合同的整个过程中要做到最大化地诚实守信。

最大诚信原则是指保险合同当事人在订立保险合同及在合同的有效期内,应依法向对方提供影响对方作出是否缔约及缔约条件的全部实质性重要事实;同时绝对信守合同订立的约定与承诺。否则,受到损害的一方可以以此为理由宣布合同无效或不履行合同中约定义务或责任,还可以对因此而受到的损失要求对方予以赔偿。

二、最大诚信原则的内容

最大诚信原则的基本内容体现在三方面：告知、保证、弃权与禁止反言。

(一) 告知

1. 告知的含义

告知是指双方当事人就标的物的有关情况如实地向对方加以陈述。对保险人而言，告知是指保险人应主动向投保人说明保险合同条款内容，如果保险合同中规定有关保险人责任免除条款的，在订立保险合同时应当向投保人明确说明。告知对投保人而言主要是指投保人在订立保险合同时将与保险标的有关的重要事实如实向保险人作口头或书面的陈述。广义的告知义务还包括保险期限内保险标的的风险程度增加时被保险人的通知义务、保险事故发生时被保险人的及时通知义务、保险标的出现重复保险时和保险标的发生所有权转让时，必须通知保险人的义务。

所谓重要事实是指足以影响一个正常的、谨慎的保险人决定是否承保，或者据以确定保险费率，或者是在保险合同中增加特别约定条款的情况，包括有关投保人和被保险人的情况、有关保险标的的情况、风险因素，以及以往遭到其他保险人拒保的事实。例如，房屋的结构及用途；汽车有无撞车的历史；船舶保险中船舶的船龄、船级、船籍，以及是否有过海损记录情况；人寿保险中被保险人的年龄、性别、健康状况、既往病史、家族遗传病史、居住环境、职业、嗜好等。

2. 告知的形式

在保险合同中，投保人与保险人各自履行告知义务的形式不同。

(1) 投保人的告知形式。按照惯例，投保人的告知形式有无限告知和询问问答告知两种：采用无限告知立法形式的，法律上不对告知的内容作具体规定，只要实际上与保险标的的风险状况有关的重要事实，投保人都有告知的义务。采用询问告知立法形式的，投保人仅就保险人对保险标的或者被保险人的有关情况提出的询问如实告知，这种立法形式对投保人较为有利。我国《保险法》第十六条规定："订立保险合同，保险人就保险标的或者被保险人的有关情况提出询问的，投保人应当如实告知。"可见，我国采用询问告知的立法形式。

(2) 保险人的告知方式。保险人告知的形式有明确列明和明确说明两种。明确列明是指保险人只需将保险的主要内容明确列明在保险合同当中，即视为已告知投保人。明确说明是指不仅应将保险的主要内容明确列明在保险合同当中，还须对投保人进行明确提示，并加以适当、正确的解释。在国际上，通常只要求保险人做到明确列明保险的主要内容，而我国为了更好地保护被保险人的利益，则要求保险人做到向投保人明确说明保险的主要条款和责任免除内容。

3. 告知的内容

第一，投保人的告知内容主要有五个方面：① 在保险合同订立时，保险人就保险标的或者被保险人的有关情况提出询问时，投保人应当如实告知；② 在保险合同订立后，如果保险标的的风险程度增加，应及时告知保险人；③ 在保险标的发生转移或保险合同有关事项有变动时，应及时通知保险人，经保险人确认后可变更合同并保证合同的效力；④ 如果发生保险事故，应及时通知保险人；⑤ 如果有重复保险，投保人应将有关情况通知保险人。

我国《保险法》第十七条关于保险人告知的主要内容有：① 订立保险合同,采用保险人提供的格式条款的,保险人向投保人提供的投保但应当附格式条款,保险人应当向投保人说明合同内容；② 对保险合同中免除保险人责任的条款,保险人在订立合同时应当在投保单、保险单或者其他保险凭证上作出足以引起投保人注意的提示,并对该条款的内容以书面或者口头形式向投保人作出明确说明；未做提示或者明确说明的,该条款不产生效力。

4. 违反告知的法律后果

第一,投保人违反告知义务的法律后果：① 投保人故意或者因重大过失未履行前款规定的如实告知义务,足以影响保险人决定是否同意承保或者提高保险费率的,保险人有权解除合同。② 投保人故意不履行如实告知义务的,保险人对于合同解除前发生的保险事故,不承担赔偿或者给付保险金的责任,并不退还保险费。投保人因重大过失未履行如实告知义务,对保险事故的发生有严重影响的,保险人对于合同解除前发生的保险事故,不承担赔偿或者给付保险金的责任,但应当退还保险费。

我国《保险法》规定,被保险人或者受益人,在未发生保险事故的情况下,谎称发生了保险事故,向保险人提出赔偿或者给付保险金请求的,保险人有权解除保险合同,并不退还保险费。

为防止保险人恶意利用该项合同解除权,2009 年修订的《保险法》对上述保险人的合同解除权作了适当限制：① 自保险人知道有解除事由之日起,超过 30 日不行使,权利消灭。② 合同成立之日起超过 2 年的,保险人不得解除合同；发生保险事故的,保险人应当承担赔偿或者给付保险金的责任。③ 保险人在合同订立时已经知道投保人未如实告知的情况的,保险人不得解除合同；发生保险事故的,保险人应当承担赔偿或者给付保险金的责任。

第二,保险人违反告知义务的法律后果：① 保险人在订立保险合同时没有向投保人明确说明合同中关于保险人责任免除条款的,该条款不产生效力。② 保险人及其工作人员在保险业务中隐瞒了与保险合同有关的重要情况,欺骗投保人、被保险人或者受益人,阻碍投保人履行本法规定的如实告知义务,或者诱导其不履行本法规定的如实告知义务,对保险人处以 5 万元以上 30 万元以下的罚款；情节严重的,限制其业务范围、责令停业整顿或者吊销业务许可证；对其直接负责的主管人员和其他直接责任人员给予警告,并处 1 万元以上 10 万元以下的罚款,情节严重的,撤销任职资格。

案例分析

【案情】 李某于 2000 年 12 月向某保险公司投保了个人住房险。2001 年 5 月投保人住房发生火灾。保险公司查证：李某将其使用的住房出租他人开设印刷厂,火灾是因工人操作不当引起的。李某以火灾责任向保险公司索赔。保险公司认为李某的住房已改变使用性质,但未通知保险公司并申请变更,遂作出拒赔的决定,并告知李某向厂方追偿。

【分析】 此案涉及的是被保险人违反危险增加告知义务的法律后果问题,这也是产生保险纠纷的焦点所在。

财产保险合同中,危险程度增加对保险人有着重要影响。因为保险人收取保险费是根据保险标的在特定情况下的风险程度,按照大数法则和概率论原理制定出的费率表核定的。如果保险标的在保险合同期间内增加危险程度,被保险人没有及时告知保险人,就会导致保险人以较低的保险费承担较高的风险责任,显然与合同订立的公平原则是相悖的。

本案中,保险公司原先承保的是投保人自用的住房,但后来却改为租给他人使用的厂房,变更了保险标的的使用性质。民用住房相对风险较低,收取的保费也较低,而工业用房风险相对较高,发生火灾的可能性也较民用住房增加,保险费率也相对较高。因此,投保人在保险标的危险程度增加时,应当及时通知保险人,保险人则可以根据保险标的危险增加的程度决定是否提高保险费或是否继续承保。

(二) 保证

案例分析

保险公司承担赔偿责任吗?

【案情】 某市商业银行向保险公司投保火险附加盗窃险,在投保单上写明每天24小时有保安值班,保险公司予以承保并以此作为减少保险费的条件。后来银行被盗,丢失电脑等设备,遂向保险公司提出赔偿要求。保险公司经调查得知某日24小时内有半小时保安不在岗。问:保险公司是否承担赔偿责任?

【分析】 最大诚信原则中的保证对投保人遵守保证事项的要求极为严格,只要违反保证条款,不论这种违反是否对保险人造成损害,也不论与保险事故的发生是否有因果关系,采险人均可解除合同,不承担赔付责任。上述案例中,银行在投保时保证24小时都有保安值班,但某日有半小时保安不在岗,无论失窃是否发生在这半小时,保险公司都不承担赔偿责任。

1. 保证的概念

最大诚信原则中的保证,是指保险人要求投保人在保险期间对某一事项的作为与不作为、某种事态的存在或不存在作出的许诺。可见,保证是最大诚信原则对投保人的要求,是保险人承保或承担保险责任的条件。也就是说,保险合同的成立是以不存在某种促使风险增加的事实为先决条件,保险人所收取的保险费也是以保证事项的存在为前提,或以不能存在其他危险标的为前提。如果投保人任意违反保证事项导致风险增加,显然对保险人不利。例如,某人在为其房屋投保火险时,在合同内保证不在房屋内堆放易燃、易爆品,保险人以此作为收取保险费的依据。如果此人违反以上保证,在屋内放置易燃、易爆品,就增加了房屋发生火灾的风险,这当然影响保险人是否接受承保和所适用的费率。因此,保证是影响保险合同效力的重要因素,是保险合同成立的基本条件。

2. 保证的形式

其一,明示保证。它是以文字或书面形式在保险合同中载明,成为合同条款的保证。例如,机动车辆保险中有遵守交通规则、安全驾驶、做好车辆维修和保养工作等条款。保险合同一旦生效,即构成投保人对保险人的保证,对投保人具有作为或不作为的约束力。其二,默示保证。它是指未在保险合同中载明,而是以社会上普遍存在或认可的某些行为规范为准则,并将此视作投保人保证作为或不作为的承诺,故为默示保证。例如,财产保险附加盗窃险合同中虽然没有明文规定投保人外出时应该关闭门窗,但这是一般常识下应该做的行为,这种社会公认的常识,即构成默示保证,也成为保险人承保的基础。因此投保人没有关闭门窗而招致的失窃,保险人不承担保险责任。

3. 违反保证的法律后果

任何不遵守保证条款或保证约定、不信守合同约定的承诺或担保的行为,均属于破坏保证。凡是投保人或被保险人违反保证,无论其是否有过失,也无论是否对保险人造成损害,保险人均有权解除合同,不予承担赔付责任。在某种情况下,违反保证条件只部分地损害了保险人的利益,保险人只应就违反保证部分拒绝承担履行赔偿义务。违反确认保证,保险合同自始无效。违反承诺保证,保险合同自违背之时起归于无效。被保险人破坏保证而使合同无效时,保险人无须退还保险费。

我国《保险法》第二十一条规定,保险事故发生后,投保人、被保险人或者受益人应当及时通知保险人。故意或者因重大过失未及时通知,致使保险事故的性质、原因、损失程度等难以确定的,保险人对无法确定的部分,不承担赔偿或者给付保险金的责任,但保险人通过其他途径已经及时知道或者应当及时知道保险事故发生的除外。

保证和告知都是对投保人或被保险人诚信的要求,但两者是有区别的。告知强调的是诚实,要求对有关保险标的的重要事实如实申报;而保证则强调守信,恪守诺言,言行一致,许诺的事项与事实一致。所以,保证对投保人或被保险人的要求比告知更为严格。此外,告知的目的在于使保险人能够正确估计其所承担的风险;而保证则在于控制风险,减少风险事故的发生频率。

(三) 弃权与禁止反言

案例分析

保险人"弃权" 被保险人出险家属索赔成功

【案情】 2012年7月26日,经不住身为保险公司业务员的邻居刘某的劝说,江苏如东东县的王老太买下了一份终身寿险(万能型),合同生效日为2012年7月31日,保险金额为12万元,首期保险费为6 000元,缴费期为终身,保险期为终身。2012年11月15日下午,王老太在亲戚家突然昏迷,当即被送往医院抢救。11月29日,王老太因脑干出血死亡。其女儿张某在整理遗物时发现了保单。12月初,张某将保险材料交给刘某办理理赔手续。

让张某吃惊的是,2013年3月1日保险公司作出了拒赔通知书。其理由是,根据医院诊断,王老太既往有高血压病史,抢救时入院诊断为脑干出血,高血压病(三级极高危组)。王老太故意隐瞒高血压病史,未履行如实告知义务,该行为足以影响公司是否同意承保。因此,对王老太已经发生的保险事故,保险公司可以免责。"我母亲因为意外去世,而她投保的是终身寿险,怎么就不能赔?"于是,张某将保险公司告上法庭。

如东县法院查明,被告保险公司业务员刘某证实,在为王老太办理保险手续时,并未询问其是否患有高血压症状。另据刘某证言,2012年国庆节期间,刘某已知悉王老太患有高血压;王老太身故后,刘某又接受了王老太女儿交给他的理赔手续。

【分析】 法院审理后认为,因保险人承保前对投保事项及相应条件并不明确且未作出相应限制,对被保险人的身体健康状况亦未加核实,承保后在明知被保险人患有高血压症状的情形下仍未及时行使合同解除权,故对被告保险公司在保险事故发生后以投保人未履行如实告知义务而免责的辩称,不予采纳。对被告保险公司主张王老太的死亡原因为脑干出血,而脑干出血与高血压之间存在因果关系的说法,法院认为,虽然高血压引起脑干出血的可能性较大,但医学上并不能完全排除高血压以外的其他疾病导致脑干出血的可能性,故王老太死亡的保险事故并不能确定系保险人主张的未如实告知的原因所致。

资料来源:程太和,"保险人'弃权'被保险人出险家属索赔成功",《中国保险报》,2013年12月3日。

1. 弃权

(1) 弃权的含义。弃权是指保险合同的一方当事人放弃其在保险合同中可以主张的某项权利,通常是指保险人放弃保险合同的解除权与抗辩权。例如,某寿险公司出具的寿险保单规定,如果被保险人参军或参加武警部队,保险公司可以宣布保单无效。恰巧在保险期间,一个被保险人参加了武警部队,并且在一次围剿毒犯的行动中牺牲了。保险公司得知这一情况后,给保单受益人——被保险人的父母写了一封信,信中说被保险人为国捐躯,本公司放弃以其参加武警部队而死亡为理由的抗辩。不久,保险公司又给受益人发出了一封信,告知受益人公司改变了立场,宣布该保单无效。在这种情况下,受益人通过诉讼,法庭判决公司第一封信构成了保险人对抗辩权利和宣布保单无效权利的明示放弃,因而不得再重新主张这一权利。我国《保险法》第十六条第六款规定:保险人在合同订立时已经知道投保人未如实告知的情况的,保险人不得解除合同;发生保险事故的,保险人应当承担赔偿或者给付保险金的责任。

(2) 弃权的条件。构成保险人的弃权必须具备两个要件:首先,保险人须有弃权的意思表示,无论是明示的还是默示的;其次,保险人必须知道被保险人有违背约定义务的情况及因此享有抗辩权或解约权。

对于默示的意思表示,可以从保险人的行为中推断,如果保险人知道被保险人有违背约定义务的情形,而作出下列行为的,一般被视为弃权或默示弃权:

第一,在投保人有违背按期交纳保险费或其他约定义务的情况时,保险人原本应解除合同,但是,如果保险人已知此种情形却仍旧收受补缴的保险费时,则证明保险人有继续维持合同的意思表示,因此,其本应享有的合同解除权、终止权及其他抗辩权均视为弃权。

第二,在保险事故发生后,保险人明知有拒绝赔付的抗辩权,但仍要求投保人或被保险人提出损失证明,因而增加投保人在时间及金钱上的负担,视为保险人弃权。

第三,保险人明知投保人的损失证明有纰漏和不实之处,但仍无条件予以接受,则可视为是对纰漏和不实之处抗辩权的放弃。

第四,在保险事故发生后,保单持有人(投保人、被保险人或受益人)应于约定或法定时间期限内通知保险人,但如逾期通知,保险人仍表示接受的,则认为是对逾期通知抗辩权的放弃。

第五,保险人在得知投保人违背约定义务后仍保持沉默,即视为弃权。具体来说,如财产保险的投保人申请变更保险合同,保险人在接到申请后,经过一定期间不表示意见的,视为承诺;保险人于损失发生前,已知投保人有违背按期交纳保险费以外的约定义务的,应在一定期限内解除或终止合同,如在一定期限内未做任何表示,其沉默视为弃权。

2. 禁止反言

(1) 禁止反言的含义。禁止反言的法律术语起源于英国习惯法。这个法律原则旨在防止人们随便改变主意损害他方。禁止反言也称为禁止抗辩或禁止反悔,是指合同一方既已放弃其在合同中的某项权利,日后不得再向另一方主张这种权利。从法律意义上解释,若一个人对他人所做的陈述已被他人合理地相信,允许这个人推翻过去所做的陈述将会是不公正的。

在保险实践中,禁止反言主要用于约束保险人,是指保险人对某种事实向投保人(被保险人)所做的错误陈述为其所合理依赖,以至于如果允许保险人不受该陈述的约束将损害投保人(被保险人)的权益时,保险人只能接受其所陈述事实的约束,失去反悔权利的情况。例如,被保险人打电话给他的汽车保险代理人要求延期缴付保险费,代理人答复他保险公司对逾期保险费有10天的宽限期,而实际上保险公司没有这项规定。如果被保险人在所谓的宽限期内发生车祸,保险公司不能以没有按时缴付保险费为由来拒绝赔偿损失。这是因为被保险人已合理地相信代理人的陈述,保险公司要对代理人的行为负责,不能随便改变代理人的主意去损害被保险人的利益。

(2) 禁止反言的构成条件。根据上述定义,要构成保险人的禁止反言需要符合三个条件:第一,保险人一方,包括保险代理人,对一项重要事实的错误陈述;第二,投保人(被保险人)对该项陈述的合理依赖;第三,如果该项陈述不具有法律约束力,将会给投保人(被保险人)造成危害或损害。例如,被保险人为位于租用土地上的一栋房屋投保火险,并向保险人的代理人作了如实告知。保险代理人接受了他的投保,向其出具了火险保单,并通知被保险人该保单完全承保了他的房屋。但是,保单条款中明确规定,如果房屋是建造在租用的土地上,该保单无效。被保险人拿到保单后,在未阅读的情况下,将其与其他重要文件放在了一起。当后来房屋失火被烧毁后,保险公司拒绝赔偿。此时,被保险人才知道保单上载有这样的条款。这个例子包含了全部禁止反言的因素:保险公司通过其代理人向被保险人做了错误的陈述;被保险人接受了保单,并未阅读而合理地依赖了保险人的陈述;如果允许保险人利用保单条款抗辩会给被保险人造成损害。因此,保险人被禁止拒绝承担保险责任,失去了对被保险人抗辩的权利。

弃权与禁止反言在人寿保险中有特殊的时间规定,保险人只能在合同订立之后一定期限内(通常为2年)以被保险人告知不实或隐瞒为由解除合同,超过规定期限没有解除合同的视为保险人已经放弃该权利,不得再以此为由解除合同。

但从保险实践看,弃权与禁止反言的规定主要约束保险人。关于弃权与禁止反言的问题,往往涉及保险人、代理人和投保人三者之间的关系。保险代理人为谋取多收入代理费,往往对保险标的或投保人的声明事项不做严格审核,而以保险人的名义向投保人作出承诺,签发保险单,并收取保险费。一旦合同生效以后,发现投保人违背了保险条件,就产生了弃权行为,因为保险代理人本可以拒保,或附加条件承保。从保险代理关系上讲,保险代理人是以保险人的名义进行代理行为,这可视为保险人的弃权行为。保险人不能解除保险代理人已接受的不符合保险条件的保险单,即所谓禁止反言。

例如,某企业为职工投保团体人身保险,在提交的被保险人名单上,已注明某被保险人因肝癌已病休两个月,但因代理人未严格审查,办理了承保手续,签发了保单,日后该被保险人因肝癌死亡,保险人不能因该被保险人不符合投保条件而拒付保险金。

第二节 保险利益原则

【阅读资料】

自小青梅竹马的小夏和小邱一起离开农村到城里打工。两人在打工生活中萌生爱意。几年后,两人于1999年5月未经登记便以夫妻名义开始同居生活。2002年初,为使两人今后的生活获得保障,"丈夫"小夏以"妻子"小邱为被保险人向某寿险公司买一份20年期限的两全保险,保险金额为10万元。投保人小夏在保险合同中指定受益人为他自己和小邱两人。投保后不久,灾难降临到这对小"夫妻"头上,小邱在外出购物时遭遇车祸意外死亡。悲痛万分的小夏以受益人身份向保险公司提出了给付保险金的申请。但是,保险公司以他与被保险人的婚姻形式不合法为由拒绝给付。小夏索赔不成,便向法院提起诉讼。期望通过法律手段来获得他应享有的合同权利。但是法院最后驳回了小夏要求被告某寿险公司给付10万元保险金的诉讼请求。

【案例分析】

【案情】 2005年7月1日,某市汽车司机王某将其一辆货运卡车向保险公司投保了机动车辆损失保险,保险金额6万元,保险期限为一年。同年12月份,王某因转行,将其卡车卖给了同事张某,并将保单转让给张某,卡车卖价中包含了保险费。2006年5月6日,张某驾驶该车出险,损失金额达2万余元。事故发生后,张某拿着保险单及有关单证向保险公司索赔,但保险公司拒赔。

张某认为,保险公司应该赔偿。因为:其一,王某已将保单转让给他,他向王某支付了保险费,实际上可视为王某代他交纳了保费,因而有权获得保险保障。其二,他的汽车出险是在保险有效期内的保险责任事故所致,保险公司理应负赔偿责任。

保险公司认为,其承保的卡车是王某的,保险合同是和王某签订的,只与王某存在保险关系,张某虽然向王某交付了保险费取得了保单,但并没因此而成为保险合同中的被保险人,双方不存在契约关系,因此,张某无权向保险公司索赔。

【分析】 本案实质上是财产保险中可保利益与保险合同的效力关系及保险合同主体的变更问题,保险公司拒绝张某的索赔是合理的。财产保险合同的成立是以投保人对投保财产具有可保利益为前提的,可保利益应该在保险合同有效期内自始至终都存在。

本案中,张某得到王某转让的保单并未征得保险公司的同意认可,张某并不能成为保险合同的被保险人，双方并不存在保险关系。张某要向保险公司索赔，除非他与王某在买卖车辆时征得保险公司的同意并更改了保险单中的被保险人，否则，保险公司不需履行赔偿义务。本案最终的结论是应拒赔，张某的车辆损失由其自行承担，与保险公司无关。

一、保险利益的含义与构成要件

（一）保险利益的含义

我国保险法第十二条规定：保险利益，是指投保人对投保标的所具有的法律上承认的利益。保险标的则是保险合同中所载明的投保对象，即作为保险对象的财产及其有关利益或者人的生命、身体和健康。

特定的保险标的是保险合同订立的必要内容，但是订立保险合同的目的并非保险标的本身，换句话说投保人将保险标的投保后并不能保障保险标的本身不发生损失，而是在保险标的发生损失后他们能够从经济上得到补偿。因此保险合同保障的是被保险人对保险标的所具有的利益即保险利益。

（二）保险利益成立的要件

保险利益是保险合同是否有效的必要条件。确认某一项利益是否构成保险利益必须具备以下三个条件。

1. 保险利益必须是合法的利益

保险利益必须是被法律认可并受到法律保护的利益，它必须符合法律规定，与社会公共利益相一致。法律上不予承认或不予保护的利益，也不构成保险利益。如以盗窃得来的物品不能投保财产保险，以低价从窃贼手中购得的轿车不能投保机动车辆保险。非法的利益不受法律保护，当然不能构成保险利益，即使订立了保险合同，该合同也无效。

2. 保险利益必须是确定的利益

保险利益必须是已经确定或者可以确定的利益，包括现有利益和期待利益。已经确定的利益或者利害关系为现有利益，如投保人对已经拥有财产的所有权、占有权、使用权等而享有的利益即为现有利益。

3. 保险利益必须是经济利益

保险利益必须是经济上已经确定的利益或者能够确定的利益，即保险利益的经济价值必须能够以货币来计算、衡量和估价。如果投保人对保险标的不具有保险利益，或者虽然具有利益但其经济价值不能用货币来计量，保险人的赔付责任就无法兑现。某些古董、名人字画虽为无价之宝，但可以通过约定的货币数额来确定其经济价值。人的生命或身体是无价的，难以用货币来衡量，但可按投保人的需要和可能负担保险费的能力约定一个金额来确定其保险利益的经济价值。在某些情况下，人身保险的保险利益也可以直接用货币来计算，如债权人对债务人生命的保险利益。

二、保险利益原则的含义和重要性

（一）保险利益原则的含义

保险利益原则是指保险合同的有效成立，必须建立在投保人对保险标的具有保险利益的基础上。保险利益原则的确定是为了通过法律防止保险活动成为一些人获取不正当利益的手段,从而确保保险活动可以发挥分散风险、减少损失的作用,因此保险利益原则的重要作用不可偏废。

(二)坚持保险利益原则的重要性

1. 从根本上划清保险与赌博的界限

保险与赌博均是基于偶然事件的发生而获益或受损。但是,赌博是完全基于偶然因素,是通过投机取巧牟取不当利益的行为,因而为多数国家法律所禁止。保险利益的确立,要求投保人对保险标的必须具有保险利益,而且只有在经济利益受损的条件下才能得到保险金赔付,从根本上划清了保险与赌博的界限,对维护社会公共利益、保证保险经营的科学性具有重要意义。

2. 防止道德风险的发生

从投保人或者被保险人的角度来说,道德风险是指其投保的目的不是为了获得经济保障,而是为了谋取比自己所交保费高得多的保险赔款或者保险金。保险利益原则的限定,杜绝了无保险利益保单的出现,从而有效地控制了道德风险,保护了被保险人生命与被保险财产的安全。

3. 履行保险赔偿原则的依据

保险合同保障的是被保险人的保险利益,补偿的是被保险人的经济利益损失。保险保障就是要保证被保险人因保险事故而遭受经济损失时得到及时的赔付,但不允许被保险人通过保险获得额外的利益。即保险人的赔偿金额不能超过保险利益,否则被保险人将因保险而获得超过其损失的经济利益,这既有悖于保险经济活动的宗旨,也易于诱发道德风险,助长赌博、犯罪等行为。

三、财产保险的保险利益

(一)财产保险利益的种类

(1)财产所有人、经营管理人对其所有的或经营管理的财产具有保险利益。如,公司法定代表对公司财产具有保险利益;房主对其所有的房屋具有保险利益;货物所有人对其货物具有保险利益等。

(2)财产的抵押权人对抵押财产具有保险利益。对财产享有抵押权的人,对抵押财产具有保险利益。因为,抵押品的灭失或者价值下降,抵押权人可能遭受损失,但是抵押权人以抵押品所具有的保险利益在其债权范围之内。

> **阅读资料**
>
> A银行向B企业发放抵押贷款60万元,抵押品为价值120万元的机器设备。然后,银行以机器为保险标的投保火险一年,保单有效期为2008年1月1日至该年的12月31日。银行于2008年3月1日收回抵押贷款20万元。然后机器于2008年11月1日全部毁于大火。问:
> 1. 银行在投保时可向保险公司投保多少保险金额?为什么?
> 2. 若银行足额投保,则发生保险事故时可向保险公司索赔多少保险赔款?为什么?

(3) 财产的保管人、货物的承运人、各种承包人、承租人等对其保管、占用、使用的财产，在负有经济责任的条件下具有保险利益。

(4) 经营者对其合法的预期利益具有保险利益。如因营业中断导致预期的利润损失、租金收入减少、票房收入减少等，经营者对这些预期利益都具有保险利益。

(二) 财产保险保险利益的范围

1. 现有利益

现有利益是投保人或被保险人对财产已享有且继续可享有的利益。投保人对财产具有合法的所有权、抵押权、质权、留置权、典权等关系且继续存在者，均具有保险利益。现有利益随物权的存在而产生。

2. 预期利益

预期利益是因财产的现有利益而存在，依法律或合同产生的未来一定时期的利益。它包括利润利益、租金收入利益、运费收入利益等。

(三) 财产保险的保险利益时效

《保险法》第十二条规定：财产保险的被保险人在保险事故发生时，对保险标的应当具有保险利益。如果损失发生时，被保险人的保险利益已经终止或转移出去，也不能得到保险人的赔偿。但为了适应国际贸易的习惯，海洋货物运输保险的保险利益在时效上具有一定的灵活性，规定在投保时可以不具有保险利益，但索赔时被保险人对保险标的必须具有保险利益。

四、人身保险的保险利益

人身保险是以被保险人的生命或身体为保险标的的保险。人身保险的保险利益是指投保人对于被保险人的寿命和身体所具有的利害关系，即投保人将因保险事故的发生而遭受损失，因保险事故的不发生而维持原有的利益。

人身保险中投保人对被保险人的寿命和身体具有保险利益。人身保险的保险利益虽然难以用货币估价，但同样要求投保人与被保险人的寿命和身体之间具有经济利害关系，即投保应具有保险利益。

(一) 人身保险利益存在的情形

《中华人民共和国保险法》第三十一条规定："投保人对下列人员具有保险利益：（一）本人；（二）配偶、子女、父母；（三）前项以外与投保人有抚养、赡养或者扶养关系的家庭其他成员、近亲属；（四）与投保人有劳动关系的劳动者。除前款规定外，被保险人同意投保人为其订立合同的，视为投保人对被保险人具有保险利益。"

> **阅读资料**
>
> **国际上关于人身保险保险利益的确定**
>
> 投保人以他人的生命或身体办理保险时，各国法律对于保险利益均有严格规定。英美法系国家基本上采取利益主义原则，即以投保人与被保险人之间是否存在经济上的利益关系为判断依据。大陆法系的国家通常采用同意主义原则，即无论投保人与被保险人之间是否存在利益关系，只要被保险人同意，则认为具有保险利益。此外，还有一些国家采取利益主义与同意主义相结合的原则，即投保人与被保险人之间具有利益关系，或投

保人与被保险人之间虽没有利益关系,但只要被保险人同意,都可被视为具有保险利益。我国保险法采用的是利益主义与同意主义相结合的原则。

(二) 人身保险合同保险利益存在的时效

与财产保险不同,人身保险的保险利益必须在保险合同订立时存在,而保险事故发生时是否具有保险利益并不重要。也就是说,在发生索赔时,即使投保人对被保险人失去保险利益,也不影响保险合同的效力。《保险法》第三十一条第三款规定:订立合同时,投保人对被保险人不具有保险利益的,合同无效。

强调必须在保险合同订立时存在保险利益,是为了防止诱发道德风险,进而危及被保险人生命或身体的安全。另外由于人身保险具有长期性,如果一旦投保人对被保险人失去保险利益,保险合同就失效的话,就会使被保险人失去保障。而且领取保险金的受益人是由被保险人指定的,如果合同订立之后,因保险利益的消失,而使受益人丧失了在保险事故发生时所应获得的保险金,无疑会使该权益处于不稳定的状态之中。因此,人身保险的保险利益是订立合同的必要前提条件,而不是给付的前提条件。即使投保人对被保险人因离异、雇佣合同解除或其他原因而丧失保险利益,也不影响保险合同的效力,保险人仍担负给付被保险人保险金的责任。

第三节 近因原则

> **案例分析**
>
> **同时遇险,所获赔付不同**
>
> 【案情】 新婚夫妇贺某与张某参加旅行团去九寨沟旅游,途中他们所乘坐的旅游大巴车与一辆大货车相撞,夫妇双双受了重伤被送往医院急救。张小姐因颅内受到重度损伤且失血过多,抢救无效,于1小时后身亡。贺先生在车祸中丧失了左肢,在急救中因急性心肌梗死,于第二天死亡。在此之前,他们购买了人身意外伤害保险,每人的保险金额均为10万元。保险公司接到报案后立即着手调查,了解到张小姐一向身体健康,而贺先生婚前就有多年心脏病史。最后,保险公司根据《人身意外伤害保险条款》及《人身意外伤害保险伤残给付标准》,给付张小姐死亡保险金人民币10万元,给付贺先生意外伤残保险金5万元。
>
> 【分析】 两位被保险人遭遇的人身意外伤害程度和实质是不同的,张小姐的死亡是因为车祸,属单一原因的近因。贺先生死亡的近因是心肌梗死,因意外伤害与心肌梗死无内在联系,心肌梗死并非由意外伤害所造成,属于新介入的独立原因。而这个新介入的原因并非属于保险责任范围,只能按照丧失左肢的标准赔付。

一、近因原则的含义

近因原则是判断保险事故与保险标的损失之间的因果关系从而确定保险赔偿责任的一

项基本原则。在保险实践中,保险人对损失是否进行赔偿是由损害事故发生的原因是否属于保险责任来判断的。保险标的的损害并不总是由单一原因造成的,其表现形式多种多样:有时是多种原因同时发生,有时是多种原因不间断地连续发生,有时是多种原因时断时续地发生。近因原则就是要求从中找出哪些属于保险责任,哪些不属于保险责任,并据此确定保险人是否应该赔偿保险金。

在保险学中,近因是指对损失最直接、最有效、具有支配力、起决定作用的原因,而不能理解为时间上、空间上最接近的原因。

近因原则可以表述为:若引起保险事故发生、造成保险标的损失的近因属于保险责任,则保险人承担损失赔偿责任;若近因属于除外责任,则保险人不负赔偿责任。即只有当承保危险是损失发生的近因时,保险人才负赔偿责任。

二、近因原则的运用

(一) 确定因果关系的基本方法

确定近因的基本方法很多,其中以约翰·斯蒂尔在《保险原理与实务》一书中提供的确定因果关系的方法最为明了、便捷。其具体方法有以下两种。

(1) 从最初事件出发,按逻辑推理,问下一步将发生什么。若最初事件导致了第二事件,第二事件又导致了第三事件……如此推理下去,导致最终事件,那么,最初事件为最终的近因。若其中两个环节间无明显联系,或出现中断,则其他事件为致损原因。

(2) 从损失开始,沿系列自后往前推,问为什么会发生这样的情况。若追溯到最初事件,且系列完整,最初事件为近因;若逆推中出现中断,其他原因为致损原因。例如,暴风吹倒木屋的山墙,倒塌的山墙压断了电线,电线短路喷发火花,火花引起木屋着火,向消防队报警,消防队扑灭大火的同时也浇湿损坏了木屋内未燃的物品。不论运用上述哪一种方法,都能发现暴风、山墙倒塌、电线短路、着火、财产受损之间的因果关系链,从而推断出暴风是所有损失的近因。

(二) 近因的认定与保险责任的确定

在保险理赔中,一般有以下四种认定近因、确定保险责任的情况。

1. 单一原因造成的损失

如果造成保险标的损失的原因只有一个,那么这一原因就是损失的近因,只要该原因属于承保风险,保险人就应负赔偿责任。如某人投保家庭财产保险,并附加盗窃险,保险期限内家中被盗,保险人负责赔偿;若此人只投保家财险而未附加盗窃险,保险期内家中被盗,保险人不负赔偿责任。

2. 多种原因连续发生造成的损失

如果导致损失的多种原因先后依次连续发生,相邻的前一个原因与后一个原因之间具有前因后果关系,各原因之间的因果关系没有中断,则最先发生的原因为近因。如果该因属于保险责任,那么不管因果关系链中的其他原因是否属于保险责任,保险人都应负赔偿责任。

3. 多种原因间断发生造成的损失

在一连串连续发生的原因中,有一项新的独立的原因介入,使前面的原因与损失结果之间的关系中断,并且该新原因成为导致损失的最直接、最有效的原因,则新介入的独立原因为近因。若该原因属于承保风险,则保险人对损失承担赔偿责任;若该原因不属于承保风险,则保险人对损失不承担赔偿责任。

> **案例分析**
>
> 【案情】 某企业集体投保团体人身意外伤害保险,合同有效期内的一天,被保险人王某骑车被卡车撞倒,造成伤残并住院治疗,在治疗过程中王某因急性心肌梗死而死亡,请问保险公司是否应对王某家人给付保险金?
>
> 【分析】 意外伤害与心肌梗死没有内在联系,即心肌梗死并非意外伤害的结果,故属于新介入的独立原因,那么心肌梗死是被保险人死亡的近因,它属于疾病,不在意外伤害保险的责任范围内。因此,保险人对被保险人的死亡不负责任。但被保险人死亡之前的伤残,其近因是车祸,属于意外伤害,保险人对意外伤残应该按保险合同的相关约定支付保险金。

4. 多种原因同时发生造成的损失

多种原因同时导致事故的发生,即各原因的发生无先后之分,且对事故造成的损失都有直接的、实质的影响,那么原则上它们都是近因。至于保险人是否承担赔偿责任,可分为三种情况。

(1) 多种原因均属保险责任,保险人负责赔偿全部损失。

(2) 多种原因均属于除外责任,保险人不承担赔偿责任。

(3) 多种原因中,既有保险责任,又有除外责任,保险人的赔偿视不同原因造成损失的可分性而定。如果损失是可以划分的,保险人就只对承保风险所导致的损失进行赔偿;如果损失是不可以划分的,则保险人可以不承担赔偿责任。

第四节 损失补偿原则

> **案例分析**
>
> **医疗费用报销保险赔偿案**
>
> 【案情】 2011年8月,刘某为自己投保了医疗费用报销保险。2012年4月刘某由于生病住院花去医疗费用6 000元,刘某在社会医疗保险和其他报销机构已经报销3 200元,随后刘某又向保险公司申请报销全部的医疗费用6 000元,保险公司按照损失补偿原则,赔付刘某2 800元。
>
> 【分析】 在本案例中,被保险人已在社会医疗保险和其他报销机构报销3 200元,若保险公司赔偿刘某6 000元,那么刘某就重复获利3 200元,便因保险而"赚钱"了,这样就有违保险的"损失补偿原则"。因此,保险公司只需要赔付2 800元就足以弥补刘某的损失。

一、损失补偿原则的含义

损失补偿原则是指当保险事故发生并导致被保险人的经济损失时,保险人给予被保人的经济损失赔偿数额,恰好弥补其因保险事故所造成的经济损失。可见,这一原则包括两层含义:一是有损失就有赔偿,即被保险人因保险事故而造成的经济损失,依照保险合同有权获得相应的补偿;二是损失多少赔偿多少,即保险人对被保险人的赔偿数额,仅以被保险人的保险标的遭受的实际损失为限,而不能使其获得额外的利益。

二、损失补偿的限制

根据损失补偿原则的要求,保险人承担的赔偿责任有一个量的限定,具体规定如下。

(一) 以实际损失为限

损失补偿原则的宗旨是防止被保险人因保险标的遭受损失而获利,所以保险赔偿不能超过保险标的的实际损失。实际损失通常是根据保险标的受损时的市场价值确定的(定值保险和重置价值保险除外)。例如,某企业将其拥有的一台机器投保火险,保险金额为 200 万元,在保险期内,因发生保险事故导致该机器全部损毁,出险时该机器的市价为 180 万元,则保险公司只能赔偿 180 万元,而不能赔偿 200 万元。

(二) 以保险金额为限

保险金额是保险人所承担的赔偿责任的最高限额,赔偿金额只能等于或低于保险金额,而不能超过保险金额。例如,某房屋投保了火险,保险金额为 200 万元。在保险期内因发生保险事故使房屋全部焚毁,由于房价上涨,出险时该房屋的市价已达 240 万元,则保险公司只能赔偿 200 万元,而不是 240 万元。

(三) 以保险利益为限

保险人对被保险人的赔偿以被保险人所具有的保险利益为前提条件和最高限额,即被保险人所得的赔偿以其对受损标的的保险利益为最高限额。例如,某仓库投保了火险,保险金额为 400 万元,在保险有效期内,被保险人将该房屋的 50% 出售给另一个企业,保险事故发生使房屋全部焚毁,保险公司只能赔付该房屋 50% 部分的损失即 200 万元,因为被保险人对保险标的只有 50% 的保险利益。在具体的实务操作中,上述三个限额同时起作用,其中金额最少的限额为保险赔偿的最高额。

三、损失补偿原则的例外

(一) 定值保险

所谓定值保险是指保险合同双方当事人在订立合同时,约定保险标的的保险价值,并以此确定为保险金额,视为足额投保。当保险事故发生时,保险人不论保险标的损失当时的市价如何,即不论保险标的的实际价值大于或小于保险金额,均按损失程度十足赔付。

其计算公式为:

$$保险赔款 = 保险金额 \times 损失程度$$

$$损失程度 = [(保险财产的完好价值 - 残值)/保险财产的完好价值] \times 100\%$$

例如,在定值保险中,某保险标的遭受全损,损失发生时标的市价跌落,此时保险金额大于保险标的的实际价值,但保险人依然按照合同约定的保险金额进行足额赔付,此时就出现了保险赔款超过被保险人实际损失的情况。因此,定值保险是损失补偿原则的例外。实务中,海洋运输货物保险通常采用定值保险的方式,这是因为海洋运输货物出险地点不固定,各地的市价也不一样,如果按照损失当时的市价确定损失,不仅比较麻烦,而且容易引起纠纷,故采用定值保险的方式。

(二) 重置价值保险

重置价值保险又称为复旧保险或恢复保险,是指以被保险人重置或重建保险标的所需费用或成本确定保险金额的保险。一般财产保险是按保险标的的实际价值投保,发生损失时,按实际损失赔付,使受损的财产恢复到原来的状态,由此恢复被保险人失去的经济利益。但是,由于通货膨胀、物价上涨等因素,有些财产(如建筑物或机器设备)即使按实际价值足额投保,保险赔款也不足以进行重置或重建。为了满足被保险人对受损的财产进行重置或重建的需要,保险人允许投保人按超过保险标的的实际价值的重置或重建价值投保,发生损失时,按重置费用或成本赔付。这样就可能出现保险赔款大于实际损失的情况,所以,重置价值保险也是损失补偿原则的例外。

(三) 人身保险

损失补偿原则主要适用于财产保险及其他补偿性保险合同,人身保险中的给付性保险合同不适用损失补偿原则。因为人身保险的保险标的是无法估价的人的生命或身体机能,其保险利益也是无法估价的。被保险人发生伤残、死亡等事件,给其本人及家庭所带来的经济损失和精神上的痛苦都不是保险金所能弥补得了的,保险金只能在一定程度上帮助被保险人及其家庭缓解由于保险事故而带来的经济困难,帮助其摆脱困境,给予精神上的安慰。所以,人身保险合同不是补偿性合同,属于损失补偿原则的例外。人身保险的保险金额是根据被保险人的需要和支付保费的能力来确定的。当保险事故发生时,保险人按双方事先约定的金额给付。

(四) 施救费用的赔偿

我国的《保险法》第五十七条规定:"保险事故发生时,被保险人应当尽力采取必要的措施,防止或者减少损失。保险事故发生后,被保险人为防止或者减少保险标的的损失所支付的必要的、合理的费用,由保险人承担;保险人所承担的费用数额在保险标的损失赔偿金额以外另行计算,最高不超过保险金额的数额。"这主要是为了鼓励被保险人积极抢救保险标的,减少社会财富的损失。显然,对施救费用的补偿也是一种损失补偿,这样保险人实际上承担了两个保险金额的补偿责任,扩展了损失补偿的范围和额度,所以也可以视为损失补偿原则的一种例外。

第五节　损失补偿原则的派生原则

阅读资料

王某应该退回保险金吗?

个体运输户王某为自己的载重量为18吨的重型汽车足额投保车辆损失保险30万元和第三者责任险3万元,保险期限1年。在保险期限内的某一天,王某运输途中,在高速公路上被一辆强行超车的大卡车撞到,王某的重型车损坏,车上货物损毁,人也受伤。但是肇事卡车损坏严重,卡车司机没有受伤,惊吓中卡车司机弃车而逃,于是王某紧急施救,花费5 000元。交通部门认定,该起事故由卡车司机负全责。事后,王某向保险公司

> 请求索赔。经鉴定王某的车损15万元,卡车的损失10万元,重型车上的货物损失估价为1.2万元,王某受伤,医疗费0.5万元。保险公司根据合同约定,对王某的车损赔偿12万元(15×80%),给付施救费用5 000元,实际赔付12.5万元;卡车的损失不赔。后来肇事司机被抓到,交通部门通知王某。王某与其会面达成协议,约定卡车司机只需支付王某货物损失7 000元及施救费用1 500元。保险公司得知后,要求王某退回已赔保险金,王某拒绝,双方争议而诉讼。请问:保险公司有权要求王某退回保险赔偿金吗?

一、代位追偿

代位意指取代他人的某种地位。保险中的代位,是指保险人取代被保险人的地位。代位原则是指保险人对被保险人因保险事故所致损失予以赔偿后,依法或按保险合同的约定,取得对财产损失的第三方责任人进行追偿的权利或取得被保险人对保险标的的所有权。

代位原则包括代位追偿和物上代位。代位原则的意义在于防止被保险人因同一损失而获得额外利益,因此,代位原则是损失补偿原则的派生原则。

(一) 代位追偿的产生

代位追偿根源于补偿性的保险合同。当保险标的发生承保责任范围内的损失时,被保险人有权要求保险人对损失进行赔偿,这是依据合同产生的权利;如果该损失又是由第三者的责任造成的,被保险人有权要求第三者对损失进行赔偿,这是依据民法产生的权利。被保险人的两项权利同时存在,且都受到法律的保护。保险人不能以标的的损失是第三方的责任而拒赔,同理,第三方也不能以受损财产已由保险人赔偿为由逃脱自己的民事损害赔偿责任。这样,被保险人则会因拥有双重赔偿请求权而获得双重的补偿,即获得超过其实际损失的补偿,这种额外获利不符合损失补偿原则。为解决这个矛盾,绝大多数国家的保险法都规定,保险人在赔付被保险人之后,可以采取代位追偿的方式,取代被保险人的地位,向负有责任的第三方索赔。

(二) 代位追偿的含义

代位追偿,又称权利代位或代位求偿,是指在财产保险中,当保险标的发生了保险责任范围内的事故造成损失时,根据法律或合同,第三者需要对保险事故引起的保险标的的损失承担损害赔偿责任,保险人向被保险人履行了损失赔偿责任之后,在其已赔偿的金额限度内,有权站在被保险人的地位向该第三者索赔,即代位被保险人向第三者进行追偿。例如,在海洋运输货物保险中,由于承运人的管货责任导致承运货物受海水浸泡,而该损失又属于货物保险人的承保责任时,保险人按保险合同赔偿被保险人(货主)之后,有权向该损失的责任方(承运人)进行追偿。

(三) 代位追偿的作用

(1) 防止被保险人因同一损失而获得超额赔偿,避免道德风险的产生,维护损失补偿原则。

(2) 避免事故的第三方责任人因保险人的赔偿而逃脱法律责任。因为,在实务中,被保险人从保险人那里获得赔付之后,有可能放弃追究第三方的责任。

(3) 有利于被保险人及时得到经济补偿,迅速恢复经济活动。保险金的赔付是有时间限定的,而被保险人自己向第三者进行索赔,过程往往比较漫长。

(4) 有利于降低保险人的经营成本。保险人通过代位追偿，可以部分甚至全部弥补他对被保险人的赔付，这不仅有利于保险公司增加利润，而且可能会间接影响保费的降低。

(5) 有利于维护社会的公平与公正。向第三者责任方进行索赔，对于被保险人个人来说常常费时费力，而对于专业的保险公司来说则不同，因为后者更熟悉有关法律，并具有更多的索赔经验。

(四) 代位追偿实施的前提条件

(1) 保险标的的损失是由第三者的责任造成的，肇事方依法应对被保险人承担民事损害赔偿责任。因为被保险人必须有权利向第三者索赔，才能在取得保险赔款后将这种索赔权转移给保险人，由保险人代位追偿。

(2) 造成保险标的损失的原因必须在保险责任范围内。如果损失不在保险责任范围内，保险人无须承担赔偿责任，受害人只能向有关责任方索赔或自己承担损失，与保险人无关，也就不存在保险人代位追偿的问题。

(3) 保险人已经对被保险人履行了保险金的赔偿责任。代位追偿权是债权的转移，在债权转移之前是被保险人与第三者之间特定的债务关系，与保险人没有直接的法律关系。保险人只有先履行了对被保险人的损失赔偿义务，才有权取得本来属于被保险人的权利。

(五) 代位追偿中保险双方的权利与义务

1. 保险人的权利

保险人有权在保险金赔偿限度内行使代位追偿权。根据我国《保险法》的规定，保险人代位追偿权的取得基于法律的规定，无须经过被保险人的确认。只要保险人向被保险人履行了赔偿责任，就自然取得了向责任方追偿的权利。但在实践中，保险人在履行了赔偿责任后还是要求被保险人出具权益转让书。这样做的意义在于：一方面，它确认了保险人取得代位追偿权的时间，方便保险人就索赔事宜与责任人接触，以保险人的身份开始代位追偿过程；另一方面，它确认了保险人向第三者进行追偿的金额，有利于保险人把握索赔的数量界限。

2. 保险人的义务

保险人应将追偿款中超出保险金的部分归还被保险人。换言之，保险人向第三者责任方追偿的金额，以其赔偿的保险金为限。这是由代位追偿与保险赔偿之间的关系所决定的，保险人对被保险人赔偿保险金是其获得代位追偿的条件，代位追偿的目的是为了避免被保险人获得双重利益，而非对被保险人享有保险标的权利的剥夺。所以，保险人从第三者那里得到的代位追偿金额超过保险金的部分，仍然归被保险人所有。

3. 被保险人的权利

如果保险赔偿金小于被保险人遭受的损失，被保险人有权就未取得保险人赔偿的部分继续向第三者索赔。我国《保险法》第六十条第三款规定："保险人依照第一款行使代位请求赔偿的权利，不影响被保险人就未取得赔偿的部分向第三者请求赔偿的权利。"

4. 被保险人的义务

第一，被保险人有协助保险人进行追偿的义务。因为，保险人对第三者的追偿权始于被保险人，保险人只是代替被保险人行使此权利，被保险人是受害者也是知情者。我国《保险法》第六十三条规定："保险人向第三者行使代位请求赔偿的权利时，被保险人应当向保险人提供必要的文件和所知道的有关情况。"同时，我国《保险法》第六十一条规定："被保险人故意或者因重大过失致使保险人不能行使代位请求赔偿的权利的,保险人可以扣减或者要求返还相应的保险金。"

第二,被保险人不能损害保险人的代位追偿权。如果在保险人未赔偿保险金之前,被保险人放弃了向第三者的赔偿请求权,那么,他也就同时放弃了向保险人请求赔偿的权利。如果保险人已经向被保险人赔偿了保险金,被保险人未经保险人同意而放弃了对第三者请求赔偿的权利,该行为无效。

(六) 代位追偿的适用范围

1. 第三者的范围限制

保险代位追偿的对象为对保险事故的发生和保险标的的损失负有民事赔偿责任的第三者。理论上,第三者可以是法人,也可以是自然人。但在实务中,代位追偿的对象在法律上是有限制的。我国《保险法》第六十二条规定:"除被保险人的家庭成员或者其组成人员故意造成本法第六十条第一款规定的保险事故外,保险人不得对被保险人的家庭成员或者其组成人员行使代位请求赔偿的权利。"即:只有在被保险人的家庭成员或组成人员故意造成保险事故时,被保险人的家庭成员或组成人员才会成为保险人代位追偿的对象。除此之外,代位追偿的对象应是被保险人家庭成员或组成人员以外的其他人。这是因为,保险合同保障的是被保险人的利益,而被保险人的家庭成员或组成人员与被保险人的利益是一致的。如果保险人对被保险人履行了赔偿责任之后又向被保险人的家庭成员或组成人员进行追偿,实际上等于被保险人的损失未得到补偿,这有悖于保险的补偿原则。

2. 代位追偿适用的险种范围

代位追偿原则是由损失补偿原则派生出来的,因此它和损失补偿原则一样只适用于财产保险,而不适用于人身保险。作为人身保险标的的人的身体和生命是无价的,因此对于人身保险来说,被保险人在获得保险人的保险金给付后,依然有权利再向第三者进行索赔。

二、物上代位

(一) 物上代位的含义

物上代位是指当保险标的因受保险事故发生推定全损时,保险人在全额赔付保险金之后,即可取得对该保险标的的所有权,即代位取得该标的的权利和义务。

物上代位产生的基础是保险标的发生推定全损。所谓推定全损是指保险标的遭受保险事故尚未达到完全损毁或完全灭失的状态,但实际全损已不可避免;或者修复和施救费用将超过保险价值;或者失踪达一定时间,保险人按照全损处理的一种推定性的损失。由于推定全损是保险标的并未完全损毁或灭失,日后或许能够得到索还,所以保险人在按全损支付保险赔款后,理应取得保险标的的所有权,否则被保险人就可能由此而获得额外的利益。

(二) 物上代位权的取得

我国《保险法》第五十九条规定:"保险事故发生后,保险人已支付了全部保险金额,并且保险金额等于保险价值的,受损保险标的的全部权利归于保险人;保险金额低于保险价值的,保险人按照保险金额与保险价值的比例取得受损保险标的的部分权利。"

在实务中,保险人获得物上代位权主要是通过委付实现的。委付是指当保险标的发生推定全损时,投保人或被保险人将保险标的的一切权益转移给保险人,而请求保险人按保险金额全数赔付的行为。委付是被保险人放弃物权的法律行为,在海上保险中经常采用。

被保险人提出委付后,无论保险人接受还是不接受,都应当在合理时间内通知被保险人。如果超过合理的时间,保险人对是否接受委付仍然保持沉默,应视作不接受委付的行为,但被保险人的索赔权利并不因保险人不接受委付而受影响。在保险人未作出接受委付的意思表示之前,被保险人可以随时撤回委付请求。但保险人一旦接受委付,委付即告成立,双方都不能撤销,保险人必须以全损赔付被保险人,被保险人也必须将标的的一切权利和义务转移给保险人。

(三) 保险人在物上代位中的权益范围

由于保险标的的保障程度不同,保险人在物上代位中享有的权益也有所不同。在足额保险中,保险人物上代位后,对保险标的的所得利益全部归保险人所有,即使该利益超过保险赔款,仍归保险人所有。此外,如有对第三者损害赔偿请求权,索赔金额超过其所支付的保险赔款,也同样归保险人所有。而在不足额保险中,保险人只能按照保险金额与保险价值的比例取得受损保险标的的部分权利。由于保险标的的不可分割性,保险人在依法取得受损保险标的的部分权利后,通常将该部分权利作价折给被保险人,并在保险赔款中作相应的扣除。

三、重复保险及重复保险分摊原则

重复保险是指投保人就同一保险标的、同一保险利益、同一保险事故,在同一保险期间内同时向两个或两个以上的保险人订立保险合同,且保险金额总和超过保险标的的价值。原则上重复保险是不允许的,但实践中确实是存在的。

重复保险分摊原则是在被保险人重复保险的情况下产生的补偿原则的一个派生原则,即在重复保险的情况下,被保险人所能得到的赔偿金由各保险人采用适当的方法进行分摊,从而使所得到的总赔偿金不超过实际损失额。我国《保险法》第五十五条第四款规定:"保险金额低于保险价值的,除合同另有约定外,保险人按照保险金额与保险价值的比例承担赔偿保险金的责任。"

重复保险分摊方式主要有以下三种。

(一) 比例责任分摊方式

比例责任分摊方式是各保险人按其所承保的保险金额与总保险金额的比例分摊保险赔偿保险。其计算公式为:

$$某保险人承担的赔款 = 损失金额 \times (该保险人承担的保险金额 / 所有保险人承保的保险金额总和)$$

例如:某人有一套价值 100 万元的房子,同时向甲、乙、丙三家保险公司投保一年期的火灾保险,甲公司保险金额为 50 万元,乙公司保险金额为 40 万元,丙公司保险金额为 30 万元,假如在保险期限内房子发生火灾,损失 40 万元,则甲、乙、丙三家保险公司如何分摊赔偿责任?

$$甲公司分摊赔偿金额 = 40 \times 50/120 = 16.67(万元)$$

$$乙公司分摊赔偿金额 = 40 \times 40/120 = 13.33(万元)$$

$$丙公司分摊赔偿金额 = 40 \times 30/120 = 10(万元)$$

(二)限额责任分摊方式

限额责任分摊方式是指不以保险金额为基础,而是按照各保险人在无他保的情况下,单独应承担的赔偿责任限额占各家保险公司赔偿责任限额之和的比例来分摊损失金额。其计算公式为:

$$某保险人承担的赔款 = 损失金额 \times (该保险人承担的保险金额 / 所有保险人承保的保险金额总和)$$

例如:A、B两家保险公司承保同一财产,A公司承保4万元,B公司承保6万元,实际损失5万元。A公司在无B公司的情况下应赔付4万元,B公司在无A公司的情况下应赔付5万元。在重复保险的情况下,如以限额责任的方式来分摊,则:

$$A公司应赔付:5 \times 4/9 = 2.22(万元)$$

$$B公司应赔付:5 \times 5/9 = 2.78(万元)$$

(三)顺序责任分摊方式

顺序责任分摊方式是由先出单的保险人首先负责赔偿,后出单的保险人只有在承担的标的损失超过前一保险人承保的保额时,才依次承担超出的部分。

我国《保险法》第五十六条规定:"重复保险的投保人应当将重复保险的有关情况通知各保险人。重复保险的各保险人赔偿保险金的总和不得超过保险价值。除合同另有约定外,各保险人按照其保险金额与保险金额总和的比例承担赔偿保险金的责任。重复保险的投保人可以就保险金额总和超过保险价值的部分,请求各保险人按比例返还保险费。"可见,在我国,重复保险采用比例责任分摊的方式。

本 章 小 结

本章论述了保险的四大基本原则及其两个派生原则,即保险利益原则、最大诚信原则、近因原则、损失补偿原则及其派生的代位原则和分摊原则。

保险利益是指投保人或被保险人对保险标的所具有法律上认可的、经济上的利害关系。在财产保险中,既要求投保时对保险标的具有保险利益,同时要求保险标的遭受保险事故发生损失时,投保人依然对标的具有保险利益;在人身保险中,保险利益只要求在合同订立时存在,不要求保险事故发生时继续存在保险利益。

最大诚信原则是指保险合同当事人在订立保险合同时及在合同的有效期内,应依法向对方提供影响对方作出是否缔约及缔约条件的全部实质性重要事实,同时绝对信守合同订立的约定与承诺。否则,受到损害的一方可以以此为由宣布合同无效或不履行合同的约定义务或责任,还可以对因此而受到的损失要求对方予以赔偿。其内容包括告知、保证、弃权和禁止反言。

近因是引起保险标的损失的最直接、最有效、具有支配力、起决定作用的原因。只有当事故发生的近因属于承保风险时,保险人才负赔偿责任。

损失补偿原则是指当保险标的发生保险责任范围内的损失时,被保险人有权按照合同的约定,获得全面、充分的赔偿,同时也不能获得额外的利益。保险人在履行赔偿责任时,必须以实际损失、保险金额和保险利益为限。

损失补偿原则的派生原则有代位原则和分摊原则。代位原则是保险人按照保险合同对被保险人的损失进行赔偿后,依法取得向对保险财产负有责任的第三方进行追偿的权利或取得被保险人对保险标的的所有权。代位原则包括代位追偿和物上代位。分摊原则是指在重复保险的情况下,对于保险标的的损失应采取适当的方式在各保险人之间分摊赔偿,以使被保险人所获得的保险赔偿金额不超过其保险标的的实际损失金额。保险人分摊损失的方式有比例责任制、限额责任制和顺序责任制。

主要专业术语的中英文对照表

中 文 术 语	对 应 英 语	中 文 术 语	对 应 英 语
1. 最大诚信原则	the principle of utmost good faith	7. 物上代位	subrogation
2. 保险利益原则	the principle of insurable interest	8. 重复保险	double insurance
3. 近因原则	the principle of proximate cause	9. 分摊原则	the principle of contribution
4. 损失补偿原则	the principle of indemnity	10. 告知	inform
5. 代位追偿	right of substitution	11. 保证	guarantee
6. 权利和义务	rights and duties	12. 弃权与禁止反言	waiver and estelle

本章知识、技能训练与思考题

一、名词解释

1. 保险利益原则   2. 最大诚信原则
3. 近因原则   4. 损失补偿原则
5. 禁止反言   6. 重要事实
7. 代位追偿   8. 物上代位

二、单选题

1. 保险利益从本质上说是某种(　　)。
   A. 经济利益　　　B. 物质利益　　　C. 精神利益　　　D. 财产利益
2. 保险人在支付了 5 000 元的保险赔款后向有责任的第三方追偿,追偿款为 7 000 元,

（　　）。

A. 将7 000元全部退还给被保险人　　B. 将2 000元退还给被保险人
C. 67 000元全归保险人　　D. 多余的2 000元在保险双方之间分摊

3. 除(　　)外,保险人不得行使代位求偿权。
A. 人寿保险　　B. 意外伤害保险
C. 医疗保险　　D. 第三者责任保险

4. 保险利益是保险合同成立的前提。某人欲将新近购买的一辆走私车向保险公司投保机动车辆保险,而保险公司拒保。这说明投保人对保险标的所具有的保险利益必须是(　　)。
A. 确定利益　　B. 合法利益
C. 具有利害关系的利益　　D. 保险公司认可的利益

5. 在最大诚信原则中,弃权与禁止反言约束的对象主要是(　　)。
A. 投保人　　B. 保险人
C. 保险代理人　　D. 投保人与保险代理人

6. 近因原则是判断风险事故与保险标的损失之间的因果关系,确定保险赔偿责任的一项基本原则。这里近因是指(　　)。
A. 导致损失的时间上最近的原因　　B. 导致损失的第一个原因
C. 导致损失的最后一个原因　　D. 导致损失的最直接、最有效的原因

7. 某人投保了人身意外伤害保险,在回家的路上被汽车撞伤送往医院,在其住院治疗期间因心肌梗死而死亡。那么,在这一死亡事故中的近因是(　　)。
A. 被汽车撞倒　　B. 心肌梗死
C. 被汽车撞倒和心肌梗死　　D. 被汽车撞倒导致的心肌梗死

8. 投保人因过失未履行如实告知义务,对保险事故的发生有严重影响的,保险人对保险合同解除前发生的保险事故(　　)。
A. 不承担赔偿或给付保险金的责任,但可以退还保费
B. 不承担赔偿或给付保险金的责任,并不退还保费
C. 根据双方协商,可承担部分赔偿或给付保险金的责任,但不退还保费
D. 根据双方协商,可承担部分赔偿或给付保险金的责任,并退还保费

三、多选题

1. 下列原则中适用于人身保险合同的有(　　)。
A. 保险利益原则　　B. 损失补偿原则
C. 最大诚信原则　　D. 近因原则

2. 代位追偿实施的前提条件是(　　)。
A. 保险标的的损失属于保险责任事故
B. 保险标的的损失是由第三方责任造成的
C. 保险人履行了赔偿责任
D. 被保险人对于第三者依法应负赔偿责任

3. 损失补偿原则的限制条件有(　　)。

A. 以实际损失为限 B. 以保险价值为限
C. 以保险金额为限 D. 以保险利益为限

4. 关于近因原则的表述不正确的是（　　　　）。
A. 近因是造成保险标的损失最直接、最有效的、起决定作用的原因
B. 近因是时间上离损失最近的原因
C. 近因是空间上离损失最近的原因
D. 只有当被保险人的损失直接由近因造成时，保险人才给予赔偿

5. 根据我国法律规定，无论财产保险合同还是人身保险合同必须以保险利益存在为前提。一般，保险利益应该符合的条件是（　　　　）。
A. 保险利益必须是合法的利益 B. 保险利益应该是经济上有价值的利益
C. 保险利益应该是确定的利益 D. 保险利益应该是不必计量的利益

6. 按照国际惯例，投保人的告知主要有（　　　　）。
A. 无限告知 B. 有限告知
C. 自觉告知 D. 询问回答告知

7. 保证是保险活动中最大诚信原则的重要内容，根据保证事项是否存在划分，保证的种类包括（　　　　）。
A. 确认保证 B. 承诺保证 C. 明示保证 D. 默示保证

8. 确立保险利益原则的意义在于（　　　　）。
A. 提供合理补偿 B. 防止赌博
C. 防止道德风险 D. 保护被保险人利益

四、简答题

1. 简述最大诚信原则的主要内容。
2. 财产保险的保险利益与人身保险的保险利益有什么异同？
3. 举例说明在保险实务中如何运用近因原则确定保险责任？
4. 为什么说代位原则和分摊原则是损失补偿原则的派生原则？
5. 在代位追偿中，保险合同当事人双方的权利义务分别有哪些？

五、案例分析

1. 光华建筑有限责任公司将自己的一批电器转让给光明五金公司，光华建筑有限公司是光明五金公司的唯一股东。后来，光华建筑有限责任公司以自己的名义，在永安保险公司为该批电器投保。再后来，发生保险事故，全部电器被毁。光华建筑有限责任公司向永安保险公司索赔。永安保险公司认为：光华建筑有限责任公司对这批电器没有保险利益，拒绝赔偿。试分析：光华建筑有限责任公司是否对这批电器具有保险利益？保险公司是否应该赔偿？

2. 某家银行投保火险附加盗窃险，在投保单上写明24小时有警卫值班，保险公司予以承保并以此作为减费的条件。后银行被窃，经调查某日24小时内有半小时警卫不在岗。该保险公司是否承担赔偿责任？

3. 许平之子许小平正在上小学，学校集体为学生买保险，是平安保险附加意外伤害医

疗。2013年5月12日下午，许小平在学校操场上活动，被另外一个学生抛来的石子击中右眼，马上送医院抢救。医院多方医治，无奈眼球已经被打坏，最后，只能将眼球摘除。保险公司根据合同，支付了保险金和医疗费。有人说，还应该找肇事孩子的家长，要求其赔偿损失；有人说，保险公司已经赔了，不能也没有权利再要求事故责任方进行赔偿。于是许平于2014年1月1日请教律师，计划起诉。如果你是法官，如何判案？

第三章

保险合同

学习目标
- 了解：了解保险利益的内涵；保险合同的订立和生效过程；保险合同的解释原则以及保险合同争议的解决方式。
- 理解：保险合同的概念和特征；保险合同的种类和形式。
- 掌握：保险合同主体中当事人、关系人的所指对象、其所必须具备的条件及其享有的权利与义务；掌握保险合同客体——保险利益的含义与要件；掌握合同无效、合同解除、合同复效以及合同终止的情况。
- 能力：能够根据所学的知识，应对保险合同签订、履行过程中出现的一些简单的问题。

第一节 保险合同的特征与种类

一、保险合同概述

保险商品的交易达成是建立在合同关系基础之上的，是一种法律关系。保险合同也被称为保险契约，是保险关系双方达成的具有法律约束力的协议。即投保人支付保险费给保险人，而保险人在保险标的发生约定事故时承担经济补偿。

《中华人民共和国合同法》（以下简称《合同法》）把合同定义为：平等主体的自然人、法人、其他组织之间设立、变更、终止民事权利义务关系的协议。保险是一种商业行为，而这种商业行为的基础就是保险合同。保险关系主体都是通过订立保险合同来明确双方之间的权利义务关系。《中华人民共和国保险法》（以下简称《保险法》）把保险合同定义为："保险合同是投保人与保险人约定保险权利义务关系的协议。"可以将保险合同定义为：保险合同是指投保人与保险人约定的关于投保人支付保险费，保险人承保标的因保险事故发生所造成的损失,在保险金额范围内承担补偿责任,或者当被保险人死亡、伤残、疾病或者达到约定的年龄、期限时承担给付保险金义务的协议。

二、保险合同的特征

保险合同是合同的一种形式,因而具备一般合同共性的法律特征。例如,合同当事人均必须有民事行为能力,合同双方自愿达成、意思表示一致,合同本身符合法律相关规定。

除此之外,保险合同具有与一般合同不一样的特点,主要有以下六点。

(一) 射幸性

射幸即"侥幸",碰运气、撞大运的意思。保险的射幸性来源于保险事故发生的不确定性、偶发性,而一般合同是以确定性时间为标的。因此,射幸性容易引起人们的投机心理,带来道德风险。财产保险合同表现的射幸性尤为突出,而人寿保险合同的射幸性特点较弱。此外,单独保险合同存在射幸性,而从全部承保的保险合同总体而言,此时收入与支出保持平衡,保险合同不存在射幸性。

(二) 补偿性

补偿性表现为保险人对被保险人合同约定事故损失进行补偿,但是补偿数额不能高于损失。保险的目的为减少被保险人发生风险事故时的经济损失,而不是因为风险发生而获得额外收益,否则此时的射幸性会引发道德风险,引发类似于"赌博、彩票"的投机行为,甚至诱发犯罪。

(三) 附和性

附和性在保险合同中表现为,保险人依照法律及自身计算结果,制定出保险合同的基本条款,投保人只有同意投保或拒绝投保的权利,通常不具备修改某项条款的权利。即使保险人同意投保人修改某项内容,也只能采用保险人事先准备好的附加条款。这主要是由于保险费率的计算是一项复杂、高难度的工作,且保险费率的计算是建立在大量同质风险的基础上,不能够轻易改变合同模板,否则保险人将出现风险不可控。此外,由于保险合同的技术性、专业性非常高,投保人通常缺乏了解,正因如此,当保险合同出现由于条款歧义导致诉讼时,国际通常做法为照顾被保险人。

(四) 个人性

保险合同的个人性是指保险合同所保障的遭受损失的被保险人本人,而不是遭受损失的财产。保险合同的个人性也主要体现在财产保险合同中。这是由于个人性格、行为差异巨大,带来的风险差异也是巨大的。保险合同签订的前提,便是保险人对投保人进行了相关个人条件的评估,给出一个保险费率。保险合同的这一特性表明,投保人在转让自己财产时,不能同时转让其保险合同,除非经过保险公司的同意。

(五) 双务性

保险合同的双务性为投保人负有按约定缴保险费的义务,保险人负有按约定在事故发生时赔偿的责任。

(六) 条件性

保险合同的条件性是指只有合同约定的条件得到满足的情况下,合同当事人一方才会履行自己的义务,反之则不履行。例如,保险合同通常约定,投保人必须在遭受意外损失以后规定的时间通知保险人,如果投保人未能履行自己该项义务,则保险公司将拒绝赔偿。

三、保险合同的种类划分

随着保险深入各行各业,保险合同的种类也是丰富多样,本章根据常见的划分标准划分保险合同种类。

(一) 按照保险合同标的划分

按照保险标的,保险合同可以分为财产保险合同和人身保险合同。

1. 财产保险合同

财产保险合同是以财产及其有关利益为保险标的的保险合同,包括了企业财产保险合同、家庭财产保险合同、货物运输保险合同、机动车辆保险合同、农业保险合同等。

2. 人身保险合同

人身保险合同是以人的身体和生命为保险标的的保险合同,包括了人寿保险合同、人身意外伤害保险合同和健康保险合同。

(二) 按照保险合同性质划分

按照保险合同的性质,保险合同可以分为补偿性合同和给付性合同。

1. 补偿性合同

补偿性合同是指当保险合同约定的事故发生后,保险人根据保险标的因事故发生所造成的实际损失进行经济补偿的合同。保险人对于投保人所履行的义务仅限于标的物的损失部分,所以这种赔偿只能是补偿性质的。财产保险合同属于补偿性合同范畴。

2. 给付性合同

给付性合同是指保险合同约定的特定事件出现或者期满,保险人就必须支付保险金的合同。这种合同的履行有时并不发生一般意义上的意外事故,也不一定会带来损害,只是满足投保人的某种需要。大部分人身保险合同都属于给付性合同范畴。

(三) 按照保险价值划分

按照保险合同价值,保险合同可以分为定值保险合同和不定值保险合同。

所谓保险价值,是指保险人与投保人相互约定的保险标的的实际价值。由于人的寿命和身体的价值是无法用货币来衡量的,所以保险价值仅限于财产保险中保险标的的价值。

1. 定值保险合同

定值保险合同是指保险合同当事人双方事先约定保险价值,并在合同中载明,以此确定保险金额的财产保险合同。定值保险合同中保险价值与保险金额一般相符,当保险事故发生后,保险人就以保险价值为基础进行损失赔偿。海洋货物运输保险合同就属于定值保险合同。

2. 不定值保险合同

不定值保险合同是指保险合同当事人双方并不事先约定保险价值,仅在合同中列明保险金额作为赔偿最高限额的财产保险合同。签订这种保险合同后,若发生了保险事故,则由保险人参照损失当时完好保险标的的市价来确定保险价值,并以此作为处理赔偿的基础,在保险金额范围内进行经济补偿。如果损失发生时保险价值高于保险金额,则以保险金额为限进行赔偿;若保险价值低于保险金额,则在保险金额范围内,按实际损失进行赔偿。大多数的财产保险合同都属于不定值保险合同。

（四）按照保险价值与保险金额的关系划分

根据保险价值与保险金额的关系，保险合同可以分为足额保险合同、不足额保险合同和超额保险合同。

1. 足额保险合同

足额保险合同是指保险价值与保险金额相等的保险合同。当发生保险事故造成保险标的损失时，全部损失按照保险金额赔偿，部分损失在保险金额范围内按照实际损失赔偿。

2. 不足额保险合同

不足额保险合同是指保险价值大于保险金额的保险合同。当保险事故发生并造成保险标的的损失时，保险人只能根据保险金额与保险价值的比例承担赔偿责任。

3. 超额保险合同

超额保险合同是指保险价值小于保险金额的保险合同。超额保险合同在世界许多国家都被法律禁止，凡是超过保险价值以上的保险金额属于无效部分。我国法律规定也是如此，保险金额高于保险价值的部分无效，即合同部分无效。

（五）按照合同承保的保险风险划分

按照合同承保的保险风险，保险合同可以分为特定风险保险合同和综合风险保险合同。

1. 特定风险保险合同

特定风险保险合同是指在保险合同中明确保险人只对一种或几种风险承担保险责任的合同。合同中对承保的风险必须一一列明，如蔬菜雹灾保险。

2. 综合风险保险合同

综合风险保险合同是指在保险合同中只列明"除外责任"，即不保风险。除不保风险外，保险人承担其他所有风险责任的合同。

（六）按照保险期限划分

按照保险的期限，保险合同可以分为定期保险合同和不定期保险合同。

1. 定期保险合同

定期保险合同是指合同载明保险责任有效期限的合同，如保险期限为1年的企业财产保险等。

2. 不定期保险合同

不定期保险合同是指合同不明确规定保险责任有效期的合同，合同按照约定的终止条款而终止。如终身人寿保险合同，当被保险人死亡时保险合同即告结束。

四、保险合同的形式

如前所述，保险合同属于要式合同，保险合同的签订必须采用书面形式。保险合同的书面形式主要包括投保单、保险单、保险凭证、暂保单等。

（一）投保单

投保单也称要保书、投保书或投保申请书，是指投保人要求参加保险时所填写的书面凭证。它一般由保险人事先印就，内容包括被保险人名称、投保人和被保险人的基本信息、保险标的名称、坐落地、投保险别、投保金额等内容。投保人投保时要按照所列明的项目逐一填写。投保单一经保险人正式接受,保险合同即告成立,保险人凭投保单出具保险单。

案例分析

漠视投保单的后果

【案情】 2001年4月,消费者刘某与建设银行南京中央门支行(下简称建行支行)签订了一份汽车消费贷款合同。随后,刘某向某财产保险公司南京市分公司(以下简称南京分公司)投保了机动车辆消费贷款保证保险。2001年11月起,刘某因经济拮据导致还款困难。2002年11月18日,建行支行向提供贷款保险单位南京分公司提出索赔。南京分公司审核与建行支行签订的保险协议后,于同年12月6日向建行支行支付了9.3万余元赔偿款。2004年11月,南京分公司将刘某告上南京某区法院,请求法院判令刘某偿还南京分公司已赔付银行的9.3万余元。庭审时,刘某辩称,他与建行支行签订的贷款合同是存在的,但他从未向南京分公司投保、交过保险费、更没有签订过任何保险合同,南京分公司出具的保险合同系伪造。

法院审理后发现,南京分公司未能出具刘某的投保单,而出具的保险单,既无刘某签字,也无刘某的缴费凭据,所以,无法认定双方曾有过保险合同关系。同时,南京分公司在自行向建行支行理赔后,也不能说明该公司就能取得向刘某求偿的权利。因此,南京分公司的诉讼要求法院不予支持。

【分析】 这宗案例反映出保险公司在承保环节普遍存在的漠视投保单的现象,很值得保险公司反思:保险合同是投保人与保险人之间的协议,在保险实务操作中,保险合同以投保单和保险单的形式固定。一般认为,投保人填写的投保单是要约,保险人出具的保险单是承诺,投保单和保险单相加,构成一份相对完整的保险合同(有批单的除外)。但在实践中,保险人非常重视保险单,而普遍对投保单不予关注,许多保险公司甚至存在投保单丢失或者投保单没有填写或者无投保人签字的情况。这种情况下,保险公司在行使追偿权或者清理应收保险费时就处于非常不利的地位,一旦投保人不予认可,而保险公司由于没有相应的证据佐证,保险公司败诉的后果自然不可避免。

资料来源:魏丽,《保险学(第二版)》,东北财经大学出版社,2015年,第65页。

(二) 保险单

保险单简称保单,俗称大保单,是指保险当事人双方正式订立保险合同的书面证明文件。它是根据投保人的申请,由保险人出具,交给被保险人收执的一种书面凭证。其内容包括:投保人及被保险人名称、保险标的的名称和地址、保险金额、保险期限、保险费、保险责任范围、保险单签单日期以及保险条款、特别约定条款等。保险单也是保险人向被保险人赔偿或给付的依据。被保险人在保险事故发生后遭受保险标的的损失时,可凭保险单向保险人索赔。在保险合同有效期内,保险双方必须全面履行保险单规定的各项内容。

(三) 保险凭证

保险凭证简称保险证,俗称小保单,指保险人签发给被保险人的承保凭证,是保险单的一种简化形式,与保险单具有同等的法律效力。保险凭证中只记载投保人和保险人约定的主要保险内容,如保险金额、保险有效期、保险费等。凡是保险凭证中没有列明的事项,均以同类保险单所载内容为准。

(四) 暂保单

暂保单是保险人、保险代理人或保险经纪人在正式保险单出具之前,签发给投保人的一种临时保险凭证,具有和正式保险单同等的效力。但暂保单的有效期很短,当正式保险单出具后,暂保单则自动失效,保险人也可在正式保险单出具之前,提前通知投保人终止暂保单。暂保单的内容十分简单,但仍要载明保险合同的主要内容。

(五) 其他形式的保险合同

经过投保人和保险人协商同意,也可以采取其他书面形式订立保险合同。

第二节 保险合同的要素

任何法律关系均由主体、客体和内容三个要素构成,保险合同的要素同样是由此三要素组成的。保险合同的主体为保险合同的当事人和关系人,保险合同的客体为保险利益,保险合同的内容为保险合同当事人和关系人的权利与义务的关系。

一、保险合同的主体

合同主体是指在合同中享有权利、承担义务的当事人,是合同最基本的要素之一。就保险合同而言,其主体就是保险人与投保人。在一般合同中,合同主体通常为自己利益而签订,但保险合同主体通常不为自己利益签订,受益人为他人,例如在人寿保险合同中通常指定他人为受益人。

除了保险合同当事人之外,与保险合同相关的被保险人、受益人属于保险合同关系人。保险合同的投保人、被保险人、保险人、受益人等需要在保险合同中明确指明。

(一) 保险合同的当事人

1. 保险人

保险人又称承保人,是向投保人收取保险费,并在合同约定事故发生时承担赔偿或给付保险金责任的人。各国法律一般要求保险人具有法人资格,我国《保险法》规定也是如此。只有极少数国家允许个人作为保险人,如英国的劳合社中的自然承保人。

保险人通常收取众多投保人的保费,涉及的社会人员众多,所建立起来的保险基金通常规模巨大,保险人自身的经营发展对维护社会稳定有着重要影响。因此,各国法律为了保护投保人利益,对保险人的组织形式、设立条件、经营活动等均设立了较高的门槛。没有取得法定资格的保险人不得从事保险经营活动。

2. 投保人

投保人是向保险人申请签订保险合同,并负有交纳保险费义务的人。投保人可以是自然人,也可以是法人。通常具备以下三个条件:① 具有民事权利及能力,未取得法人资格的组织及限制能力自然人不能签订保险合同,不能成为投保人;② 投保人对保险标的必须有保险利益,不具有保险利益的不能成为投保人;③ 负有按合同约定交纳保险费的义务,保险合同为有偿合同,投保人只有在按合同约定缴费之后才能成为有效的投保人。

(二) 保险合同的关系人

1. 被保险人

被保险人是指其财产、人身受保险合同保障的人，享有保险金请求权。在财产保险中被保险人是权利的主体，在遭受损失时获得赔偿。在人身保险中，被保险人是事故发生的本体。在责任保险中，被保险人对他人财物损坏、人身伤亡负有法律责任时，由保险人代其进行赔偿。

2. 受益人

受益人是指享有直接向保险人进行赔偿请求权的人，也叫保险金领受人。

在财产保险中受益人通常为投保人自己，此时保险合同中不涉及受益人的概念。在人身保险合同中，被保险人的死亡保险金一般由受益人领取，此时收益人需满足的条件有：① 受益人享有保险合同利益却不负交纳保费的义务，保险人不得向受益人索取保险费，且受益人与保险人的法律关系只有在被保险人死亡时才成立；② 受益人是由保单所有人所指定的人，保单所有人可以在保险合同中明确规定受益人，也可以规定指定受益人的方法；③ 受益人与继承人都是在他人死亡后收益，但是两者的性质不同，受益人享有的是原始取得的收益权，继承人享有的是继承取得的遗产分割。受益人没有用其领取的保险金偿还被保险人生前债务的义务，而继承人在其继承遗产范围内有为被继承人偿还债务的义务。

> **案例分析**
>
> **前妻和现任妻子，保险金归谁？**
>
> 【案情】 2002年，市民张先生向保险公司投保一份人身保险，年缴费8 000多元，缴费期10年，受益人一栏填写的是"妻子"；2004年，张先生和黄女士离婚后，2005年与夏女士结合。2009年，张先生因意外去世。前妻和现任妻子均以受益人身份要求保险金。那么，保险金应该归谁呢？
>
> 【分析】 本案例中收益人为"妻子"，而这一用语代表着一种关系。根据《婚姻法》规定："取得结婚证，即确立夫妻关系。"虽然张先生在保险单上并未注明具体的姓名，但确定受益人的方法是明确的。因此，受益人应指与张先生存在法律夫妻关系的配偶。2004年张先生与黄女士离婚后，黄女士不再具有张先生"妻子"的身份。2005年夏女士与张先生结婚后，夏女士取得了张先生"妻子"的身份，故成为新的受益人。另外，结合保险合同的履行情况，张先生和夏女士结婚后，张先生继续履行交纳保险费义务时使用的应是夫妻共同财产。因此，当张先生发生保险事故后，保险金应付给夏女士。
>
> 资料来源：靖江网，2016年12月2日。

二、保险合同的客体

保险合同的客体就是投保方对保险标的所具有的保险利益。

那么什么是保险标的呢？所谓保险标的就是指可能发生保险事故的本体，包括财产、责任、人的生命和健康等。

那么什么是保险利益呢？保险利益是指投保人或被保险人对保险标的所具有的法律上承认的利益。

(一)保险利益的要素

保险利益成立必须满足以下三个条件。

1. 保险利益必须是合法利益、法律认可的利益

如果投保人以非法利益投保,保险合同将无效,例如以偷盗抢劫来的财物投财产险,以违禁品投保运输保险。保险利益为非法利益时,不论保险人是否知情、是否达成合同,均无效。

2. 保险利益必须可用货币计算和估值

不论是投保人保费的计算,还是合同约定事故发生时的补偿,均需要对保险利益进行货币计算。财产保险较为容易使用货币来计算,人身价值无法确定,人身保险的利害关系只有反映在经济上才能称之为保险利益。例如精神伤害、政治迫害等非经济上的损失不能构成保险利益。

3. 保险利益必须是可以确定的利益

此时包括两层含义:第一,投保人的利益已经确定,如已获得财产的所有权、使用权等;第二,在达成保险合同时尚未确定利益,但是事故发生前或发生时必能确定的利益,如进口商已签订购货合同,但货物尚未运输,物权尚未转移到进口商手中,但是他可以将此项货物作为已拥有的保险利益而与保险人签订保险合同,因为进口商对该项货物的利益在提单转手后即可确定。

(二)保险利益的重要性

在保险实践中,需要时刻强调保险利益的重要性,主要目的是为了防止道德风险。

对于投保人或被保险人而言,道德风险主要是指其投保的目的不是为了分散风险获得经济保障,而是谋取比自己所交纳保费更多的保险赔款。在金钱的诱惑下,有些投保人、被保险人不会积极主动规避风险,反而放任甚至促使风险事故的发生,这将诱发犯罪,引起社会动荡。

从法律上明确规范保险利益,可以很大程度上避免投保人的"投机行为",防止道德风险的发生。因为根据保险利益原则,以被保险人实际发生的损失为前提,而且保险人的赔偿额度不得超过被保险人的实际损失。

三、保险合同的内容

保险合同是反映保险当事人和关系人之间权利与义务关系的一种形式,是反映保险合同内容的文字条款。那么保险合同的内容需清晰、明确地反映出上述关系。保险合同包括了保险条款、保险合同形式,其中保险合同形式已在上一节中阐述,本节只介绍保险条款。

(一)基本条款

基本条款为通用条款,一般在法律或行业规范中明确。根据我国《保险法》规定,保险合同的基本条款包括以下事项。

1. 当事人的名称和住所

明确当事人的名称和住所,是确保当事人符合保险主体条件,是保险合同有效的前提。

2. 保险标的

明确保险标的是判定保险类别的依据,并可以判别是否符合保险利益条件。

3. 保险价值

保险价值是保险当事人在合同中达成一致确定的被保险人标的的金额,也可以看作保险人的责任限额。保险价值对于计算保费、进行保险赔偿有着重要意义。

4. 保险期限

保险期限即保险合同的有效期,是被保险人可以向保险人因合同约定事故发生损失索取赔偿的有效时间段。保险合同所约定的风险是不确定的,保险期限的长短对保费及赔偿可能性有着巨大影响,所以保险期限会被明确标记,保险人只对保险期限内发生的风险进行赔偿。

5. 其他条款

主要包括保险责任和责任免除等条款。① 保险责任是指保险人对被保险人事故发生后所承担赔偿或给付责任的具体范围。② 保险责任免除条款是指保险人不承担经济赔偿或给付责任的具体范围。

(二) 附加条款

附加条款是指保险人为满足投保人或被保险人的特殊需要,在保险合同基本条款的基础上增加一些补充内容,以扩大承保的责任范围的条款。

(三) 保证条款

保证条款是指保险人要求被保险方在保险合同有效期内应遵守的规定。这些规定必须严格遵守,否则保险人有权拒绝承担保险责任。保证条款有明示和默示两种:明示保证是在保险合同中以文字列明的;默示保证是指虽没有以文字在合同中列明,但根据合同习惯,被保险方必须做到的保证。

第三节 保险合同的订立、生效与履行

一、保险合同的订立

保险合同的订立是指投保人与保险人就保险合同内容达成一致协议的过程。我国《保险法》规定:投保人提出保险要求,经保险人同意承保,并就合同条款达成协议,保险合同成立。通过保险合同的定义可知保险合同的成立需要经过投保人提出保险要求和保险人同意两个阶段,这两个阶段就是合同实践中的要约和承诺。

(一) 要约

要约也被称为提议,是指当事人一方以订立合同为目的而向对方作出的意思表示。提出要约的人称为要约人,一个有效的要约应具备三个条件:① 要约须明确表示订约愿望;② 要约须具备合同主要内容;③ 要约在其有效期内对要约人具有约束力。

保险合同的要约即要保,除应具备一般合同要约的上述三个条件外,还具有下述特点:① 保险合同的要约通常由投保人提出;② 保险合同的要约条款更为具体、明确,因保险合同具有的射幸性,保险合同要约的条款比一般合同要约都更为具体、明确,一般包括保险合同的法定条款;③ 保险合同要约一般表现为投保单或其他书面形式;④ 虽然日常生活中通常由保险公司或其代理人主动向投保人推销保险,但其实质依旧为投保人提出要约,投保人

还是要约方。

(二) 承诺

承诺也被称为接受提议,是指当事人另一方就要约方的提议而作出的意思表示。承诺有效应具备三个条件:① 承诺不能附带任何条件,即承诺须是无条件的;② 承诺须由受约人本人或其合法代理人作出;③ 承诺须在要约的有效期内作出。合同一经当事人一方作出承诺,即告成立。

保险合同的承诺也叫承保,通常由保险人或其代理人作出。保险合同与其他合同一样,其订立过程往往是一个反复要约、协商的过程。当受约人作出承诺时即最终达成协议,保险合同即告成立。保险合同成立后,保险人应及时签发保险单或其他保险凭证。

二、保险合同的生效

保险合同的成立是指投保人与保险人就保险合同条款达成协议。保险合同的生效是指保险合同对当事人双方发生约束力,即合同条款产生法律效力。一般来说,合同成立即生效,即产生法律效力。实践中保险合同多为附条件合同,以交纳保险费为合同生效的条件。同时,我国保险实务中普遍实行"零时起保",即保险合同的生效时间通常在合同成立日的次日零时或约定的未来某一日的零时。所以,保险合同较为特殊,往往是在合同成立后的某一时间生效。保险合同的成立与生效存在以下区别。

(一) 效力不同

保险合同经当事人双方协商一致协议时就成立,但此时尚不发生法律效力;保险合同生效则是保险合同对当事人发生法律效力,此时合同当事人均受合同条款约束。

(二) 保险人责任不同

保险合同成立后、尚未生效前发生保险事故的,保险人不承担保险责任;保险合同生效后,发生保险事故的,保险人则应按合同约定承担保险责任。

当然,投保人与保险人也可在保险合同中约定,保险合同一经成立就发生法律效力。此时,保险合同成立即生效。

> **案例分析**
>
> **保险卡未激活,保险合同有效吗?**
>
> 【案情】 2014年夏天,某人寿保险公司代理人王某向周某宣传面值为100元的"安享人生c款"激活式保险卡,称只需花100元保费在受到意外伤害后可得到50 000元的意外伤害金和6 000元的意外伤害医疗保险金。周某随即购买了保险卡一张,王某在保险卡上粘贴周某的签名。后由于周某本人文化水平有限,便委托王某代其激活保险卡。王某回到公司为周某激活保险卡时,发现自己所持保险卡上标注的投保年龄范围为1周岁至65周岁,而公司系统内的投保年龄范围为1周岁至60周岁。所以周某的年龄已超出投保年龄范围,无法激活,应当退还其保费。后因王某疏忽,忘记告知周某并退还其保费。2015年1月,周某因意外去世。其家属找到保险合同进行赔偿,保险公司核查后发现周某不符合承保条件且保险卡未激活,以此为由拒绝赔偿。周某家属遂找到保险业务员王某了解情况,此时王某虽已离职,但其证实由于自己的疏忽大意忘记告知周某并退

还其保费。几经协商无果后，周某家属一纸诉状将保险代理人王某及某人寿保险公司告上法庭，要求按照保险合同给付保险金。

保险卡未激活，保险公司是否应承担赔偿责任？

【分析】 投保人周某在合同订立过程中，已经交纳了保费，并且委托代理人帮其激活保险卡，周某本人没有任何过错，并且在半年时间内也没有通知周某不符合投保条件。另外保险卡标准的年龄范围为1周岁至65周岁，但是公司内部的投保年龄是1周岁至60周岁，在本案例中由于投保人当场购买保险卡，相当于合同立即生效，投保人是基于保险卡标准的内容，决定是否签订合同的，因此，应以保险卡标准的年龄段为准。

资料来源：王卫国、付佳，"保险卡未激活，保险合同有效吗？"，《中国保险报》，2015年8月4日。

三、保险合同的履行

保险合同的履行是指保险合同当事人双方依合同履行各自义务。保险合同达成后，投保人及保险人均需履行其义务，一方履行义务时对方才可以享受其权利。

(一) 投保人的义务

1. 交纳保险费

按合同约定交纳保险费是投保人最基本的义务，也是保险合同生效的必要条件。此外，与投保人无利害关系的第三人也可以代投保人交纳保险费。但代缴人不享受保险合同的利益，代缴人的代缴行为是自愿行为，无义务必须代缴。

2. 如实告知

任何一项民事行为，当事方均应该诚实守信，由于信息不对称在保险活动中更为突出，也必然要求"最大诚信原则"，所以投保人在签订保险合同时应以口头或书面方式作真实陈述。如实告知保险标的重要事项是投保人的基本义务，也是判定保险合同有效的条件之一。我国实行的是"询问告知"的原则，投保人只要如实回答了保险人的询问，就是履行了如实告知义务。

3. 维护保险标的安全

保险合同签订后，投保人此时可能因风险转移而出现放松维护保险标的安全的行为。投保人需依照国家相关安全、消防、卫生等各项规定，维护保险标的安全。投保人或被保险人未按约定维护保险标的安全的，保险人有权要求增加保险费或解除保险合同。保险人也有权对保险标的的安全进行检查，经被保险人同意也可以对保险标的强化安全防范。

4. 危险增加的通知义务

由于保险标的的风险是动态变化的，而签订合同时对保险标的风险评估主要是那个时间点的评估。当保险标的出现较大危险时，被保险人应及时通知保险人，保险人则根据保险标的危险增加情况而决定提高保费或者继续承保。被保险人未履行危险增加通知义务，因保险标的危险增加造成的事故，保险人可不负赔偿责任。

5. 保险事故发生的通知和出险施救

当投保人、被保险人或受益人知道保险事故发生之后，应及时通知保险人，这既是合同的约定，也是保护了保险双方当事人的合法权益。通知形式采取约定的形式，一般包括口头和书面两种形式。及时通知保险事故的意义在于：① 有利于保险人迅速调查保险事故原因，以免证据灭失而定损困难；② 有利于保险人及时采取措施保护保险标的，协助被保险人抢救保险标的，尽可能控制损失规模；③ 及时进入理赔阶段，保护保险双方合法权益。

当保险事故发生时，被保险人有义务采取必要措施避免损失扩大。当然，在进行保险标的抢救过程中发生的必要费用由保险人承担。

6. 提供单证和协助追偿

保险发生及理赔过程中，投保人、被保险人和受益人需按照合同约定提供相关单证。而在财产保险中，第三人行为造成的保险事故由保险人赔偿后，保险人享有代位求偿权，此时被保险人有提供协助追偿的义务。由于被保险人过错导致保险人无法行使代位求偿权时，保险人可扣减相应比例保险赔偿金。

(二) 保险人的义务

1. 承担保险责任的义务

承担保险责任是保险人最基本的义务，是指当保险合同约定的事故发生时承担赔偿或给付的义务。保险人承担保险义务时需具备以下条件：① 须有合同约定事故发生；② 须有保险标的损失；③ 合同约定事故是造成保险标的损失的原因。此外，在人身保险合同中，只要有约定事故发生，保险人均应支付保险金。

保险人承担的责任范围包括：① 保险金；② 施救费用；③ 争议处理费用；④ 检验费用。保险人承担保险责任的期限与索赔时效应按照合同约定执行。

2. 条款说明的义务

保险人有义务如实向投保人说明保险合同条款内容。这主要是由于保险合同是附和性合同，有很强的专业性，保险人精通保险合同条款，若信息不对称，投保人可能存在理解偏差而带来自身利益损害。

3. 及时签发保险单证的义务

保险合同签订后，保险人应及时向投保人签发保险单或者其他凭证，是最基本的法定义务。保险单证是保险合同成立的证明材料，是履行合同的依据。

4. 为投保人、被保险人或再保险人保密的义务

投保人在办理保险业务过程中会提交有关财产、健康等情况的私人信息，保险人对这些隐私信息及办理保险业务信息均有保密义务。

第四节 保险合同的变更、解除、中止、复效和终止

保险合同订立、生效之后，在保险合同实际履行过程中，还经常会遇到保险合同的变更、解除、中止、复效和终止等情况。

一、保险合同的变更

人们面临的经济生活是动态、复杂的，经济关系随时有可能发生转变，保险合同在实践履行过程中也可能遇到变更的情况，尤其是保险期较长的合同。

保险合同的变更是指在保险合同有效期内，当事双方共同依法进行合同条款的修改和

补充,包括合同主体的变更、合同内容的变更。

(一) 保险合同的主体变更

保险合同的主体变更是指保险合同当事人的变更,也被称为保险合同的转让、保单的转让。从保险实践来讲,保险合同的主体变更一般为投保人、被保险人、受益人的变更,而不是保险人的变更。

1. 财产保险合同的主体变更

财产保险合同的主体变更即财产保险合同的投保人、被保险人变更。主要有下述几种:① 保险标的所有权、经营权发生转移,即由买卖、赠与、继承等民事法律行为所引起的保险标的所有权的转移。② 保险标的使用权、受益权的变动,即保险标的的承包人、租赁人因承包、租赁合同的订立、变更、终止,致使保险标的的使用权或收益权发生变更而导致保险合同主体的变更。③ 债务关系发生变化,即在保险标的为担保物的情况下,主债权债务的设立、变更、终止也可导致保险合同主体的变更。例如,抵押权人为抵押物投保的,当债务人提前履行债务时,抵押权也就随主债务的消灭而消灭,抵押权人也就会因此对保险标的失去保险利益,继而导致保险合同主体的变更。

保险标的的转让直接涉及保险人利益,所以转让保险标的的应通知保险人,经保险人同意继续承保后,方可变更原保险合同的投保人、被保险人。但是,在下述两种情况下,保险合同主体的变更可以不通知保险人:① 货物运输保险合同保险标的的转让无须征得保险人同意。② 保险人与投保人、被保险人事先约定,保险标的的转让可以不通知保险人的,以合同约定执行。

> **案例分析**
>
> **保险合同标的的变更**
>
> 【案情】 某贸易公司购买了一辆轿车,并与保险公司订立了机动车辆分项保险合同。在保险期间内,该公司与某工业公司签订一书面协议,约定:"贸易公司的该辆轿车转给工业公司,车的过户手续由贸易公司负责办理,所需费用由工业公司负担;但工业公司必须给贸易公司取得追加一辆小轿车的专控指标,否则,贸易公司不办理过户手续。"
>
> 某日,工业公司董事长李某因外出办事,贸易公司将该车派给其使用。李某驾驶该车发生事故,致使车毁人亡。贸易公司当日向公安局报了案,并要求保险公司查验了事故现场。交警部门就该车交通事故作出最终责任认定书,确认该车已彻底报废,事故由贸易公司负全部责任。随后,贸易公司多次要求赔付,均遭拒绝。保险公司的理由是:贸易公司在保险合同有效期内将此车转让给了工业公司,且未向保险公司申请批改,保险公司有权拒绝赔偿。
>
> 【分析】 本案涉及保险合同的变更问题。关键在于投保的汽车是否发生了转让。
>
> (1) 财产保险保险标的的所有权、经营权等发生转移或者债务关系发生变化的时候,投保人可能发生变更。此案中贸易公司将该车转给工业公司,以清理债权债务。涉及债务关系发生变化的问题。
>
> (2)《保险法》第三十四条规定:"保险标的的转让应当通知保险人,经保险人同意继续承保后,依法变更合同。"此案中的保险合同变更附有条件,贸易公司在该车保险期内虽

与工业公司签订了转让该车的协议。但按照《民法通则》"民事法律行为可以附条件,附条件的民事法律行为在符合所附条件时生效"之规定,由于工业公司未取得追加小轿车的指标,转让该车的协议所附条件就没有成就,该协议没有生效,汽车所有权也不发生转移。

(3) 事实上,贸易公司也没有办理该车的过户手续,事故发生时该汽车所有权仍在贸易公司手中。

综上,保险公司当然应依法承担赔偿责任。

启示:保险标的的所有权发生变更以后,投保人应及时向保险公司申请合同变更的批改。

资料来源:作者收集整理。

2. 人身保险合同的主体变更

人身保险合同主体的变更,不以保险标的的转移为基础,而主要取决于投保人或被保险人的主观意愿。主要有下列情形:① 投保人的变更须征得被保险人的同意,并通知保险人,经保险人核准后,方可变更;② 受益人的变更。被保险人或者投保人可以变更受益人并书面通知保险人,投保人变更受益人时须经被保险人同意。

阅读资料

主人已改合同未变　保险不赔

新车主以保险公司未履行车辆保险保险合同为由,将保险公司诉上法庭。北京市顺义区人民法院依法裁定驳回谭女士诉保险公司合同纠纷一案,谭女士于2003年10月15日从徐先生处购买捷达车一辆,并办理了汽车过户手续,该车已由徐先生在人保顺义支公司投保。保险期限自2003年3月6日至2004年3月5日。2003年10月19日、11月20日,该车两次发生交通事故,谭女士均持徐先生身份证办理了保险赔偿事宜。2004年2月21日,该车再次发生交通事故,保险公司接受理赔申请后,以谭女士未办理被保险人变更手续为由拒绝赔偿。

谭女士认为保险公司在办理前两次事故赔偿事宜时,已经知道车主变更的事实,虽然没有书面变更车辆的被保险人,但保险公司的理赔行为表明双方存在事实上的保险合同关系,故起诉要求保险公司履行保险合同。

中国人民财产保险股份有限公司北京市顺义支公司辩称:保险人人保顺义支公司是与被保险人徐先生签订了保险合同,谭女士不是保险合同的被保险人,在车辆转卖后,被保险人也未依合同约定以书面形式通知保险人办理合同批改,前两次的理赔属于不当理赔,并不能成为这次理赔的依据。因此,保险人对被保险人徐先生投保车辆此次的保险事故不予赔偿。

顺义法院审理后认为:原告谭女士购车后未办理被保险人变更手续,不是被保险人。与被告之间无保险合同关系,不是保险合同的相对方,无权依保险合同关系要求被告赔偿。据此,法院依法裁定驳回谭女士的起诉。

资料来源:魏华林、林宝清,《保险学(第三版)》,高等教育出版社,2012年,第57页。

(二) 保险合同的内容变更

保险合同的内容变更是指保险合同主体不变，保险合同主体的权利与义务的变更。即保险合同当事人不变，保险合同条款的变更，通常由投保人提出内容变更申请。例如，财产保险合同中保险标的的价值、数量、危险程度、存放地点、合约期限等内容发生变化；人身保险合同中保险人的职业危险程度、保险金额、缴费方式等发生变化。

按投保人变更保险合同内容的主观意愿又可以分为主动变更和被动变更。主动变更是指投保人根据实际需求提出保险合同内容变更，例如缩短或延长保险期限、减少或增加保险金额等情况。被动变更是指依据法律规定投保人必须提出的保险合同内容变更，例如，海上保险中船舶更改名称、更改航线等。

保险合同的内容变更形式需要符合法定程序。通常由投保人提出，保险人协商同意后，由保险人在原保险单证上增加批准或批单，变更保险合同须采取书面形式。在我国，保险人提出变更保险合同基本条款时，须报保险监督机构批准或备案后，通知投保人。

二、保险合同的解除

（一）保险合同解除的含义

保险合同解除是指当事人在保险合同生效履行后，当事人中的一方根据法律赋予或合同中约定的解除权力，使得保险合同效果恢复到订立前的状态。

保险合同的解除与保险合同的内容变更是不同的，保险合同的内容变更是修改当事人双方权利义务关系并继续履行，而保险合同的解除是直接终止当事人双方权利义务关系。此外，保险合同的解除与保险合同的无效是不同的。保险合同无效是指保险合同根本没有发生效力，而保险合同的解除是保险合同发生效力后当事人行使权力后权利义务被解除。

（二）保险合同解除的方式

保险合同的解除是关系到保险当事人双方重大利益的，应采取书面形式解除。

保险合同的解除权是有时效规定的，超过时效后当事人双方丧失解除权。保险合同的解除行为的法律效力是指当事人双方恢复到签订合同前的状态，因此已经发生的合同效果需要恢复到未发生的状态，例如，已经受领保险金的需返还给对方，责任方对他方造成的损失需承担赔偿责任等。但是如果保险合同的解除原因是由投保人不当行为造成，此时保险人无须返还保费。

三、保险合同的中止与复效

保险合同的中止是指保险合同有效成立后，因合同约定允许的情形而使保险合同效力暂时失效。例如投保方不按时交纳保费，在约定期限内补缴保费及利息，且继续正常交纳保费的，保险合同可以复效。在保险合同中止期间，保险人无保险事故责任。

保险合同的复效是指保险合同在效力中止之后又重新有效。在保险合同中止之后，投保人满足一定条件下提出恢复保险合同效力，经保险人同意即可合同复效。已恢复的保险合同应视为自始未失效的原保险合同。

四、保险合同的终止

保险合同的终止是指保险合同当事人之间的权利义务因法律规定的原因而消失。导致保险合同终止的原因主要有以下三点。

（一）因保险合同期限届满而终止

保险合同关系是一种债的关系，任何债权债务都有时效性。保险合同按约定时间届满后，即使没有发生保险事故，此时保险合同依旧自然终止。这也是保险合同中最为常见的情形。

（二）因保险合同履约完成而终止

保险合同通常规定赔偿总额上限之后自动终止。在保险合同期间内，保险人的赔偿金额累计达到一定数额之后，即使没有达到保险约定期限，保险合同依旧终止。

（三）因保险当事人协商终止

协商终止是指保险当事人在合同中约定可以自然终止的某些条件，这些条件一旦出现，保险双方即可按约定终止保险。这些条件也可以是某一方的违约或保险标的的消失。

第五节 保险合同的解释和争议处理

保险合同在履行过程中，当事人可能因为具体履行做法产生分歧或纠纷，此时需要按照一定程序解释和处理。

一、保险合同的解释

（一）保险合同解释的含义

保险合同的解释是指保险当事人对于合同条款语句理解不同发生争议时，依据法律、约定等方式给予的明确说明。当保险合同解释由当事人一方解释时，须由对方接受同意后才发生法律效力。而由仲裁机关、法院进行的保险合同解释，则直接具备法律效力。

（二）保险合同解释的原则

1. 文义解释原则

文义解释原则是指根据合同条款通常含义及上下文来解释的原则，既不扩大也不缩小合同用语的含义。文义解释原则是保险合同条款解释原则中最主要的方法。保险合同全文中的同类用语解释需相同，行业专有用语需按照该行业的标准解释。

2. 意图解释原则

意图解释原则是指无法使用文义解释方法时，根据相关材料逻辑分析判断签订合同时当事人的真实意图来进行保险合同解释。意图解释原则仅适用于保险合同条款不精确、条款意思理解歧义时，不得任意推测当事人签订合同时的意图。

3. 有利于被保险人的解释原则

有利于被保险人的解释原则是指当保险合同条款出现争议时，国际惯例是法院或仲裁机构通常作出对被保险人有利的解释。主要原因为，保险合同为附和性合同，被保险人只能选择接受或者不接受，保险合同条款具有很强的专业性，被保险人很难完全理解这些专业术语合同条款。此时为了考虑公平公正原则，法律通常倾向于处于信息不对称的弱势一方。

4. 合同变更优于合同正文的原则

保险合同签订履行过程中，保险当事人根据各种条件的变化而进一步采取批注、批单、附加条款等方式修订原合同条款,此时最新达成的条款优于原合同条款。

5. 专业解释原则

专业解释是指对保险合同中使用的专业术语,应按照其所属专业的特定含义解释。在保险合同中除了保险术语、法律术语之外,还会出现某些其他专业术语。对于这些具有特定含义的专业术语,应按其所属行业或学科的技术标准或公认的定义来解释,如财产保险中对"暴风""暴雨"危险程度的解释就应按国家气象部门规定的技术标准来解释;人寿保险中对各种人身伤害及死亡的解释就应按医学上公认的标准来解释等。

二、保险合同的争议处理

保险合同的争议处理是指保险合同签订履行过程中,保险当事人在保险责任认定、赔偿等产生争议时的解决方式。保险合同的争议处理包括:自愿协商与接受调解、仲裁、诉讼三种方式。

(一) 自愿协商与接受调解

自愿协商是指双方当事人在自愿互谅的基础上,自行协商解决争议。自愿协商解决是最简单的解决方式,有利于双方节约成本,继续执行保险合同。

接受调解是指双方当事人在法院或合同管理机关的调解下,自愿达成调解协议。接受调解必须建立在保险当事人均愿意调解的基础上,不接受调解或者调解后反悔可以继续申请仲裁或法院诉讼。

(二) 仲裁

仲裁方式是指保险当事人自愿接受仲裁机构的仲裁,解决保险合同的争议。仲裁方式具有法律效力,具有强制力。对仲裁结果不服者,需在收到仲裁决定书之日起 15 日内向法院提起诉讼。

(三) 诉讼

诉讼方式是指保险当事人通过法院进行裁决的解决争议方式。保险合同纠纷属于经济合同纠纷,由各级法院的经济审判庭受理,按民事诉讼法规定实行两审终审制。当事人对一审判决不服时,可在接收判决书 15 日内向上一级法院提出上诉,上一级法院作出的二审判决为终审判决,当事人必须执行。

本 章 小 结

保险合同是指投保人与保险人约定的关于投保人支付保险费,保险人承保保险标的因保险事故发生所造成的损失,在保险金额范围内承担赔偿责任,或者当被保险人死亡、伤残、疾病或者达到约定的年龄、期限时承担给付保险金义务的协议。保险合同的特征有射幸性、补偿性、附和性、个人性、双务性和条件性。

随着保险深入各行各业,保险合同的种类也是丰富多样,按照保险合同标的,可以分为财产保险合同和人身保险合同;按照保险合同性质,可以分为补偿性合同和给付性合同;按照保险合同价值,可以分为定值保险合同和不定值保险合同;根据保险价值与保险金额的关系,可以分为足额保险合同、不足额保险合同和超额保险合同;按照合同承保的保险风险,可以分为特定风险保险合同和综合风险保险合同；按照保险的期限，可以分为定期保险合同和不定期保险合同。

保险合同的签订必须采用书面形式。保险合同的书面形式主要包括投保单、保险单、保险凭证、暂保单等。

保险合同的主体为保险合同的当事人和关系人，保险合同的客体为保险利益，保险合同的内容为保险合同当事人和关系人的权利与义务的关系。保险合同的当事人包括保险人，投保人，保险人又称承保人，是向投保人收取保险费，并在合同约定事故发生时承担赔偿或给付损失责任的人。投保人是向保险人申请签订保险合同，并负有交纳保险费义务的人。投保人可是自然人，也可以是法人。保险合同的关系人包括被保险人和受益人。被保险人是指其财产、人身受保险合同保障的人，享有保险金请求权。在财产保险中被保险人是权利的主体，在遭受损失时获得赔偿。受益人是指享有直接向保险人进行赔偿请求权的人，也叫保险金领受人。

保险合同的客体就是投保方对保险标的所具有的保险利益。保险标的就是指可能发生保险事故的本体，包括财产、责任、人的生命和健康等。保险利益是指投保人或被保险人对保险标的所具有的法律上承认的利益。

保险合同的内容包括保险条款、保险合同形式，其中保险合同的条款分为基本条款、附加条款、保证条款。基本条款包括当事人的名称和住所，保险标的，保险价值，保险期限等，附加条款是指保险人为满足投保人或被保险人的特殊需要，在保险合同基本条款的基础上增加一些补充内容，以扩大承保的责任范围的条款。保证条款是指保险人要求被保险人在保险合同有效期内应遵守的规定。

保险合同的订立是指投保人与保险人就保险合同内容达成一致协议的过程。保险合同的成立需要经过投保人提出保险要求和保险人同意两个阶段，这两个阶段就是合同实践中的要约和承诺。保险合同的生效是指保险合同对当事人双方发生约束力，即合同条款产生法律效力。

保险合同的履行是指保险合同当事人双方依合同履行各自义务。保险合同达成后，投保人及保险人均需履行其义务，一方履行义务时对方才可以享受其权利。投保人的义务有交纳保险费、如实告知、维护保险标的安全等义务。保险人具有承担保险责任的义务、条款说明的义务、及时签发保险单证的义务、为投保人、被保险人或再保险人保密的义务等。

保险合同订立、生效之后，在保险合同实际履行过程中，还经常会遇到保险合同的变更、解除、中止、复效和终止等情况。保险合同的主体变更是指保险合同当事人的变更，也被称为保险合同的转让、保单的转让。从保险实践来讲，保险合同的主体变更一般为投保人、被保险人、受益人的变更，而不是保险人的变更。保险合同的内容变更是指保险合同主体不变，保险合同主体的权利与义务的变更，即保险合同当事人不变，保险合同条款的变更，通常由投保人提出内容变更申请。

保险合同解除是指当事人在保险合同生效履行后，当事人中的一方根据法律赋予或合同中约定的解除权力，使得保险合同效果恢复到订立前的状态。保险合同的中止是指保险合同有效成立后，因合同约定允许的情形而使保险合同效力暂时失效。保险合同的复效是指保险合同在效力中止之后又重新有效。保险合同的终止是指保险合同当事人之间的权利义务因法律规定的原因而消失。

保险合同在履行过程中，当事人可能因为具体履行做法产生分歧或纠纷，此时需要按照一定程序解释和处理。保险合同的解释是指保险当事人对于合同条款语句理解不同发生争议时，依据法律、约定等方式给予的明确说明。保险合同的争议处理是指保险合同签订履行过程中，保险当事人在保险责任认定、赔偿等产生争议的解决方式。保险合同的争议处理包括：自愿协商与接受调解、仲裁、诉讼三种方式。

主要专业术语的中英文对照表

中文术语	对应英语	中文术语	对应英语
1. 保险合同	insurance contract	8. 免除条款	exclusions
2. 投保人	applicant	9. 保险责任	insurance liability
3. 保险人	insurer	10. 保险价值	insured value
4. 受益人	beneficiary	11. 保险金额	sum insured
5. 保险费	premium	12. 保险金赔付	payment of indemnity
6. 保险单	insurance policy	13. 保险事故	insured event
7. 保险标的	subject matter of the insurance	14. 保险期限	insurance period

本章知识、技能训练与思考题

一、名词解释

1. 保险合同
2. 保险人
3. 投保人
4. 被保险人
5. 受益人
6. 保险合同终止

二、解答题

1. 简述保险合同的特征。
2. 简述保险合同的种类。
3. 简述保险合同的主体、客体和内容。
4. 简述保险合同在什么情况下需要变更。
5. 投保人有哪些义务？
6. 保险人有哪些义务？
7. 比较保险合同的中止和终止。
8. 简述保险合同的解释应遵循的原则。
9. 简述保险合同的争议处理有哪些方式。

三、实践技能训练

2001年10月5日,投保人谢某听取了信诚人寿保险有限公司(以下简称信诚人寿)代理人黄女士对"信诚(运筹)智选投资连结保险"及5个附加险的介绍,与黄女士共同签署了信诚人寿(投资连结)保险投保书。10月6日,信诚人寿向谢某提交了盖有其总经理印章的信诚运筹建议书,同日,谢某根据信诚人寿的要求及该建议书的内容交纳了首期保险费11 944元(包括附加长期意外伤害保险首期保费2 200元),并于10月17日下午完成了体检。10月18日凌晨,谢某投保10小时后在其女友家中被其女友前男友刺杀致死。10月18日上午8时,信诚人寿接到医院的体检结果,认为因谢某身体问题,需增加保险费,才能承保。信诚人寿再次发出书面照会,通知谢某需增加保费,提交财务证明,才能承保,请谢某决定是否接受以新的保费条件投保。谢某家人称谢某已经出国,无法联络。2001年11月13日,谢母向信诚人寿方面告知保险事故并提出索赔申请。2002年1月14日,信诚人寿经调查后在理赔答复中称,根据主合同,同意赔付主合同保险金100万元;同时信诚人寿认为事故发生时其尚未同意承保(未开出保单),故拒绝赔付附加合同的保险金200万元。2002年1月15日,谢母拿到信诚人寿声称按"通融赔付"支付的100万元。2002年7月16日,谢母将信诚人寿诉至广州市天河区人民法院,请求判决信诚人寿支付信诚附加长期意外伤害保险保险金200万元,以及延迟理赔上述金额所致的利息。你认为谢母能够得到200万元附加险的索赔吗?法院应该如何审理此案?

第四章

人身保险

学习目标
- 了解：人身保险的种类,人寿保险的种类,健康保险的种类,意外伤害保险的构成条件。
- 理解：人身保险的特征,人寿保险的特征,健康保险的特征,意外伤害保险的特征。
- 掌握：人身保险的概念,人寿保险的概念,人寿保险的常用条款,健康保险的概念,意外伤害保险的概念,意外伤害保险的保险责任及给付方式。
- 能力：能够依据人身保险的知识为自己和单位员工选择合适的人身保险,防范不可避免的风险,降低风险带来的损失。

第一节 人身保险概述

阅读资料

李雯家怎么防范风险?

李雯生活在一个幸福的家庭,父亲在某房地产公司任项目经理,收入颇丰,是全家的顶梁柱。母亲长期在家料理家务,没有工作,家中还有奶奶需要扶养,李雯在上大学。而这一切的幸福在 2009 年 11 月 28 日结束了,母亲发烧 1 个月不退,经专家会诊,确诊为急性粒细胞白血病,而母亲没有任何医疗保障,高额的医疗费用全部要由家庭支付。父亲为了挣更多的医疗费,每天加班加点,不幸的事再次发生了,2010 年 2 月 2 日李雯的父亲在施工工地被从天而降的一根钢筋砸中头部经抢救无效死亡,全家唯一的经济支柱倒了,李雯的学费交纳没有了来源,奶奶和母亲的生活费、医疗费都无法解决,一下使整个家庭陷入了困境。李雯顿时觉得全家的未来重担全部压在了自己的肩上,在绝境中,她多么盼望有人来帮助她渡过难关啊！希望有人帮她支付学费完成学业、有人帮助母亲支付医疗费用、有人给年迈的奶奶养老金。

她在思考，有什么方法能在这类事件发生前就予以防范，在灾后得到补偿？你能帮李雯想出办法吗？

资料来源：徐昆，《保险理论与实务》，北京师范大学出版社，2018年，第49页。

案例分析

保险为卢某重新点燃希望

2000年，成都一村民卢某为经常在外打工的丈夫投保了某人寿保险公司的全家福和人身意外伤害保险。2008年10月29日，卢某得知丈夫在打工时不幸触电身亡，这个消息如同晴天霹雳，几乎把她击垮。丈夫是家中的顶梁柱，失去了丈夫，自己和两个未成年的孩子以及两位需要赡养的老人今后该如何生活？就在卢某悲痛欲绝的时候，其所投保的某人寿保险公司及时处理了这起赔案，第一时间送来了保险金。就是这笔保险金，为卢某和两个孩子、两位老人以后的生活撑起了一把伞；就是这笔保险金，让卢某重新燃起对生活的希望，为两个孩子规划着将来。

【分析】 人们在其一生之中，不可避免地会遇到疾病、意外伤害和死亡等各种人身风险。不管医疗技术有多先进、多发达，人们都不可能彻底回避这些风险。正是由于这一客观现实的存在，人身保险的产生成为必然。

资料来源：于光荣，《保险理论与实务》，北京理工大学出版社，2013年，第35页。

一、人身保险的概念与特征

(一) 概念

人身保险是指以人的寿命和身体为保险标的的一种保险。人身保险是以社会主体——人所面临的各种风险存在为前提，其风险包括生、老、病、死、伤、残等，是客观存在的。人身保险的保险责任是当被保险人在保险期限内发生死亡、伤残、疾病、年老等事故或生存至保险期满时给付保险金。

(二) 特征

1. 保险标的的价值无法衡量

人身保险的保险标的是人的身体和生命，其价值是很难用货币来衡量的。对于财产保险，保险标的在投保时的实际价值是确定保险金额的客观依据，人身保险则没有以人的身体或生命的实际价值作为依据的。在保险实务中，人身保险的保险金额是由保险合同签约的双方当事人即投保人与保险人协商后确定的。保险金额的确定要受到两个方面的约束：一是被保险人对人身保险需要的程度；二是投保人交纳保费的能力。

2. 承保风险的特殊性

人身保险承保的风险是死亡率和疾病发生率，而死亡率和疾病发生率受很多因素的影响，较为复杂，譬如人的年龄、性别、职业、环境、家族遗传史等，并且死亡率和疾病发生率也会随经济发展、医疗水平和生活水平的变化而改变，不像财产保险的风险可依据自然灾害等发生概率确定。

3. 保险金额的定额给付性

由于人身保险保险金额的价值是由投保人与保险人双方在投保时约定后确定的,所以人身保险金的给付就按照约定的保险金额进行定额给付(不包括健康保险中的医疗保险和收入损失保险)。因此,人身保险不适用补偿原则,也不存在比例分摊和代位追偿的问题,同时,人身保险也没有重复投保、超额投保和不足额投保的问题。

医疗保险是人身保险中的一种特殊情况,它可以采用定额给付方式,也可以采用补偿方式。当采用补偿方式时,适用补偿原则,保险人对被保险人给付的医疗保险金不超过被保险人实际支出的医疗费用。

4. 保险期限的长期性

人身保险的合同特别是人寿保险合同往往是长期合同,短则数年、长则至终身。而且,保险的缴费期和保险金领取期也可以长达几十年。具体的年数视人身保险的不同险种和被保险人的年龄及投保人的选择而定。例如生存保险中的养老保险大多是终身保险,即养老金给付直至被保险人身故为止。

5. 保险的储蓄性

对于投保人而言,人身保险的保险费不仅可以获得保险保障,还可以收回全部或部分保险金额,回报大于投资,所以具有储蓄性。当被保险人决定为自己未来的养老、疾病储备一笔资金时,购买保险显然比储蓄可获得更大的回报。由于保险的长期性,即使投保人中途遇到资金困难,前期交纳的保险费仍具有现金价值,该现金价值可以抵押向保险公司贷款,可以充抵当期保费,也可全部取回等。

6. 保险利益的特殊性

在人身保险中,保险利益只是订立保险合同的条件,并不是维持保险合同效力与保险人给付保险金的条件。只要投保人在投保时对被保险人具有保险利益,即使日后投保人与被保险人的关系发生了变化,也并不影响保险合同效力。例如:丈夫为妻子投保人身保险后,即使夫妻离异,发生保险事故时,保险人仍要给付保险金。在财产保险中,保险利益不仅是订立保险合同的前提条件,也是维持保险合同有效的条件,即当发生保险事故时,若投保人对保险标的丧失保险利益,保险人不负赔偿责任。

二、人身保险的种类

从人身保险发展的历史来看,它的业务范围经历了从窄到宽,险种由少到多的过程。人身保险从定期死亡保险开始,后来出现了终身保险。终身寿险只能解决遗嘱的生活困难问题,不能满足于投保人本人生前的生活需要,于是又出现了生存保险、生死两全保险以及各种健康保险和意外伤害保险。以后,随着经济的发展、社会的进步和人们生活水平的提高,人们的需求层次在不断提高,需要保障的范围也在不断扩大。正是适应这种需要,新的险种也不断出现,保险对象也从单个被保险人发展成为保险群体。

(一) 按照投保方式划分:个人保险与团体保险

1. 个人保险

个人保险是指一张保险单只为一个人或为一个家庭提供保障的保险。

2. 团体保险

团体保险是指一张保险单为某一团体大多数成员(保监会规定至少75％以上的员工；且绝对人数不少于8人)提供保障的保险，即保险单中的被保险人为数人。当团体保险中的被保险人发生约定的保险事故时，保险人按合同约定给付保险金。团体保险由于营销费用和管理费用较低，所以保险费低于个人保险。

(二) 按照保单是否分红划分：分红保险与不分红保险

1. 分红保险

分红保险是保险单除提供风险保障之外，还能够获得保险公司经营成果和投资效益的保险。一般来说，分红保险由于可能获得保障之外的收益，保险费高于不分红保险。保险公司将定期公布每份保单获得的收益，以红利的形式分配给投保人。收益不是确定收益，而是根据保险公司每年的实际收益为准，所以为浮动收益。

2. 不分红保险

不分红保险是保险单只提供风险保障，不分享保险公司经营成果和投资收益的保险。

(三) 按照被保险人的风险程度划分：标准体保险、次标准体保险与完美体保险

1. 标准体保险

标准体保险是指被保险人的风险程度属于正常标准范围，可以按标准费率承保的人身保险。

2. 次标准体保险

次标准体保险又称弱体保险，是指由于被保险人风险程度较高不能按照标准费率承包的人身保险。

对于次标准体的被保险人，保险公司可采取附加条件承保或拒保的措施以分散风险。

3. 完美体保险

完美体保险是指由于被保险人风险程度较低不需要按照标准费率承保，而可以按照更为优惠的费率承保的人身保险。在保险实务中，很少有人获得此费率。

(四) 按照保险保障范围划分：人寿保险、人身意外伤害保险与健康保险

1. 人寿保险

人寿保险是以被保险人生存或死亡为给付保险金条件的人身保险。人寿保险所承保的风险可以是生存，可以是死亡，也可以同时承保生存和死亡。投保人可以约定在某一时间或期限，若被保险人尚生存则可获保险给付；也可以约定被保险人若生存不到约定的时间或期限，受益人可获得保险给付；或是约定被保险人生存或不能生存至约定的时间或期限均可获得保险金给付。

2. 健康保险

健康保险是以人的身体为对象，保证被保险人在保险有效期间因保险责任范围内的疾病或意外事故所致伤害的费用或损失获得补偿的一种保险。健康保险承保的是人的不健康状态，保险责任包括医疗、疾病、收入损失三大类。由于人的一生都伴随着疾病，生病之后都希望重新获得健康，所以健康保险是最受欢迎的保险，健康保险的产品也呈现多样化的趋势。

3. 人身意外伤害保险

人身意外伤害保险简称意外伤害保险，是以被保险人因遭受意外伤害事故造成死亡或

残疾为保险金给付条件的人身保险。意外伤害事件由于发生率低,所以意外伤害保险保费低廉,只需付少量的保险费就可获得高额保障,投保简便,无须体检,是一个比较受欢迎的保险。但意外伤害保险必须因意外伤害至死亡或残疾才可获得保险赔偿,仅仅由于意外伤害事故受伤达不到残疾的标准则不属于意外伤害保险的赔偿条件,而属于健康保险的赔偿范围。

第二节 人 寿 保 险

一、人寿保险的概念与特征

(一) 概念

人寿保险是以人的生命为保险标的,以被保险人的死亡或者生存为给付保险金条件的一种人身保险。投保人通过与保险人订立保险合同,在交纳一定数量的保险费后,当被保险人在保险期间内死亡或生存到一定年龄时,保险人依照约定向被保险人或其受益人给付一定数额的保险金。

人寿保险和人身意外伤害保险、健康保险一起构成人身保险的三大险种。人寿保险在世界各国都是人身保险中最基本和最重要的险种,在人身保险中占有很大的业务量。

(二) 主要特征

人寿保险除具有人身保险的承保风险的特殊性、保险标的的不可估价性、保险金额的定额给付性、保险利益的特殊性、保险期限的长期性、保险的储蓄性之外,还具有精算技术的特殊性。

人寿保险由于保险期间较长,在计算保险费率和保险责任准备金时要考虑利息因素、期望寿命、年龄、性别、职业、健康状况、体格、居住环境、家族遗传史等多种因素,要依据生命表、利率表等特殊的计算方法来完成。经过数十年的发展,人寿保险已形成了一套专用的计算技术——寿险精算学。一些国家将保险业务分为寿险和非寿险两大类,主要考虑到人寿保险使用的是一种特殊的精算技术。

二、人寿保险的种类

(一) 定期寿险

定期寿险又称定期死亡保险,它只提供一个确定时期的保障,如果被保险人在规定时期内死亡,保险人向受益人给付保险金。如果被保险人期满生存,保险人不承担给付保险金的责任,也不退还保险金。

定期寿险有如下特征。

1. 可以获得较大保障

在保险金额相等的条件下,由于保险人承担风险责任有确定期限,所以定期寿险保险费低于其他寿险,但获得的保障较大。

2. 可以延长保险期限

许多定期寿险单规定,保险单所有人在保险期满时,被保险人不必进行体检,不论健康状况如何都可以延长保险期限。规定这项选择权是为了保护被保险人的利益,否则被保险人可能在保险期满时因健康状况不佳或其他原因不能再取得人寿保险。

3. 容易产生逆选择

投保定期寿险可以以较少的支出获得较大的保障,所以在人寿保险经营中,表现为被保险人在感到或已经存在着身体不适或有某种极度危险存在时,往往会投保较大金额的定期寿险。保险公司对此采取的措施有:第一,对超过一定保险金额的保户的身体做全面、细致的检查;第二,对身体状况略差或一些从事某种危险工作的保户,提高收费标准;第三,对年龄较高身体又较差者拒绝承保。

定期寿险具有较强的保险功能。比较适合选择定期寿险的人有两类:一是短期内从事比较危险的工作急需保障的人;二是家庭经济境况较差,子女尚幼,自己又是一个家庭经济支柱的人。对他们来说,定期寿险是廉价的保险,可以用最低的保险费支出取得最大金额的保障,但无储蓄与投资收益。

(二) 终身寿险

终身寿险又称终身死亡保险,是一种提供终身保障的保险,被保险人在保险有效期内无论何时死亡,保险人都向其受益人给付保险金。由于终身寿险的保险期限比较长,而且无论寿命长短,保险公司的保险金是必付的,因此,其保费比定期保险要高。终身寿险分为普通终身寿险和特种终身寿险。

1. 普通终身寿险

普通终身寿险,又称终身缴费的终身保险,它是人寿保险公司提供的最普通的保险。具有保险费终身交纳、以较为低廉的保费获取终身保障的特点。

2. 特种终身寿险

特种终身寿险,又称为限期缴费的终身寿险,有两种形式:一是一次缴清保险费的终身寿险,即趸缴终身寿险。由于一次所缴金额较大,投保此种保险的人较少。二是限期缴清保险费的终身寿险,缴付期限可以限定为 10 年、15 年或 30 年,或用被保险人所达到的年龄来表示,如 55 岁、60 岁。在同一保险金额下,缴费期越长,投保人每期交纳的保险费越少;反之,则越多。短期的限期缴清保险费的终身寿险适用于在短期内有很高收入者购买。

(三) 两全保险

两全保险又称生死合险,被保险人在保险期内死亡,保险人向其受益人给付保险金;如果被保险人生存至保险期满,保险人向其本人给付保险金。因此,两全保险是死亡保险和生存保险的混合险种。

由于被保险人在保险期内不论生存或死亡,被保险人本人或受益人在保险期满后,总是可以获得稳定的保险金。它既可以保障被保险人的晚年生活,又能解决由于本人死亡后给家庭经济造成的困难,因而它在人寿保险中最能够体现保障与投资的两重性。目前保险市场上的多数险种都属于两全保险。常见的有子女婚嫁保险、子女教育金保险、学生平安保险,以及多数养老保险。

(四) 年金保险

年金保险是指保险人承诺每年(或每季、每月)给付一定金额给被保险人(年金受领人)的保险,实际上是一种生存保险。

在年金保险中,投保人要在开始领取之前,交清所有保费。年金保险可以有确定的期限,也可以没有确定的期限,但均以年金保险的被保险人的生存为支付条件。投保年金保险可以使晚年生活得到经济保障,在年金受领者死亡时,保险人立即终止支付,长寿家族的人比较适合投保年金保险。

(五) 简易人寿保险

简易人寿保险又称"工业保险",是以简易方法办理的一种低额人寿保险。其特征是:保险金额少;交费次数频繁,通常每半月或一月由保险人派员收取;免体检,被保险人不必进行体格检查;条款内容比普通人寿保险简单。简易人寿保险一般只办理小额的两全险,或限期交费的终身险,保险年限统一规定,保险费按份数计算。由于简易人寿保险增加了保险人的费用和风险,因此,为减轻保险人的负担,世界各国普遍规定,被保险人参加该保险后,必须经过一定时间,保单始能生效,如在此期间内被保险人死亡,保险人则不负赔偿责任。

(六) 分红寿险

分红寿险是指保险公司在每个会计年度结束后,将上一会计年度该类分红保险的可分配盈余,按一定的比例、以现金红利或增值红利的方式,分配给客户的一种人寿保险。在中国保监会目前的统计口径中,分红寿险、分红养老险、分红两全险及其他有分红功能的险种都被列入分红险范围。

分红险有如下特点。

(1) 分红保险的红利是保单所有人从保险公司可分配盈余中分享到的金额。

(2) 分红是不固定的,分红水平和保险公司的经营状况有着直接关系,保险公司与客户共同承担投资风险、分享经营成果。

(3) 保险费用比较高,具有确定的利益保证和获取红利的机会。

(4) 分红保险的红利来源于保险公司死差益、利差益和费差益所产生的分配盈余。由于保险公司在厘定费率时要考虑三个因素:预定死亡率、预定投资回报率和预定营运管理费用。费率一经厘定,不能随意改动,但寿险保单的保障期限往往长达几十年,在这样漫长的时间内,实际发生的情况可能同预期的情况有所差别。一旦实际情况好于预期情况,就会出现以上差益,保险公司将这部分差益产生的利润按一定的比例分配给客户,这就是红利的来源。

死差益是指保险公司实际的风险发生率低于预计的风险发生率,即实际死亡人数比预定死亡人数少时所产生的盈余。利差益是指保险公司实际的投资收益高于预计的投资收益时所产生的盈余。费差益是指保险公司实际的营运管理费用低于预计的营运管理费用时所产生的盈余。中国保监会规定保险公司每年至少应将分红保险可分配盈余的70%分配给客户。

红利分配有两种方式:现金红利和增额红利。现金红利是直接以现金的形式将盈余分配给保单持有人,目前国内大多保险公司采取这种方式;增额红利是指整个保险期限内每年以增加保险金额的方式分配红利。

(七) 万能寿险

万能寿险是指包含保险保障功能并至少在一个投资账户拥有一定资产价值的人身保险产品。万能寿险除了同传统寿险一样给予客户生命保障外,还可以让客户直接参与由保险公司为投保人建立的投资账户内资金的投资活动,将保单的价值与保险公司独立运作的投保人投资账户资金的业绩联系起来。

万能寿险保费由附加保费、危险保费和储蓄保费三部分构成,保户能够清楚地知道整体保费中多少是纯保费支出、多少是对事故发生进行保障所需要支付的资金、多少是用来进行组合投资的。由于保费中有固定比例的资金用于投资和储蓄,因此万能寿险的投保户还享有每年一次的最低保证收益分配,万能寿险的储蓄保费部分由保险公司的投资专家负责管理,如果投资业绩出色,保户也将按规定比例得到超额的回报。

万能寿险具有较低的保证利率,这点与分红保险大致相同;保险合同规定交纳保费及变更保险金额均比较灵活,有较大的弹性,可充分满足客户不同时期的保障需求;既有保证的最低利率,又享有高利率带来高回报的可能性,从而对客户产生较大的吸引力。万能寿险,提供了一个人一生仅用一张寿险保单解决保障问题的可能性,弹性的保费交纳和可调整的保障,使它十分适合进行人生终身保障的规划。

比如给小孩投保万能寿险,可以根据孩子的成长阶段,从小开始储备必要的抚养金、教育金、婚嫁金等基金。等孩子长成为20至40岁的青年人时,正处于事业的起步或发展阶段,可能刚刚组建家庭,房贷和车贷会形成较大的经济压力,而且又是家里的核心顶梁柱,这时就可以提高保障比例。等到了50岁后,生活压力减轻,养老需求提高,可能随时需要一部分现金来补充养老,这时可以降低保障比例,升高投资比例。

三、人寿保险的常用条款

(一) 不可抗辩条款

不可抗辩条款又称为不可争条款,指人寿保险合同生效满一定时期之后,就成为不可争的文件,保险人不能再以投保人在投保时违反最大诚信原则,没有履行告知义务(误报、漏报、瞒报某些事实)等理由主张保险合同自始无效而拒绝给付保险金。

保险合同是最大诚信合同,在人寿保险中,对于足以影响保险人是否同意承保的因素,如被保险人的年龄、职业、健康状况等,投保人或被保险人应履行如实告知的义务,不得有任何隐瞒和欺骗;而在投保时,如果投保人故意隐瞒或因为重大过失而导致不实申报,足以影响保险人对风险的评估,保险人有权解除合同。但为防止由于保险人滥用合同的解除权而给被保险人和受益人带来损失,在保险合同中引入不可抗辩条款。即使投保人在签订合同时有欺诈行为,但经过法定期限后,合同也当然继续有效,因此,这是限制保险人权利、维护被保险人利益的一项措施。我国《保险法》规定,这个期限为两年,即在合同成立的前两年为可抗辩期,超过两年后,保险公司不得再主张解除合同。

案例分析

【案情】 2008年2月,王先生向某人寿保险公司投保了一份重大疾病险,保险金额为15万元。填写投保单时,王先生没有在该投保单上的告知事项中表明自己有既往疾病,2月底,保险公司签发了保险单。2011年10月,王先生因左肾多囊出血住院治疗,2011年12月,经医治无效死亡。

2012年1月,受益人提出理赔。保险公司在理赔查勘过程中发现,王先生在2005年曾因肾病(肾病属于该重大疾病险承保的疾病)做过检查。于是,保险公司以王先生在投保时未告知既往肾病病情,没有履行如实告知义务、带病投保为由拒赔,并解除合同。

王先生家人起诉保险公司,要求法院判决其支付保险金15万元。

【分析】 依据2009年修订后的新《保险法》第十六条第二、第三款,此合同自签订至事故发生已超过两年,所以保险公司已丧失抗辩权,该合同成为不可争合同,因此,保险公司应按照合同约定承担责任。

(二) 年龄误告条款

年龄误告条款规定,如果投保人在投保时误告了被保险人的年龄,保险合同依然有效,但应该进行更正和调整。由于被保险人的年龄是保险人决定承保以及确定费率的依据,因此对于投保人有意或无意报错被保险人的年龄,我国《保险法》规定了相应的处理办法。《保险法》第三十二条规定:投保人申报的被保险人年龄不真实,并且其真实年龄不符合合同约定的年龄限制的,保险人可以解除合同,并按照合同约定退还保险单的现金价值。投保人申报的被保险人年龄不真实,致使投保人支付的保险费少于应付保险费的,保险人有权更正并要求投保人补交保险费,或者在给付保险金时按照实付保险费与应付保险费的比例支付。投保人申报的被保险人年龄不真实,致使投保人支付的保险费多于应付保险费的,保险人应当将多收的保险费退还投保人。

案例分析

【案情】 2009年3月,王女士为9岁的女儿投保了某保险公司的"子女教育婚嫁金"保险,年交保费至18岁。但在投保时把年龄误报为8岁。2012年10月,王女士的女儿遭遇意外住院治疗,她担心保险公司以谎报年龄,没有如实告知为由拒绝给付医疗理赔金。

【分析】 王女士女儿的真实年龄符合投保要求,而且投保至今已有3年,保险合同有效,保险公司不能拒赔。不过,王女士投保的保险合同规定,9周岁投保者每年需交保费78.9元,而8周岁投保者每年只交保费69.1元,王女士每年少交9.8元的保费。在得到保险公司的理赔金之前,王女士必须补齐每年少交的保费,或者按照实交保费与应交保费的比例减少保险金的给付。

(三) 宽限期条款

宽限期条款是指在分期交费的人寿保险中,如果投保人支付首期保费后,未按时交纳续期保险费时,一般会给予一定的宽限时间,即宽限期。在宽限期内,保险合同仍然有效,如果发生保险事故,保险人仍予负责,但要从保险金中扣除所欠的保险费。

我国《保险法》第三十六条规定,合同约定分期支付保险费,投保人支付首期保险费后,除合同另有约定外,投保人自保险人催告之日起超过三十日未支付当期保险费,或者超过约定的期限六十日未支付当期保险费的,合同效力中止,或者由保险人按照合同约定的条件减少保险金额。被保险人在前款规定期限内发生保险事故的,保险人应当按照合同约定给付保险金,但可以扣减欠交的保险费。

人身保险合同是长期性合同,在较长的缴费期内,投保人可能会出现疏忽、外出、生病、经济困难等客观情况导致不能按时交纳保费,如果保险合同因此而失效的话对于投保人和被保险人均是不公平的,同时也会给保险人带来业务上的损失,因此规定了宽限期条款。

(四) 中止和复效条款

人身保险的保险合同在有效期间内,由于缺乏某些必要条件(如宽限期后仍未交纳保险费)而使合同暂时失去效力的,称为合同效力中止;效力中止的合同可以为投保人保留一段时间的申请复效权,即合同复效。一般来说,保单复效比重新投保一份新的保单更有利,复效的保险合同与原合同具有相同的效力,保险费、保险责任、保险金额均不发生变化。

申请复效要满足下列条件:

(1) 申请复效不能超过规定的期限。我国《保险法》第三十七条规定,保险合同效力中止的,投保人可以于两年内申请复效,两年内未达成复效协议的,保险人有权解除合同。

(2) 被保险人要符合可保条件。在保单效力中止期间,被保险人的健康、生活、职业等条件会发生变化,经验表明,健康状况不好的人往往更愿意提出复效申请,因此,为了避免逆选择,在申请复效时,投保人需提供被保险人的健康证明、体检报告等材料。

(3) 投保人提出复效申请时须补交效力中止期间未交的保险费及利息。

(4) 必须归还保险单所有质押贷款。

> **阅读资料**
>
> 2008年12月,吴先生在某保险公司投保一份长期意外险,约定每年12月保单生效日将交纳保费。2009年12月,吴先生因疏忽而忘记交纳保费,2010年2月,他在自家房顶上修理烟囱时不慎摔下致死。事后,保险公司调查发现吴先生的意外险尚未交纳当期保费。幸运的是,保单处于60天"宽限期"内,效力并未终止。由此,扣除应交保费后,保险公司向其家属赔付了11.5万元理赔金。

(五) 自杀条款

自杀条款是人寿保险的常用条款之一,我国《保险法》第四十四条规定,在包含死亡责任的人寿保险合同中,自保险合同成立或者合同效力恢复之日起两年内被保险人因自杀死亡的属除外责任,保险人不给付保险金,仅退还保单的现金价值,但被保险人自杀时为无民事行为能力人的除外;而保险合同生效满两年之后被保险人因自杀死亡,保险人要承担保险责任,按照约定的保险金额给付保险金。自杀条款是为了规避被保险人自杀骗保的道德风险。

构成故意自杀需要具备两个条件:主观上,行为人必须有结束自己生命的意愿;客观上,行为人必须实施了足以使自己死亡的行为。

> **案例分析**
>
> 【案情一】 小张是一个活泼可爱的女孩子,18岁那年,父亲给她投保了一份终身寿险。第二年,小章的男朋友忽然移情别恋,小张受到了极大的打击。正在小张情绪低落的时候,在学校的考试中也没能及格。于是,小张的情绪越发低落。在自己不能排解的情况下,小张选择了服毒自杀。她的这种选择给父母带来了沉重的打击,于是向保险公

司申请索赔。思考：保险公司是否承担赔偿责任？

【分析】 首先本案例中小张是个完全民事行为能力人，其自杀行为发生在合同成立两年内，小张不仅在行为上实施了足以使自己死亡的行为，而且她当时神志正常，有强烈的求死愿望，因此根据自杀条款的规定，不属于保险公司保险责任。

【案情二】 司机唐某于2011年5月购买了人寿保险，2012年10月，唐某驾驶汽车时使用手机，由于注意力不集中发生车祸，撞伤了两个行人，其中一个行人伤势严重，有生命危险。交通管理部门经过事故现场勘察，认定唐某应负全部责任。唐某得知后，精神恍惚，到后来神志错乱不能自控，经诊断是患了突发性精神分裂症，还没等事故善后处理完毕，就趁家人不备跳河自杀身亡。

问该案能否得到保险公司的赔偿？

【分析】 依据民法的一般原理，精神病人和10周岁以下的未成年人属于无民事行为能力人，无民事行为能力人实施的行为在法律上是无效的。本案中死者唐某由于突发精神分裂症，已成为一个无民事行为能力人，其所实施的一切行为（包括自杀）在法律上都是不能产生效力的，因此虽然本案的自杀行为是在合同生效的两年内，但依据《保险法》第四十四条之规定，保险公司仍然应当承担给付保险金的责任。

（六）不丧失价值条款

人寿保险中除定期寿险外，保单均具有现金价值。不丧失价值条款即指人寿保单所有人享有保单现金价值的权利，不因保单效力的变化而丧失；保险合同解约或终止时，保单的现金价值依然存在，且保单所有人有权选择有利于自己的方式来处理保单所有的现金价值。处理保单现金价值的方法有以下三种：

（1）退保时，保险人退还现金价值。

（2）变成展期定期保险，即用现金价值作为趸交保费，购买与原保单具有相同保险金额的定期保险，保险期间为净现金价值所能购买的最长期限，即保障程度不发生变化。

（3）变成减额交清保险，即用现金价值作为趸交保费，购买保险金额变化，保险期间与原保单相同的交清保险，即保险期限和保险责任不变。

（七）自动垫交保费条款

如果保险合同生效满一定期限（一般是两年）之后，投保人没有按期交纳保险费，保险人则自动以保单项下积存的现金价值垫交保险费，直至将保单现金价值用完为止。自动垫交保费条款能够尽可能维持保险合同的效力。在垫交保费期间，投保人若再交纳保费，应补交所欠保费及利息。垫交保费期间，保险合同仍然有效，发生保险事故，保险公司承担保险责任。保单现金价值垫付保费使用完毕后，保险合同终止。此条款的前提是保单具有的现金价值足够交付所欠保费，且是否自动垫交保费由投保人和保险人事先约定并在保单上注明。

（八）保单贷款条款

人寿保险合同生效满一定期限（一般是两年）后，投保人可以以保险单为抵押向保险人或第三者申请贷款。人寿保险的保险单具有现金价值，一般规定在保险单经过两年后，可将保单抵押给保险人申请贷款。实际操作中，一般贷款额度不超出保单现金价值的一定比例，比如80%；贷款期限不超过一年。投保人应按照保险人通知的日期归还款项，当贷款本利和达到保单现金价值时,保险合同终止。

第三节 健康保险

一、健康保险的概念与特征

(一) 概念

健康保险是以被保险人在保险期内因患病所发生医疗费用支出或因疾病所致残疾或死亡时,或因疾病、伤害不能工作而减少收入时,由保险人负责给付保险金的一种保险。补偿因疾病或意外伤害所发生的医疗费用,称为医疗保险;补偿因疾病或意外伤害所造成的收入损失,称为收入补偿保险。

可以看出,健康保险的保险责任与被保险人面临的健康风险是密切相关的,一般而言,被保险人主要面临三类健康风险:一是被保险人因疾病需要门诊、手术、住院治疗,需花费大量医疗费用而无法承担的风险;二是因疾病无法工作而造成收入损失的风险;三是因疾病造成残疾,生活不能自理需要长期护理将发生高额护理费用的风险。

健康保险承保的疾病是有条件限制的,并不是什么疾病都可承保。健康保险承保的疾病是指由于人体内在的原因而造成精神上或肉体上的痛苦或不健全,包括:疾病必须是由于明显的非外来原因所造成的;必须是非先天的原因所造成的;必须是非常存的原因所造成的。

外来的对身体造成的伤害属于意外伤害保险承保的范围,疾病是由于身体内部的原因造成的,内部造成的伤害还是外部造成的伤害是区分健康保险与意外伤害保险的主要界限。健康保险仅对被保险人的身体由健康状态转入病态承担责任,即健康保险承保时被保险人必须是健康的。由于先天原因造成被保险人的身体疾病或缺陷,则不能由保险人承担,不属于健康保险的承保范围。由于生理原因的生育、衰老等自然原因造成的生理现象,也不是健康保险承保的范围。值得注意的是,生育不属于疾病,不属于健康保险的保障范围,但因生育而诱发其他疾病则属于健康保险的保障范围。自然衰老也不是疾病,但因衰老而诱发其他疾病则属于健康保险保障范围。

(二) 特征

健康保险的主要特征除了下文健康保险四项特殊条款包含的特点外,还具有以下四点特征。

1. 承保标准严格

由于疾病是受家族史和既往病史影响的,加之职业、年龄、生活环境都会影响人的身体状况,同时也为防止道德风险,所以健康保险的承保条件较为严格。承保时不仅要考察被保险人的家族史、既往病史、职业、年龄等因素,对于投保金额较高和年龄较长的被保险人还需要进行体检后方可承保。

2. 没有受益人

受益人是在被保险人死后享有保险金请求权的人,健康保险保障的是被保险人的身体,是以被保险人生存为前提的,除非被保险人因病死亡,否则享受健康保险保险金的人即为被保险人本人,无须指定受益人。

3. 适用补偿原则

健康保险的医疗保险和收入补偿保险采用补偿原则,即花费多少医疗费用就赔付多少,收入损失多少就赔付多少,被保险人获得的补偿不能高于其实际损失。由于健康保险部分险种具有与财产保险相同的补偿原则,所以《保险法》规定,财产保险公司可经营短期健康保险。

4. 除外责任

战争、军事行动、自杀造成的疾病、残疾、死亡,生育,整形、变性手术,以及因违法行为造成的医疗费用等都是除外责任。

二、健康保险的种类

(一) 医疗保险

医疗保险是医疗费用保险的简称,是指以约定的医疗费用为给付保险金条件的保险,即提供医疗费用保障的保险,它是健康保险的主要内容之一。

医疗费用是病人为了治疗而发生的各种费用,它不仅包括医生的医疗费和手术费用,还包括住院、护理及利用医院设备等的费用。

医疗保险主要有普通医疗保险、住院保险、手术保险和综合医疗保险等类型。

1. 普通医疗保险

普通医疗保险给被保险人提供治疗疾病时相关的一般性医疗费用,主要包括门诊费用、医药费用、检查费用等。这种保险比较适用于一般社会公众,因为到医院看病是每个人经常发生的事,这种保险的保险成本较低。

2. 住院保险

由于住院所发生的费用是相当可观的,故将住院费用作为一项单独的保险。住院保险的费用项目主要是每天住院房间的费用、住院期间的医生费用、利用医院设备的费用、手术费用、医药费用等。住院时间长短将直接影响其费用的高低,而且住院费用比较高,因此这种保险的保险金额应根据病人平均住院费用情况而定。

3. 手术保险

这种保险提供因病人需做必要的手术而发生的费用。这种保单一般是负担所有的手术费用。

4. 综合医疗保险

该保险是保险人为被保险人提供的一种全面的医疗费用保险,其费用范围包括医疗和住院、手术等一切费用。这种保单的保险费较高,一般确定一个较低的免赔额以及适当的分担比例,如85%。

(二) 重大疾病保险

重大疾病保险指以疾病为给付保险金条件的保险。通常这种保单的保险金额比较大,给付方式一般是在确诊为特种疾病后,立即一次性支付保险金额。

重大疾病保险的基本特点如下。

(1) 个人可以任意选择投保重大疾病保险,作为一种独立的险种,它不必附加于其他某个险种之上。

(2) 疾病保险条款一般都规定有一个等待期或观察期，观察期结束后保险单才正式生效。

(3) 为被保险人提供切实的疾病保障且保障程度较高，保险期限较长。

(4) 保险费可以分期交付，也可以一次缴清。

重大疾病保险保障的疾病一般有心肌梗死、冠状动脉绕道手术、癌症、脑中风、尿毒症、重烧伤、急性重型肝炎、瘫痪、重要器官移植手术及主动脉手术等。

（三）收入保障保险

收入保障保险指因意外伤害、疾病导致收入中断或减少为给付保险金条件的保险，具体是指当被保险人由于疾病或意外伤害导致残疾，丧失劳动能力不能工作以致失去收入或减少收入时，由保险人在一定期限内分期给付保险金的一种健康保险。简言之就是提供被保险人在残废、疾病或意外受伤后不能继续工作时所发生的收入损失补偿的保险即是收入保障保险。

收入保障保险主要有两种：一种是补偿因伤害而致残废的收入损失；另一种是补偿因疾病造成的残废而致的收入损失。收入保障保险的给付一般是按月或按周进行补偿，每月或每周可提供金额相一致的收入补偿。残疾收入保险金应与被保险人伤残前的收入水平有一定的联系。在确定最高限额时，保险公司需要考虑投保人的下述收入：税前的正常劳动收入；非劳动收入；残疾期间的其他收入来源；目前适用的所得税率。

收入保障保险的给付期限可以是短期或长期的，因为有短期失能及长期失能两种形态。短期补偿是为了补偿在身体恢复前不能工作的收入损失，而长期补偿则规定较长的给付期限，这种一般是补偿全部残废而不能恢复工作的被保险人的收入。

收入保障保险的免责期间又称等待期或推迟期，是指在残疾失能开始后无保险金可领取的一段时间，即残废后的前一段时间，类似于医疗费用保险中的免责期或自负额，在这期间不给付任何补偿。

（四）长期护理保险

长期护理保险是为因年老、疾病或伤残而需要长期照顾的被保险人提供护理服务费用补偿的健康保险。其保险范围分为医护人员看护、中级看护、照顾式看护和家中看护四个等级。

典型长期看护保险要求被保险人不能完成下述五项之两项即可：吃、沐浴、穿衣、如厕和移动。除此之外，患有阿尔茨海默病等认知能力障碍的人通常需要长期护理，但他们却能执行某些日常活动，为解决这一矛盾，目前所有长期护理保险已将阿尔茨海默病和阿基米德病及其他精神疾患包括在内。

长期护理保险保险金的给付期限有 1 年、数年和终身等不同的选择，同时也规定有 20 天、30 天、60 天、80 天、90 天、100 天等多种免责期，免责期越长，保费越低。

长期护理保险保费通常为平准式，也有每年或每一期间固定上调保费者，其年缴保费因投保年龄、等待期间、保险金额和其他条件的不同而不同。所有长期护理保险保单都是保证续保的。

三、健康保险的特殊条款

（一）免赔额条款

免赔额条款是医疗保险的主要特征之一，这种规定对保险人和被保险人都有利。在医疗费用方面,保单中规定了免赔额,即保险费用给付的最低限额,保险人只负责超过免赔额的部分。规定了免赔额之后,小额的医疗费由被保险人自负,大额的医疗费由保险人承担。这种一定比例的自负费用能够促使被保险人努力去恢复身体,而不会去利用没有必要的服务和医疗设备,而且医疗保险并不意味着就可以随便拿药、住院,医疗保险不是无限度的。

(二) 观察期条款

观察期是指健康保险合同订立后到保险人开始履行保险金给付责任的一段时期(30天、90天或180天),只有观察期满之后,保单才正式生效,观察期内发生保险事故,保险人不承担责任。规定观察期条款是为了防止可能出现的逆选择。

案例分析

【案情】 滁州的王女士在2011年11月17日购买了一份女性重大疾病保险,该保险的观察期为90天,2012年1月20日,不幸降临到许女士身上,她被查出患有乳腺癌。她了解到,重大疾病保险是及时给付型保险,只要医院确诊就可以获得足额保险金。她遂于2012年1月30日向保险公司提出理赔请求。但保险公司查看保单情况后,作出拒赔决定,理由是:该保单还在观察期内,保险公司不需要承保。

【分析】 保险公司的拒赔做法是合理的。因为为了防范带病投保等骗保行为,也为了降低保险公司风险,在重疾保险合同中都有一条规定:"保险责任从观察期结束之日起开始,如果保险事故是在观察期内发生的,保险公司不负赔偿责任。"根据保险合同,没有过观察期,也就意味着保险责任还没有正式生效,王女士当然也就无法得到赔偿。

上述案例提醒大家在购买健康保险时,比较观察期的长短也是一个重要的考量因素。根据《健康保险管理办法》,短期健康保险产品的保险责任等待期(观察期)不得超过90天;长期健康保险产品的保险责任等待期不得超过180天。以重大疾病险为例,目前市面上的产品有的观察期长达180天,但有的仅有90天,甚至60天,在价格、保险责任等差不多的情况下,选择观察期短的保险当然对投保人更有利些。

(三) 给付限额条款

在补偿性质的健康保险合同中,保险人给付的医疗保险金有最高限额规定,如单项疾病给付限额、住院费用给付限额、手术费用给付限额、门诊费用给付限额等。健康保险的被保险人的个体差异很大,其医疗费用支出的高低差异也很大,因此为保障保险人和大多数被保险人的利益,规定医疗保险金的最高给付限额,可以控制总的支出水平。而对于具有定额保险性质的健康保险,如大病保险等,通常没有赔偿限额,而是依约定保险金额实行定额赔偿。

(四) 比例给付条款

又称为共保比例条款,是保险人采用与被保险人按一定比例共同分摊被保险人的医疗费用进行保险赔付的方式。此种情形下,相当于保险人与被保险人的共同保险。如果同一份健康保险合同既有共保条款又有免赔额条款,则是指保险人对超出免赔额以上部分的医疗费用支出,采用与被保险人按一定比例共同分摊的方法进行保险赔付。这样,既有利于被保险人对医疗费用的控制,也有利于保障被保险人的经济利益,从而达到保险保障的目的。

第四节 人身意外伤害保险

案例分析

【案情】 赵先生2011年5月在A人寿保险有限公司北京分公司为父亲投保了综合个人意外伤害保险。2012年3月26日其父在超市购物时意外身亡,死亡原因为"非正常死亡"。保险公司受理了理赔申请,但3个月后,保险公司表示拒绝承担意外身故保险金给付责任。赵先生起诉要求保险公司给付保险金5万元并支付利息。

【分析】 此案焦点是被保险人死亡是否属于意外事故。赵先生提出他理解的"意外"是新华字典的定义,即意料之外、想不到的事,多指不幸的事,而保险公司认为保险合同的名词释义对"意外"已有明确约定,是指外来的、非本意的、突然的、剧烈的、非疾病的,因赵先生之父的死亡并没有外来的原因致死,所以不属于意外身故。

根据警方的死亡证明,赵先生之父的死亡原因为"非正常死亡"。保险公司认为,"非正常死亡"不能等同于"意外身故"。法院支持了保险公司的说法,认为现有证据不能证明老人死亡是外来原因所致,因此不符合合同约定的"意外身故"的理赔条件。

一、意外伤害保险的概念与构成条件

(一) 意外伤害的含义和构成条件

意外伤害包括意外和伤害两层含义。首先,被保险人要受到"伤害","伤害"是指被保险人的身体受到侵害的客观事实,由致害物、致害对象、致害事实三个要素构成。其中致害物必须是外来的,且致害物侵害的对象为被保险人的身体,才能构成伤害;其次,所遭受的伤害必须是"意外"的,这里的"意外"是指被保险人的主观状态而言的,侵害的发生是被保险人事先所不能预见或无法预见的,或违背被保险人的主观意愿的。构成意外伤害必须具备三个条件。

1. 意外伤害必须是外来的、非疾病的原因引起的

这是指意外伤害是由于被保险人身体外部原因造成的,如车祸、被歹徒袭击、溺水、食物中毒、光辐射、化学性的酸、碱、毒剂、毒气等。由身体内部原因(如疾病)造成的伤害不属于意外伤害的范畴。

2. 意外伤害必须是非本意的

这是指意外事件的发生并非被保险人的主观意愿,是被保险人未预料到的,如飞机坠毁等。被保险人故意地自伤、自残所导致的伤害,以及被保险人可以预见到的、可以抗拒的事件造成的伤害,都不属于非本意的。如被保险人从五楼跳下造成伤害,这是他应该能够预见到的后果,打架、斗殴、酒后驾车等造成的伤残或死亡,其结果是可以预料并事先可防止的,因此这些都不属于非本意的,都不是意外伤害保险的保险责任。另有一些事故虽然可以预见或避免,但由于无法抗拒或履行职责不得回避,则应列入"意外"范围,如轮船着大火被迫跳海逃生、见义勇为与歹徒搏斗而负伤等。

3. 意外伤害必须是突发的

这是指造成意外伤害的直接原因是突然出现的,没有较长的过程,如落水、触电、跌落

等。而长期接触汞造成汞中毒，长期接触粉尘造成尘肺病，这些伤害都是经过长期积累逐步形成的，而且是可以预见和预防的，故不属于意外事故。

上述构成意外伤害的三个条件必须同时具备，缺一不可，缺少任何一个条件都不能构成意外伤害保险中的意外伤害。

(二) 意外伤害保险的概念

人身意外伤害保险简称意外伤害保险，是指以意外伤害而致身故或残疾为给付保险金条件的人身保险。投保人向保险人交纳一定量的保险费，如果被保险人在保险期限内遭受意外伤害并以此为直接原因或近因，在自遭受意外伤害之日起的一定时期内造成死亡、残废、支出医疗费或暂时丧失劳动能力，则保险人给付被保险人或其受益人一定量的保险金。

二、人身意外伤害保险的特征

(一) 以死亡给付和残疾给付为主要内容

人身意外伤害保险的保障项目主要有两项。

1. 死亡给付

被保险人因遭受意外伤害造成死亡时，保险人给付死亡保险金。死亡包括两种情况：一是生理死亡，即已被证实的死亡；二是宣告死亡，即按照法律程序推定的死亡。宣告死亡的情况下，可以在意外伤害保险条款中订有失踪条款或在保险单上签注关于失踪的特别约定，规定被保险人确因意外伤害事故下落不明超过一定期限时，视同被保险人死亡，保险人给付死亡保险金。但如果被保险人以后生还，受领保险金的人应把保险金返还给保险人。我国《民事诉讼法》第一百六十七条规定，公民下落不明满四年，或者因意外事故下落不明满两年，或者因意外事故下落不明，经有关机关证明该公民不可能生存，利害关系人可申请宣告其死亡。

2. 残疾给付

被保险人因遭受意外伤害造成残疾时，保险人给付残疾保险金。残疾包括两种情况：一是人体组织的永久性残缺，如肢体缺损等；二是人体器官正常机能的永久性丧失，如丧失视觉、听觉、嗅觉、语言机能、运动障碍等。

人身意外死亡给付和意外伤残给付是意外伤害保险的基本责任，其派生责任包括医疗费用给付、误工给付、丧葬费给付和遗嘱生活费给付等责任。在一般情况下，人身意外伤害保险以意外死亡和意外残疾为主要承保责任。

(二) 不可保意外伤害

意外伤害保险承保的风险是由于意外对人体造成的伤害，但是并非一切意外伤害都是意外伤害保险所能承保的，意外伤害不可以承保的风险称为不可保意外伤害。不可保意外伤害也可理解为意外伤害保险的除外责任，即从保险原理上讲，保险人不应该承保的意外伤害，如果承保，则违反法律的规定或违反社会公共利益。不可保意外伤害包括：① 被保险人在犯罪活动中所受的意外伤害；② 被保险人在寻衅殴斗中所受的意外伤害；③ 被保险人在酒醉、吸食（或注射）毒品（如海洛因、鸦片、大麻、吗啡等麻醉剂、兴奋剂、致幻剂）后发生的意外伤害；④ 由于被保险人的自杀行为造成的伤害。对于不可保意外伤害，在意外伤害保险条款中应明确列为除外责任。

(三) 特约保意外伤害

特约保意外伤害是指由于超过常规的风险,只有经过投保人与保险人特别约定,有时还要另外加收保险费后才予承保的意外伤害。特约保意外伤害包括:

(1) 战争使被保险人遭受的意外伤害。由于战争使被保险人遭受意外伤害的风险过大,保险公司一般没有能力承保。

(2) 被保险人在从事登山、跳伞、滑雪、江河漂流、赛车、拳击、摔跤等剧烈的体育活动或比赛中遭受的意外伤害。

(3) 核辐射造成的意外伤害。核辐射造成人身意外伤害的后果,在短期内往往不能确定,而且如果发生大的核爆炸时,往往造成较大范围内的人身伤害,从技术上考虑和从承保能力上考虑,保险公司一般不承保核辐射造成的意外伤害。

(4) 医疗事故造成的意外伤害。如医生误诊、药剂师发错药品、检查时造成的损伤、动手术切错部位等。

(四) 设有责任期限

由于在意外伤害事故发生后大多需要一定的救治和治疗时间,无法立即确定被保险人的伤残情况,所以在意外事故发生后需要等待一定期限后才能确定被保险人的伤残情况,所以自被保险人遭受意外伤害之日起的一定期限(如90天、180天、360天)称为责任期限。即使被保险人在保险期限内遭受意外伤害,治疗期超过了保险期限,责任期限尚未结束,无论被保险人的组织残缺或器官机能的丧失程度将来如何,应当推定责任期限结束时这一时刻,被保险人的残疾程度是永久性的,并据以给付残疾保险金。之后,无论是被保险人的程度减轻或加重,保险人均不再承担残疾保险金的追偿或给付。

(五) 费率厘定特殊

人身意外伤害保险的费率与被保险人的年龄、性别、健康状况无关,而与被保险人的职业、工种、所从事工作的危险程度有关。费率厘定更注重职业风险,更重视意外伤害事故发生的概率统计数据。

(六) 采取定额给付的形式

人身意外伤害保险的给付采取定额给付的形式,意外死亡按照死亡定额给付,意外残疾按照残疾程度分类定额给付,无超额投保和不足额投保问题。

(七) 短期险较多

意外伤害保险的保险期限有只有几天的、几小时甚至更短时间的,比如一个飞机航程、一次旅游皆可承保;有超过1年的,但大多采用1年以内的短期保险。

(八) 承保条件较宽

由于意外伤害风险与年龄关系不大,且身体疾病不属于意外伤害保险保障范围,所以高龄也可投保,不必进行体检。

三、人身意外伤害保险的给付方式

意外伤害保险属于定额给付性保险,当保险责任构成时,保险人按保险合同中约定的保险金额给付死亡保险金或残废保险金。死亡保险金的数额是保险合同中规定的,当被保险人死亡时如数支付。残废保险金的数额由保险金额和残废程度两个因素确定,残废程度一般以百分率表示,残废保险金数额的计算公式是:

残废保险金＝保险金额×残废程度百分率

在意外伤害保险中，保险金额同时也是保险人给付保险金的最高限额，即保险人给付每一被保险人死亡保险金和残废保险金累计以不超过该被保险人的保险金额为限。

本 章 小 结

人身保险是指以人的寿命和身体为保险标的的一种保险。人身保险具有以下特征：保险标的的价值无法衡量；承保风险的特殊性；保险金额的定额给付性；保险期限的长期性；保险的储蓄性；保险利益的特殊性。按照不同的划分方式，人身保险具有不同的类型，常用的按照人身保险保障范围划分，可分为人寿保险、人身意外伤害保险与健康保险。

人寿保险是以人的生命为保险标的，以被保险人的死亡或者生存为保险事故的一种人身保险。人寿保险的种类较多，可分为定期寿险、终身寿险、两全寿险、年金险、简易人寿保险、分红寿险、万能寿险等。人寿保险的常用条款包括不可抗辩条款、年龄误报条款、宽限期条款、中止和复效条款、自杀条款、不丧失价值条款、自动垫缴保费条款和自杀条款等。

健康保险是以被保险人在保险期内因患病所发生医疗费用支出或因疾病所致残疾或死亡时，或因疾病、伤害不能工作而减少收入时，由保险人负责给付保险金的一种保险。健康保险包括医疗保险、重大疾病保险、收入保障保险和长期护理保险。健康保险具有承保标准严格、没有受益人、适用补偿原则等特征；其包括的特殊条款有免赔额条款、观察期条款、给付限额条款、比例给付条款。

人身意外伤害保险是指以意外伤害而致身故或残疾为给付保险金条件的人身保险，其中意外伤害必须具备三个条件：意外伤害必须是外来的、非疾病的原因引起的；意外伤害必须是非本意的；意外伤害必须是突发的。人身意外伤害保险的特征主要有：以死亡给付和残疾给付为主要内容、设有责任期限、费率厘定特殊、采取定额给付的形式、短期险较多、承保条件较宽等。

主要专业术语的中英文对照表

中文术语	对应英语	中文术语	对应英语
1. 人身保险	personal insurance	7. 意外伤害保险	accident injury insurance
2. 人寿保险	life insurance	8. 健康保险	health insurance
3. 定期死亡保险	term life insurance	9. 赔偿金	compensation payment
4. 终身死亡保险	whole life insurance	10. 纯保费	net premium
5. 两全保险	endowment insurance	11. 附加保费	loading
6. 万能寿险	universal life insurance	12. 起付线	contributory qualification line

本章知识、技能训练与思考题

一、名词解释

1. 人身保险
2. 人寿保险
3. 健康保险
4. 意外伤害
5. 意外伤害保险

二、单选题

1. 按（　　）分类，人身保险可分为人寿保险、人身意外伤害保险、健康保险。
   A. 保障范围　　B. 保险期限　　C. 投保方式　　D. 风险程度
2. 下列描述不属于人身保险特点的是（　　）。
   A. 人身保险的保险期限具有长期性
   B. 人身保险的保险金给付属于约定给付
   C. 人身保险的保险金额是以保险标的价值来确定的
   D. 寿险保单具有储蓄性
3. 人身保险合同必须以（　　）形式订立。
   A. 法律　　B. 口头　　C. 公证　　D. 书面
4. 人身保险合同成立之后，如果投保人不按约定交纳保险费，保险人可以（　　）。
   A. 终止保险合同　　B. 向法院起诉
   C. 继续履行合同　　D. 申请仲裁
5. 人身保险合同的被保险人是以生命和身体作为保险标的，所以，被保险人只能是（　　）。
   A. 机构　　B. 自然人　　C. 法人　　D. 单位
6. 投保人填写投保单被视为（　　）。
   A. 承诺　　B. 要约　　C. 保证　　D. 索赔
7. 投保人甲以自己为被保险人，以自己10岁的儿子乙为受益人，于1997年1月1日与保险公司订立了一份死亡保险合同。1999年4月5日，甲与其丈夫丙吵架而投河自尽。下列陈述中正确的是（　　）。
   A. 受益人乙不能获得保险赔偿金，因甲的自杀行为属于道德风险
   B. 保险公司应当向丙支付保险金
   C. 保险公司可以向乙支付保险金
   D. 保险公司应将甲的死亡保险金作为其遗产，均分给乙、丙
8. 李女士所在单位为其购买了一份终身保险，此时李女士已有身孕并指定其胎儿为受益人。胎儿出生半年后，李女士在一次车祸中遇难。此时保险公司应该将保险金支付给（　　）。
   A. 李女士的法定继承人　　B. 李女士的单位

C. 小孩的监护人　　　　　　　　D. 李女士的代理人

9. 意外伤害保险是以被保险人因遭受(　　)造成死亡或伤残为保险事故的人身保险。

A. 疾病　　　　　　　　　　　　B. 意外伤害事故

C. 生育　　　　　　　　　　　　D. 职业病

10. 一般人身保险合同的不可抗辩条款的抗辩期规定为(　　)。

A. 1年　　　　B. 2年　　　　C. 3年　　　　D. 4年

11. 下列不属于定期死亡保险特征的是(　　)。

A. 保费低廉　　　　　　　　　　B. 可以更新或展期

C. 保单具有储蓄性　　　　　　　D. 期限较短

三、多项选择题

1. 投保人应具备的条件包括(　　)。

A. 投保人应具有民事行为能力　　B. 投保人应具有民事权利能力

C. 投保人应为被保险人的直系亲属　D. 投保人不得超过50岁

E. 投保人应承担交纳保险费的义务

2. 普通人寿保险通常可分为(　　)。

A. 生存保险　　　　　　　　　　B. 死亡保险

C. 意外伤害保险　　　　　　　　D. 生死两全保险

E. 健康保险

3. 按保险对象分类,意外伤害保险分为(　　)。

A. 个人意外伤害保险　　　　　　B. 团体意外伤害保险

C. 自愿意外伤害保险　　　　　　D. 强制意外伤害保险

E. 普通意外伤害保险

4. 人身保险合同的终止包括(　　)。

A. 届满终止　　B. 单方终止　　C. 履行终止　　D. 约定终止

E. 协商终止

5. 人身保险合同的解释原则包括(　　)。

A. 意图解释原则　　　　　　　　B. 文义解释原则

C. 专业解释原则　　　　　　　　D. 有利于被保险人和受益人的解释原则

E. 有利于保险人解释的原则

四、解答题

1. 简述人身保险的特征。
2. 简述人寿保险的种类。
3. 简述人寿保险常用条款的含义。
4. 简述健康保险的特征。
5. 简述健康保险的种类和其包含的特殊条款。
6. 简述意外伤害的构成条件。
7. 简述意外伤害保险的特征。

五、实践技能训练

1. 根据本章人身保险的知识，在不考虑保险费的情况下，立足你和你的家人实际面临的风险情况，请为你和你的家人设计保险计划。

2. 寻找一份或几份人身保险合同，找出每份合同中提供的保障都有哪些？申请领取保险金的程序和方式，以及哪些是保险人的除外责任。

> 拓展案例及分析

被保险人和受益人同时死亡时保险金该给谁

【案情介绍】

老章的单位效益不错，自己的经济状况也还可以，在一次业务交往中，与年轻的业务员小龙认识了，两人一见如故，非常投缘。小龙得知老章已离异多年，至今仍是单身一人，便有心撮合他和自己丧偶好些年的母亲在一起。由于小龙的努力，小龙的母亲和老章结成了伴侣，小龙和老章之间也情同父子。有一天，一位保险公司的业务员上门推销人寿保险，老章便购买了一份，并指定小龙为保单的受益人。数月后，在去参加一次业务洽谈会时，老章与小龙同乘一辆车，不幸途中翻车，两人受伤后均死亡。噩耗传来，章、龙两家人均悲痛万分，当得知老章有一笔保额为20万元的人寿保险金时，两家人便因此而发生了争执。

老章的母亲尚健在，还有一个在外地工作的女儿。此外，老章离异时，由其前妻抚养的儿子得知生父死亡时，也赶来了。他们认为，如果能认定老章先死，则小龙以受益人的身份有权领取这笔保险，但没有证据确定两人的死亡时间，按我国《继承法》的规定：相互有继承关系的几个人在同一事件中死亡，如不能确定死亡先后时间的，推定没有继承人的先死亡。那么，应该推断，小龙先于老章死亡。保险金属于老章的遗产，按照法定继承的顺序继承，即由老章的母亲、两个儿女及小龙的母亲均分这笔钱。在这个事故中，同时失去了儿子和老伴的小龙的母亲却不同意，她认为，小龙年轻力壮，而老章年老体弱，发生车祸，年轻人应该比老年人有更大的生存机会，老章先死的可能性更大，小龙在老章死亡的那一瞬间，小龙享有保险金给付请求权，虽然小龙随后也死亡，但这笔保险金作为他的遗产，理应由母亲继承。即使不能判断两人的死亡时间，《中华人民共和国继承法》也有规定：在同一个事件中死亡的人，各自都有继承人的，如几个死亡人辈分不同的，推定是长辈先死亡。老章的辈分显然比小龙大，因此应该推定老章先死，这笔保险金还是应该作为小龙的遗产由自己全部继承。你认为老章的20万元保险金该如何给付？

【案例评析】

2009年重新修订的《中华人民共和国保险法》第四十二条规定，受益人与被保险人在同一事件中死亡，且不能确定死亡先后顺序的，推定受益人死亡在先。即不论小龙、老章谁的年龄大，都推定小龙先行死亡。

【处理结果】

根据《保险法》规定，20万元保险金将作为老章的遗产依据《中华人民共和国继承法》进行分配。

第五章

财产保险

学习目标

- **了解**：财产保险的种类；海洋货物运输保险；国内货物运输保险；建筑工程保险；安装工程保险；科技工程保险。
- **理解**：企业财产保险的概念、保险责任与除外责任、保险金额和保险理赔；家庭财产保险的保险标的、保险金额、保险费率、保险期限；机动车辆保险的附件险；货物运输保险的概念、特点；工程保险的概念和特点。
- **掌握**：财产保险的概念和特征；企业财产保险的保险标的、费率、保险期限；家庭财产保险的保险责任、赔偿处理；机动车辆保险的概念、特点、内容。
- **能力**：能根据实际情况为企业、家庭和机动车辆选择合适的险种。

第一节 财产保险概述

阅读资料

天津爆炸 保险业赔付100亿元或创新高

天津2015年"8·12"爆炸事故，把这个一贯低调而平静的城市推到了舆论的风口浪尖上。虽然国内对事故经济损失有不同的预估，但是最引人注目的是德国财经网的估算结果：经济损失在上百亿欧元，折合人民币730亿元。

事故损失巨大，保险方面涉及车险、企财险、家财险、意外健康险、责任险、货运险六大类险种，预付赔款正在进行中。中央财经大学保险学院院长郝演苏表示，此次爆炸事故中财产规模最大，赔付金额预计在50亿～100亿元人民币，由原保险公司承担，再保险公司补充。保险业内人士声称，此次赔付额或超过此前保险史上的海力士火灾案。100亿元的保险赔付额或创历史新高，对于保险业有重大影响。

以中国平安保险为例，天津爆炸事故后，中国平安共接到报案829笔。其中，8月20

日,平安产险向某国际物流有限公司支付预赔款 1 000 万元,这是平安产险针对"8·12"天津爆炸事故的首笔财产险大额赔付。

资料来源:搜狐新闻,"天津爆炸,保险业赔付 100 亿或创新高",2015 年 9 月 2 日,http://www.sohu.com/a/30352137_227267。

财产保险发展空间很大

2016 年保险业共实现保费收入 3.095 9 万亿元,同比增长 27.5%。其中,财产保险公司实现保费收入 9 266.17 亿元,同比增长 10.01%;寿险公司实现保费收入 21 692.81 亿元,同比增长 36.78%。产险业务原保险保费收入 8 724.50 亿元,同比增长 9.12%,其中,交强险原保险保费收入 1 699.58 亿元,同比增长 8.19%;农业保险原保险保费收入 417.71 亿元,同比增长 11.42%。产险业务赔款 4 726.18 亿元,同比增长 12.68%。

财产保险保费收入增长的主要原因在于:起点较低;我国经济增长较快,财产保险需求量较大;财产保险供给主体增加也较快。目前,中国财产保险保费收入增速较快,但在保费结构上,财产保险公司普遍存在险种单一、结构失衡、车险在非寿险保费收入中的占比持续提高的现象。机动车辆险保费收入在财险中占接近70%,几乎左右了财产保险业务的走势,车险的盈亏在很大程度上决定了财险市场的现状。财产保险市场产品发展存在明显的不均衡态势,各险种保费收入增长幅度存在非常大差异。

非车险将继续保持良好的发展势头,成为财产行业发展的主要驱动力,而农业保险、责任保险和信用保险将成为发展的重要领域。中国金融市场开放不可避免,作为现代社会服务业的财产保险市场会进一步得到发展,无论是风险层面的环境变化,还是宏观经济及制度环境的变化,都为财产保险的长远发展提供了充分的空间,也同时为财产保险业务开展的各个方面提出了更高的要求。

资料来源:新华网,"2016 年保险业实现原保费收入 3.1 万亿元,同比增长 27.5%",2017 年 2 月 14 日。

一、财产保险的概念与特征

(一) 财产保险的概念

财产保险是以财产及与财产相关的利益为保险标的,以自然灾害及意外事故为保险事故的保险,它是保险人对被保险人的财产及其有关利益因发生保险责任范围内的灾害事故所遭受的经济损失给予补偿的保险。财产保险有广义和狭义之分,广义上的财产保险包括财产损失保险、责任保险和信用保证保险,它的保险标的既可以是处于相对静止状态的财产,如建筑物、存货、家用电器,也可以是处于流动状态的财产,如汽车、船舶和运输中的商品货物;既可以是有形财产,如厂房、住宅、飞机、设备,也可以是无形财产,如运费、利润、信用、责任。狭义的财产保险是广义财产保险的一部分,它是以存放在固定地点的各种财产作为保险标的,对其因火灾及其他所保风险引起的损失由保险人给予经济补偿的保险。

(二) 财产保险的特征

1. 保险标的具有广泛性

财产保险业务的承保范围很广,承保对象既有法人团体,又有居民家庭和个人。法人团体既包括机关、学校、社团,又包括各类工业企业、商业、企业和服务业。保险标的不仅包括形态各异、价值悬殊极大的各种有形物质财产,如价值极高的航天飞机、人造卫星、核电站、万吨巨轮和价值较小的家用电器、个人生活用品,而且还包括各种非物质形态的财产,如利润、运费、各种民事经济赔偿责任和商业信用。

2. 业务性质具有补偿性

保险人经营各种类别的财产保险业务,意味着承担被保险人一旦遭受保险利益损失后的赔偿责任。财产保险的基本功能就体现在它的经济补偿性上。首先,当被保险人的财产遭受保险风险造成经济损失时,保险人必须按照保险合同的规定履行补偿义务。其次,由于所有财产均有客观而具体的价值标准,均可以用货币来衡量其价值,因此,保险人的补偿以不超过被保险人的实际损失为准绳,不允许被保险人通过保险获得额外利益,从而使财产保险不仅适用代位原则、分摊原则,实务上还有对保险标的残余价值抵偿赔款的做法。

3. 经营内容具有复杂性

财产保险经营内容的复杂性具体体现在以下三个方面。

(1) 承保标的复杂。保险标的不仅包括法人单位还包括个人家庭的财产及其相关利益,从有形财产到无形责任,从高科技工程到普通商品物质,无所不包。

(2) 承保技术复杂。由于保险标的的复杂性,在经营过程中,要求保险人熟悉与各种类型投保标的相关的技术知识。例如,要想取得经营责任保险业务的成功,就必须以熟悉各种民事法律、法规及相应的诉讼知识和技能为前提。再如,保险人在经营汽车保险业务时,就必须同时具备保险经营能力和汽车方面的专业知识,如果对汽车技术知识缺乏必要的了解,汽车保险的经营将陷入被动或盲目状态,该业务的经营亦难以保持稳定。

(3) 风险管理复杂。在风险管理方面,由于财产保险的风险相对集中,保险金额巨大,一旦巨灾发生,如台风、地震、洪水等,可能导致巨大损失,直接影响财产保险公司财务的稳定性,因此保险人通常采用再保险的方式来进一步分散风险。

4. 投保人的保险利益存在特殊性

保险利益是投保人或被保险人对于保险标的所具有的法律上承认的经济利益。财产保险不仅要求投保人在投保时对保险标的具有保险利益,而且要求保险利益在整个保险期间存在,特别是在所保财产发生保险事故时,被保险人对其必须具有保险利益,否则保险人不承担赔偿责任。但根据国际惯例,在海上保险中可不要求投保人在投保时对保险标的具有保险利益,只要求被保险人在保险标的受损时具有保险利益。

二、财产保险的种类

财产保险所包含的种类十分繁杂,常见的财产保险有以下八类。

(一) 企业财产保险

企业财产保险是适用于各种企业、社团、机关和事业单位的一种财产保险,主要承保因火灾或其他自然灾害和意外事故造成被保险人的财产损失。目前,我国企业财产保险产品有企业财产保险基本险、企业财产保险综合险、财产险和财产一切险。

(二) 利润损失保险

利润损失保险承保由于火灾等自然灾害或意外事故的发生,使被保险人在一个时期内停产、停业或营业受到影响的间接的经济损失,即利润损失和受灾后在营业中断期间仍需支付的必要费用。利润损失保险通常作为附加险或特约保险项目,只有当企业投保足额的企业财产保险或机器损坏保险后，保险人才负责赔偿因保险责任事故的发生导致企业遭受的利润损失。

(三) 家庭财产保险

家庭财产保险是适用于我国城乡居民家庭的一种财产保险，其承保责任范围与企业财产保险综合险基本相同。目前，我国家庭财产保险产品主要有普通型家庭财产保险、家庭财产两全保险、投资保障型家庭财产保险和个人贷款抵押房屋保险。

(四) 运输工具保险

运输工具保险是承保因自然灾害和意外事故造成运输工具的损失及被保险人在使用运输工具过程中产生的对第三者的民事损害赔偿责任的一种财产保险。我国常见的运输工具保险险种有机动车辆保险、船舶保险和飞机保险等。

(五) 货物运输保险

货物运输保险是承保货物在运输过程中因遭受自然灾害和意外事故所造成损失的一种财产保险。常见的货物运输保险的险种有国内水路、陆路货物运输保险，国内航空运输货物保险和进出口货物运输保险。

(六) 工程保险

工程保险是承保各类工程项目在建设过程中因自然灾害和意外事故造成的物质损失、费用支出和依法应对第三者的人身伤亡或财产损失承担的经济赔偿责任的一种综合性财产保险。常见的工程保险险种有建筑工程一切险、安装工程一切险和机器损坏险。

(七) 特殊风险保险

特殊风险保险是为特殊行业设计的各种保险，保险标的具有较强的专业性。常见的特殊风险保险险种有海洋石油开发保险、航天保险和核电站保险等。

(八) 农业保险

农业保险是指保险机构根据农业保险合同，对被保险人在种植业、林业、畜牧业和渔业生产中因保险标的遭受约定的自然灾害、意外事故、疫病、疾病等保险事故所造成的财产损失，承担赔偿保险金责任的保险活动。

第二节 企业财产保险

案例分析

汶川地震保险平安理赔 7.2 亿元

【案情】 据 2009 年 8 月 21 日《21 世纪经济报道》，2009 年 8 月 20 日，中国平安宣布，已与拉法基瑞安水泥有限公司（以下简称"拉法基瑞安"）正式签署赔付协议，平安产险就拉法基瑞安在 2008 年 5 月 12 日汶川地震以及后续的系列余震中遭受的损失，在保单保障范围内赔付人民币 7.2 亿元。

在 2008 年汶川地震发生后，慕尼黑再保险测算，汶川地震导致保险公司的总理赔额预计在 33 亿元人民币到 108 亿元人民币之间。而中国保监会统计，截至 2009 年 5 月 10 日，保险业合计支付保险金 16.6 亿元人民币，其中，已赔付保险金 11.6 亿元，预付保险金 4.97 亿元。此次赔付协议对象拉法基瑞安水泥有限公司，为法国拉法基集团和中国香港瑞安集团在华的合资子公司。2008年5月12日,四川汶川发生大地震,拉法基瑞安水泥有限公司及其中国地区下属企业在四川都江堰、江油和绵阳等地的中外合资水泥厂遭受严重损失,且在2008年8月13日的余震中,拉法基江油工厂再次受损,中国平安表示,在2008年6月至2009年6月的一年间,平安产险拉法基专案小组与被保险人、保单再保人法国AXA、再保理算人罗便士(法国)等对其300多项重建和修复项目、上万个标的进行查勘和核损,经过各方多次磋商,于2009年6月初形成最终赔付方案,平安将在保单保障范围内赔付人民币7.2亿元。

【分析】 由以上案例可以看出,国外公司的保险意识相当强,这为我们国内公司未来的风险管理提供了有益的借鉴。

一、企业财产保险的概念

企业财产保险是承保企业、事业单位、机关、团体的固定资产、流动资产及与其企业经济利益相关的财产,因火灾及其他自然灾害、意外事故而遭受直接损失的财产损失保险。企业财产保险是在传统火灾保险的基础上演变和发展而来的。

我国现行的企业财产保险是在保监会监管下颁布的统一条款,合同条款一般分基本条款和综合条款,习惯上称为企业财产基本险和企业财产综合险。这两种条款只在保险责任和责任免除(除外责任)上有所区别,其他内容基本相同。

二、企业财产保险的保险标的

企业财产保险的保险标的包括可保财产和特约可保财产以及不可保财产。

(一) 可保财产

可保财产是指保险人根据保险条款规定认为可以承保的财产。可保财产通常用两种不同的方式加以反映:一是用会计科目来反映,如固定资产、流动资产(存货)、专项资产、投资资产、账外或已摊销的资产和代保管财产等;二是以企业财产项目类别来反映,如房屋、建筑物及附属装修设备、低值易耗品、原材料、半成品等。

(二) 特约可保财产

特约可保财产是指那些价值不易确定,或在一般情况下,因遭受保险事故而致损的可能性小,经保险双方特别约定后,在保险单明细表上载明品名和金额的,保险人可以承保的财产。特约可保财产又可分为不提高费率的特约可保财产和需提高费率的特约可保财产。

(1) 不提高费率的特约可保财产是指市场价格变化较大或无固定价格的财产。主要包括两类:一是市场价格变化较大,价值难于确定的财产,如金银、珠宝、钻石、玉器、首饰、古币、古玩、古书、古画、邮票、艺术品、稀有金属等珍贵财物;二是为了满足某些行业的特殊需求而特约承保的财产,如铁路、桥梁、堤堰、水闸、道路、涵洞、码头等。

(2) 需提高费率或需附加保险特约条款的特约可保财产,一般包括矿井及矿坑的地下建筑物、设备和矿下物资等。

(三) 不可保财产

不可保财产为保险人不予承保的财产。对以下财产,保险人不予承保:
(1) 不属于一般性的生产资料和商品的财产,如土地、矿藏、森林、水产资源等。

(2) 缺乏价值依据或很难鉴定其价值的财产,如货币、票证、有价证券、文件、账册、图表、技术资料等。

(3) 承保后会产生不良社会影响或会与政府的有关法律法规相抵触的财产。如违章建筑、非法占有的财产等。

(4) 必然会发生危险的财产,如有关部门已发出洪水警报,投保人此时来投保的。

(5) 可以由其他险种来承保的财产,如正在运输途中的货物应投保货物运输保险,有公共执照的车辆投保机动车辆保险等。

(6) 牲畜、禽类和其他饲养动物。

三、企业财产保险的保险责任与除外责任

(一) 企业财产保险的保险责任

1. 企业财产保险基本险的保险责任

我国的企业财产保险基本险采用风险列明的方式承保,即保险标的只有遭受保险单中列明的自然灾害、意外事故造成损失时,保险人才负责赔偿。在企业财产基本险中,保险单上列明的风险有以下几项:火灾,爆炸,雷击,飞行物体及其他空中运行物体坠落,供水、供电、供气设备损坏引起的停水、停电、停气损失,施救、抢救造成的保险标的的损失,必要的、合理的施救费用。

2. 企业财产保险综合险的保险责任

企业财产保险综合险的保险责任,除了负责基本险的所有责任外,还负责企业财产由于以下各种自然灾害所造成的损失。自然灾害包括:暴雨、洪水、台风、暴风、龙卷风、雪灾、雹灾、冰凌、泥石流、崖崩、地陷、突发性滑坡等。

(二) 企业财产保险的除外责任

企业财产基本险和企业财产综合险的除外责任有一定区别。

1. 企业财产基本险的除外责任

企业财产基本险的除外责任有如下几种:

(1) 战争及类似战争行为、敌对行为、军事行动、武装冲突、罢工、暴动、恐怖行为、民众骚乱。

(2) 被保险人及其代表的故意行为或纵容行为。

(3) 核反应、核子辐射和放射性污染。

(4) 地震、暴雨、洪水、台风、暴风、龙卷风、雪灾、雹灾、冰凌、泥石流、崖崩、滑坡、水暖管爆裂、抢劫、盗窃等风险。

(5) 保险标的遭受保险事故引起的各种间接损失。

(6) 保险标的本身缺陷、保管不善导致的损毁,保险标的的变质、霉烂、受潮、虫咬、自然磨损、自然损耗、自燃、烘焙所造成的损失。由于这些损失不是意外损失,因此,不属于保险责任范围。

(7) 行政行为或执法行为所造成的损失。

(8) 其他不属于保险责任范围的损失和费用。

2. 企业财产综合险的除外责任

综合险的除外责任与基本险的除外责任基本相同,区别在于综合险对基本险除外的自

然灾害造成的财产损失负责。综合险对露堆财产损失不负赔偿责任。

(三) 企业财产保险的附加险

为了满足企业不同的保险需求,对于基本险和综合险的一般除外责任,通常可以通过附加险或者加贴特约责任条款予以扩展责任。

1. 基本险的附加险

基本险的附加险有:暴风、暴雨、洪水保险;雪灾、冰凌保险;泥石流、崖崩、突发性滑坡保险;雹灾保险;破坏性地震保险;水暖管爆裂保险;盗抢保险等。

2. 综合险的附加险

综合险的附加险有:破坏性地震保险、水暖管爆裂保险、盗抢保险等。也有采用加贴特约条款承保的,如橱窗玻璃意外险、矿下财产险和露堆财产险等。

四、企业财产保险的费率与保险期限

(一) 企业财产保险的费率

企业财产保险的保险费率采用级差费率制。费率分为工业险费率、仓储险费率和普通险费率三大类。

1. 工业险费率

此费率按照原材料性质、工艺流程的危险程度来确定档次,共分六档,危险程度依次提高,费率也依次提高。

2. 仓储险费率

此费率按照储存物资的风险程度,分为金属材料、粮食专储,一般物资,危险品,特别危险品四个档次,费率依次提高。

3. 普通险费率

除工业险、仓储险之外的其他行业,适用普通险费率,按照用途的危险性质来确定档次,共分三档,费率依次提高。

(二) 企业财产保险的保险期限

企业财产保险的保险期限一般是一年。

五、企业财产保险的保险金额

火灾保险的保险金额,通常根据投保标的分项确定。其中企业财产保险的保险金额划分为固定资产与流动资产两大类,其中固定资产还要进一步按照固定资产的分类进行分项,每项固定资产仅适用于该项固定资产的保险金额;流动资产则不再分项确定。在家庭财产保险中,则需要分为房屋及其附属设施、家用电器、其他家庭用品等。因此,尽管一张保险单只有一个总的保险金额,但在赔偿时却需要根据受损财产的具体价值来计算赔款,并受该项财产的保险金额的约束。

在企业财产保险中,确定固定资产保险金额一般有以下方式:一是按照账面原值确定;二是按照账面原值加成数确定;三是按照重置价值确定;四是可以依据公估行或评估机构评估后的市场价值确定。

对于流动资产(存货)的保险金额,既可以由被保险人按照最近 12 个月任意月份的账面余额确定,也可以由被保险人自行确定。

对于账外财产和代保管财产的保险金额，被保险人可自行估价或按重置价值确定。

在家庭财产保险中，因大都没有账目，而且财产的品种、质量、新旧程度等差别很大，保险金额一般采取由投保人自行估计的方法确定，但要按房屋及附属设备、室内财产及代保管财产、与他人共有财产三大类列明，逐一记载。

六、企业财产保险的保险理赔

发生火灾保险赔案时，保险人必须依循财产保险的一般理赔程序和赔偿原则开展赔偿工作。同时注意下列事项。

（1）对固定资产分项计赔，每项固定资产仅适用于自身的赔偿限额。例如，某企业投保财产保险基本险，

载于保险合同的保险金额是 100 万元，其中房屋建筑物为 40 万元，机器设备为 30 万元，其他财产为 30 万元，保险期间发生火灾，造成损失 80 多万元，其中机器设备一项的损失即达到 50 万元。尽管经保险人查勘、审核后确认系保险事故所致，但对被保险人机器设备一项的损失赔偿最高仍然不得超过 30 万元。

（2）注意扣除残值和免赔额。即火灾保险中的赔案往往存在损余物资，保险人在赔偿时应当作价抵充赔款，同时扣除免赔额，以维护保险人的合法权益。

（3）对团体火灾保险一般采用比例赔偿方式处理赔案，对家庭财产保险一般采取第一危险赔偿方式处理赔案，但在某些业务中亦交互使用。

【例 5.1】某厂于 2013 年 1 月 5 日投保企业财产综合险，其中固定资产中厂房按原值投保，保额为 150 万元，流动资产保额为 230 万元。保险期限 1 年。2013 年 10 月 30 日，一场大火使该厂损失惨重。该厂向保险人报案后，保险人马上进行现场查勘工作，经查勘认定，该厂固定资产损失 80 万元，残值 5 万元，此时固定资产的实际价值为 180 万元；流动资产损失 100 万元，用于流动资产的施救费用 2 万元。此时账面流动资产余额为 340 万元。

计算结果如下：

固定资产赔款 =（800 000－50 000）×（1 500 000/1 800 000）= 625 000（元）

流动资产赔款 = 1 000 000×（2 300 000/3 400 000）= 676 470.59（元）

施救费用赔款 = 20 000×（2 300 000/3 400 000）= 13 529.41（元）

保险公司的赔款总额 = 625 000＋676 470.59＋13 529.41 = 1 315 000（元）

第三节 家庭财产保险

阅读资料

家庭财产保险有效保障家庭财产

小钟是一个普通的白领，一个偶然的机会使他接触到了家庭财产保险。某天，小钟提早下班，由于忘记带钥匙便去了其妻子工作的银行，恰巧当时办理业务的人很多，其妻子很忙，他便在大堂里等着。在百无聊赖时，刚好听到旁边的两人闲聊理财的事。说着

说着,两人说到了家财险,并都对家财险称赞有加。

后来小钟寻思着,毕竟现在发生失窃火灾的情况不少,多个保障也总是好的。第二天下班之后,他就通过一个保险代售点办理了家财险。事后小钟回到家,其妻子知道后责怪他这事做得太鲁莽了,想得太简单了,也不多去了解一些关于家庭财产险方面的信息就买了,可小钟却洋洋得意,认为妻子的想法很多余。

没多久,赶上小钟单位组织旅游,小钟带上妻儿都去了,三天后回来,他们都傻眼了,家里真的遭贼了。一看家里丢了那么多东西,小钟赶紧给保险公司打电话。可是没想到的是,在经过保险公司勘查鉴定后,认为小钟失窃的不少物品都未做档案存档,保险公司无法确认损失,最终对小钟一家将近6万元的损失仅予以500元的赔偿。这下子小钟彻底傻眼了。经此之后,小钟才方知多了解家庭财产险及案例是多么的重要。

问题引入:你接触过家庭财产保险吗?

资料来源:黄玉娟,《保险基础知识》,北京大学出版社,2014年,第111页。

家庭财产保险是以居民的家庭财产为保险对象的保险。其保险标的是坐落或存放在保单所载明地址的自有居住房屋、室内装修、装饰及附属设施,以及室内家庭财产。目前国内家庭财产保险主要包括家庭财产基本险、家庭财产综合保险和附加险等。

一、家庭财产综合险

凡城乡居民、单位职工、夫妻店、家庭手工业者等个人及家庭成员的自有财产,以及代他人保管或与他人共有财产都可以投保家庭财产保险。城乡个体工商户和合作经营组织的财产及私人企业的财产不适用本保险。

(一)家庭财产综合险的保险标的

1. 可以承保的家庭财产

家庭财产综合险的可保财产包括以下几类:

(1) 房屋及其附属设施(含租赁)和室内装潢。

(2) 存放于室内的其他财产,包括衣服、床上用品、家具、家用电器、文化娱乐用品等。

2. 特约承保的家庭财产

家庭财产综合险特约承保的家庭财产包括以下几类:

(1) 属于被保险人代他人保管或者与他人共有而由被保险人负责的上述财产。

(2) 存放在院内、室内的非动力农机具,农用工具。

(3) 经保险人同意的其他财产。

3. 不可承保的家庭财产

家庭财产综合险的不保财产包括以下几类:

(1) 价值高、物品小,出险后难于核实价值的财产,如金银、首饰、珠宝、钻石、艺术品、稀有金属等。

(2) 无法鉴定价值的财产,如货币、有价证券、票证、古玩、古币、邮票、字画、书籍、文件、账册、技术资料、图表、电脑软件及资料等。

(3) 日用消费品,养殖及种植物,如家禽、花、鸟、虫、鱼、盆景等。

(4) 处于紧急状态或违法的财产,如危房、违章建筑等。

(5) 用于从事商品生产、经营活动的财产和出租用作工商业的房屋。

(6) 不属于可保财产范围内的其他家庭财产。

(二) 保险责任

家庭财产综合险的保险责任与企业财产综合险类似,主要包括火灾、爆炸、雷击、飞行物体及其他空中运行物体的坠落;保单列明的自然灾害;外界建筑物倒塌;暴风、暴雨造成房屋主要结构(墙体、屋顶、屋架)倒塌,以及因施救所致损失和费用。

(三) 除外责任

家庭财产综合险的除外责任与企业财产综合险基本类似,不同之处在于:一是故意行为的主体是被保险人及其家庭成员、雇用人员等。二是增加电器风险,如电机、电器等因使用过度、超电压、碰线、漏电、短路、自身发热等原因造成的本身损失。

(四) 保险金额

房屋、建筑物及其附属设施的保险金额,以该财产的购置价格、建造价格或市场价格来确定。室内财产则一般由投保人根据财产的实际价值自行确定,并且按照保险单规定的保险财产项目分别列明。如难以具体分项则按大类财产在保险金额中所占比例确定。

(五) 保险费率与保险期限

保险费率采用年费率。房屋的费率根据房屋结构确定,钢筋混凝土结构的为 0.4‰,混合结构的为 0.6‰,砖木结构的为 1‰。允许费率进行上下浮动,上下浮动的范围为 30%。保险期限一般为一年,实行"零时起保"原则。

(六) 赔偿处理

在家庭财产保险中,房屋建筑物的损失采用比例赔偿方式;室内财产的赔偿采用第一危险赔偿方式,即全部损失和部分损失,在分项目保险金额内,按实际损失赔付。在理赔中,特别要注意进行详细的现场查勘,进行责任认定、合理计算赔款等工作,以有效避免道德风险,保护保险合同双方的合法权益。

【例 5.2】 王某于 2011 年 7 月将自家房屋及附属设备、房屋装修、室内财产投保了家庭财产保险。其中房屋及附属设备保额 5 万元,室内装修 3 万元,室内财产 2 万元,未分项列明。缴保费 240 元。保险期限 1 年。2012 年 4 月 5 日,王某家因电褥子使用不当发生火灾,经核定,损失如下:房屋修缮费用 2 000 元,室内装修 1 000 元,室内财产 4 000 元,残值 50 元。此时,经估价王某房屋保险价值为 6 万元,装修为 4 万元,室内财产 7 万元。保险公司应赔偿多少?

根据家庭财产保险条款规定,房屋及附属设备、室内装修采取不定值保险方式,该保户的这两项财产没有足额投保,故赔款计算如下:

$$房屋及附属设备赔款 = 2\,000 \times (50\,000/60\,000) = 1\,666.67(元)$$

$$室内装修赔款 = 1\,000 \times (30\,000/40\,000) = 750(元)$$

室内财产采取第一危险赔款方式,赔款计算如下:

$$室内财产赔款 = 4\,000 - 50 = 3\,950(元)$$

$$合计赔款 = 1\,666.67 + 750 + 3\,950 = 6\,366.67(元)$$

二、家庭财产保险附加盗抢险

家庭财产保险中有多种附加险,盗抢险是其中最主要的险种。

(一) 保险责任

房屋及附属设施、存放于保险地址室内的家庭财产,因外来的、有明显盗窃痕迹的盗窃或持械抢劫造成的损失,在向公安机关报案后,3个月内未能破案的,保险人负责赔偿。

(二) 除外责任

盗抢险的除外责任包括:① 被保险人及其家庭成员、服务人员、寄居人的盗窃或纵容他人盗窃造成的损失;② 无明显盗窃痕迹,如窗外钩物、顺手牵羊等行为;③ 因房屋门窗未锁,而遭盗窃所致保险财产的损失。此外,一般还规定盗窃案发生后必须向公安机关报案,以避免道德风险,虚报案情。

第四节 机动车辆保险

阅读资料

CCTV《每周质量报告》栏目于2011年2月20日以"聚焦车险霸王条款"为题做了一期报道,下面就主要内容文字描述如下。

主持人:今天我们关注的话题是汽车保险。目前我国的汽车保有量已经达到2亿辆左右,随着汽车产销量的大幅增长,汽车保险业也发展迅速。绝大多数车主都会给自己的爱车买份商业保险,其中不少车主给自己的车买的还是所谓的全险,目的就是为了能更加安心,因为很多车主都认为所谓全险就是自己的车无论碰到了什么问题,都可以找保险公司全额理赔。那么,事实真的像多数车主想的那样吗?所谓的全险能给车主们带来真正的安心吗?

记者:小张酷爱汽车,大学毕业不到两年就用自己几乎全部积蓄买了一部车,对于这部车当然也是爱护有加。为了这车开起来能更安心,小张按照保险推销人员的话给自己的车买了所谓的全险。

前不久,小张的车好好地在停车场排队等着进场的时候出了个小事故,交警认定对方是全责,但是之后肇事司机百般推托,就是不愿意赔偿,无奈之下,小张直接联系对方的保险公司,可是对方保险公司说,小张不是他们的客户,不和小张接触,无奈的小张听了这话想起来自己的车投了足额车损险,于是他觉得自己的保险公司应该能帮助他解决问题。但是小张告诉记者,他自己的保险公司也不管他,保险公司95512的客服人员明确说明:按照车损险的保险条款约定,出了事故,还要先划分责任,如果没有责任,自己的保险公司就不赔偿。

事有巧合,就在这次事故后不久,小张的车放在停车场里被剐了一下,肇事车辆逃逸。按照保险公司之前的说法,由于这次事故小张也没责任,所以,保险公司会不会赔给自己修车的钱,小张很没有底,但是由于实在找不到肇事方,小张只好硬着头皮再找自己的保险公司。保险公司的答复是,可赔给小张,也可不赔,如果赔了就只赔70%。前一次无责不赔,这一次无责小赔。同是一家保险公司,这令小张实在无法理解。

记者对国内二十多家保险公司的车辆损失险合同进行了查阅,结果表明,这在理赔中提及的条款,在所有这些合同中都存在,其中只有个别词语的细微差别。

一位车险专业律师在工作中发现,由于保险公司坚持按责任赔付,事实上带来了许多危害,一是侵害了消费者权益,给消费者带来许多麻烦;二来许多车主为了维护自己的权益甚至在无奈中选择了主动多承担责任,这也就多承担了法律风险。

2010年9月,江苏车主陈新春也遭遇了类似的情况,将自己所投保的安邦财产保险股份有限公司告上了法庭。

最终法院判决保险公司根据车损全额的金额进行赔偿,诉讼费用的绝大部分也由保险公司负担。记者注意到判决书中明确写到,保险条款中规定:保险人依据被保险机动车驾驶人在事故中所负的事故责任比例承担相应的赔偿责任。但是该保险条款不符合投保人的缔约目的。同时作为提供保险合同的一方,保险人设定的上述合同条款,客观上免除了自身的民事责任,排除了被保险人在保险合同中的主要权利,按《合同法》的有关规定,认定该条款无效。

主持人:经过调查我们发现,法律专家都认为按责任赔付的条款是不合理的,属于无效条款,但是在绝大多数的汽车保险合同中,这样的条款却依然堂而皇之地存在着。在这个条款背后隐藏着这样几个值得关注的问题,一个是"有责才赔""无责不赔"的条款无疑是在保护违法者的利益,也就是说那些在驾车过程中违法违章的司机利益能得到保障,而遵章守法的司机利益却无法得到保护;另一个是只要投保人通过法律途径对保险公司提起诉讼,保险公司通常都会败诉,但是保险公司为何还要保留这样的条款呢?原因是主动通过法律的途径保护自己权益的车主比例并不多,因为很多车主并不了解这当中的问题,有的即便认为它不合理,也会觉得打官司太麻烦,所以绝大多数车主只能是忍气吞声、无奈接受。而更深层次的问题是,"有责才赔""无责不赔"这种不合理的霸王条款虽然被法院判定为无效条款,但是它为什么能够置消费者权益不顾公然存在,为什么没有被保险公司和相关监管部门废除呢?

一、机动车辆保险的概念和特点

机动车辆保险是以机动车辆本身及第三者责任为标的的一种运输工具保险,由于其以汽车保险为主,国外又称为汽车保险。其保险对象主要是拥有各种机动交通工具的工商企业、法人团体和居民个人,保险标的为各类汽车、摩托车、拖拉机和特种车辆。在我国财产保险中,机动车辆保险是财产保险中业务量最大的险种,其保费收入占全部财产保险保费收入的60%以上。

机动车辆保险的主要特点有:采用不定值保险;赔偿中采用绝对免赔额;赔偿方式主要是修复;采用无赔款优待;第三者责任保险一般采用强制保险的方式。

二、机动车辆保险的内容

(一) 机动车辆损失险

1. 保险责任

机动车辆损失险的保险责任包括两大类。一是保险期间内,被保险人或其允许的驾驶人在使用被保险机动车过程中,因下列原因造成被保险机动车的直接损失,且不属于免除保险人责任的范围,保险人依照本保险合同的约定负责赔偿:碰撞、倾覆、坠落;火灾、爆炸;外界物体坠落、倒塌;雷击、暴风、暴雨、洪水、龙卷风、冰雹、台风、热带风暴;地陷、崖崩、滑坡、泥石流、雪崩、冰陷、暴雪、冰凌、沙尘暴;受到被保险机动车所载货物、车上人员意外撞击;载运被保险机动车的渡船遭受自然灾害(只限于驾驶人随船的情形)。二是发生保险事故时,被保险人或其允许的驾驶人为防止或者减少被保险机动车的损失所支付的必要的、合理的施救费用,由保险人承担;施救费用数额在被保险机动车损失赔偿金额以外另行计算,最高不超过保险金额的数额。

2. 除外责任

在上述保险责任范围内,下列情况下,不论任何原因造成被保险机动车的任何损失和费用,保险人均不负责赔偿。

(1) 事故发生后,被保险人或其允许的驾驶人故意破坏、伪造现场、毁灭证据。

(2) 驾驶人有下列情形之一者:事故发生后,在未依法采取措施的情况下驾驶被保险机动车或者遗弃被保险机动车离开事故现场;饮酒、吸食或注射毒品、服用国家管制的精神药品或者麻醉药品;无驾驶证,驾驶证被依法扣留、暂扣、吊销、注销期间;驾驶与驾驶证载明的准驾车型不相符合的机动车;实习期内驾驶公共汽车、营运客车或者执行任务的警车、载有危险物品的机动车或牵引挂车的机动车;驾驶出租机动车或营业性机动车无交通运输管理部门核发的许可证书或其他必备证书;学习驾驶时无合法教练员随车指导;非被保险人允许的驾驶人。

(3) 被保险机动车有下列情形之一者:发生保险事故时被保险机动车行驶证、号牌被注销的,或未按规定检验或检验不合格;被扣押、收缴、没收、政府征用期间;在竞赛、测试期间,在营业性场所维修、保养、改装期间;被保险人或其允许的驾驶人故意或重大过失,导致被保险机动车被利用从事犯罪行为。

下列原因导致的被保险机动车的损失和费用,保险人不负责赔偿:地震及其次生灾害;战争、军事冲突、恐怖活动、暴乱、污染(含放射性污染)、核反应、核辐射;人工直接供油、高温烘烤、自燃、不明原因火灾;违反安全装载规定;被保险机动车被转让、改装、加装或改变使用性质等,被保险人、受让人未及时通知保险人,且因转让、改装、加装或改变使用性质等导致被保险机动车危险程度显著增加;被保险人或其允许的驾驶人的故意行为。

下列损失和费用,保险人不负责赔偿:因市场价格变动造成的贬值、修理后因价值降低引起的减值损失;自然磨损、朽蚀、腐蚀、故障、本身质量缺陷;遭受保险责任范围内的损失后,未经必要修理并检验合格继续使用,致使损失扩大的部分;投保人、被保险人或其允许的驾驶人知道保险事故发生后,故意或者因重大过失未及时通知,致使保险事故的性质、原因、损失程度等难以确定的,保险人对无法确定的部分,不承担赔偿责任,但保险人通过其他途径已经及时知道或者应当及时知道保险事故发生的除外;因被保险人违反本条款约定(因保险事故损坏的被保险机动车,应当尽量修复。修理前被保险人应当会同保险人检验,协商确定修理项目、方式和费用。对未协商确定的,保险人可以重新核定),导致无法确定的损失;被保险机动车全车被盗窃、被抢劫、被抢夺、下落不明,及在此期间受到的损坏,或被盗窃、被抢劫、被抢夺未遂受到的损坏,或车上零部件、附属设备丢失;车轮单独损坏,玻璃单独破碎,无明显碰撞痕迹的车身划痕,以及新增设备的损失;发动机进水后导致的发动机损坏。

3. 免赔规定

保险人在依据本保险合同约定计算赔款的基础上,按照下列方式免赔:被保险机动车一方负次要事故责任的,实行5%的事故责任免赔率;负同等事故责任的,实行10%的事故责任免赔率;负主要事故责任的实行15%的事故责任免赔率;负全部事故责任或单方肇事事故的,实行20%的事故责任免赔率;被保险机动车的损失应当由第三方负责赔偿,无法找到第三方的,实行30%的绝对免赔率;违反安全装载规定但不是事故发生的直接原因的,增加10%绝对免赔率。

(二) 第三者责任险

1. 保险责任

第三者责任险的保险责任包括:保险期间内,被保险人或其允许的驾驶人在使用被保险机动车过程中发生意外事故,致使第三者遭受人身伤亡或财产直接损毁,依法应当对第三者承担的损害赔偿责任,且不属于免除保险人责任的范围,保险人依照本保险合同的约定,对于超过机动车交通事故责任强制保险各分项赔偿限额的部分负责赔偿。

2. 除外责任

机动车辆第三者责任险的免责情形与车损险的免责情形基本一致。

下列原因导致的人身伤亡、财产损失和费用,保险人不负责赔偿:地震及其次生灾害、战争、军事冲突、恐怖活动、暴乱、污染(含放射性污染)、核反应、核辐射;第三者、被保险人或其允许的驾驶人的故意行为、犯罪行为,第三者与被保险人或其他致害人恶意串通的行为;被保险机动车被转让、改装、加装或改变使用性质等,被保险人、受让人未及时通知保险人,且因转让、改装、加装或改变使用性质等导致被保险机动车危险程度显著增加。

下列人身伤亡、财产损失和费用,保险人不负责赔偿:被保险机动车发生意外事故,致使任何单位或个人停业、停驶、停电、停水、停气、停产、通讯或网络中断、电压变化、数据丢失造成的损失以及其他各种间接损失;第三者财产因市场价格变动造成的贬值,修理后因价值降低引起的减值损失;被保险人及其家庭成员、被保险人允许的驾驶人及其家庭成员所有、承租、使用、管理、运输或代管的财产的损失,以及本车上财产的损失;被保险人、被保险人允许的驾驶人,本车车上人员的人身伤亡;停车费、保管费、扣车费、罚款、罚金或惩罚性赔款;超出《道路交通事故受伤人员临床诊疗指南》和国家基本医疗保险同类医疗费用标准的费用部分;律师费、未经保险人事先书面同意的诉讼费、仲裁费;投保人、被保险人或其允许的驾驶人知道保险事故发生后,故意或者因重大过失未及时通知,致使保险事故的性质、原因、损失程度等难以确定的,保险人对无法确定的部分,不承担赔偿责任,但保险人通过其他途径已经及时知道或者应当及时知道保险事故发生的除外;因被保险人违反本条款的约定(因保险事故损坏的第三者财产,应当尽量修复。修理前被保险人应当会同保险人检验,协商确定修理项目、方式和费用。对未协商确定的,保险人可以重新核定),导致无法确定的损失;精神损害抚慰金;应当由机动车交通事故责任强制保险赔偿的损失和费用;保险事故发生时,被保险机动车未投保机动车交通事故责任强制保险或机动车交通事故责任强制保险合同已经失效的,对于机动车交通事故责任强制保险责任限额以内的损失和费用,保险人不负责赔偿。

3. 免赔规定

保险人在依据本保险合同约定计算赔款的基础上,在保险单载明的责任限额内,按照下列方式免赔：被保险机动车一方负次要事故责任的,实行5%的事故责任免赔率；负同等事故责任的,实行10%的事故责任免赔率；负主要事故责任的,实行15%的事故责任免赔率；负全部事故责任的,实行20%的事故责任免赔率；违反安全装载规定的,增加10%的绝对免赔率。

(三) 保险金额、责任限额和保险期间

1. 机动车辆损失险的保险金额

保险金额按投保时被保险机动车的实际价值确定。投保时被保险机动车的实际价值由投保人与保险人根据投保时的新车购置价减去折旧金额后的价格协商确定或其他市场公允价值协商确定。折旧金额可根据本保险合同列明的参考折旧系数表确定。

2. 第三者责任险的责任限额

每次事故的责任限额,由投保人和保险人在签订本保险合同时协商确定。主车和挂车连接使用时视为一体,发生保险事故时,由主车保险人和挂车保险人按照保险单上载明的机动车第三者保险责任限额的比例,在各自的责任限额内承担赔偿责任,但赔偿金额总和以主车的责任限额为限。

3. 保险期间

除另有约定外,保险期限为一年,以保险单载明的起止时间为准。

【例5-3】 某单位将一辆大货车投保车损险及第三者责任险（不考虑交强险）,车损险保额按新车购置价8万元投保,第三者责任险责任限额为10万元。在保险期限内与一辆轿车相撞,发生货车修复费用10 000元,货车司机医疗费500元,轿车修复费用15 000元,轿车司机的治疗费、误工费、护理费等共24 000元。经交警队认定,货车负事故主要责任,承担此次事故责任的70%；轿车负次要责任,承担此次责任的30%。假设轿车的车损险保额为10万元,第三者责任险限额为10万元,同时只考虑事故责任免赔率,其他免赔不考虑。双方保险公司应怎样赔付？

货车保险公司第三者责任险赔款 $=(15\ 000+24\ 000)\times 70\%\times(1-15\%)=23\ 205(元)$

轿车保险公司第三者责任险赔款 $=(10\ 000+500)\times 30\%\times(1-5\%)=2\ 992.5(元)$

货车保险公司车损险赔款 $=[10\ 000-10\ 000\times 30\%\times(1-5\%)]\times(1-15\%)=6\ 077.5(元)$

轿车保险公司车损险赔款 $=[15\ 000-15\ 000\times 70\%\times(1-15\%)]\times(1-5\%)=5\ 771.25(元)$

货车保险公司赔款金额 $=23\ 205+6\ 077.5=29\ 282.5(元)$

轿车保险公司赔款金额 $=2\ 992.5+5\ 771.25=8\ 763.75(元)$

三、机动车辆保险的附加险

机动车辆的附加险是机动车辆保险的重要组成部分,目前我国机动车辆保险的主要附加险有以下四种。

(一) 全车盗抢险

它承保的是整个保险车辆或保险挂车在停放中被盗或在行驶途中被劫,经向公安部门报案后,3个月以上仍未查到时,由保险人负责赔偿。应注意的是：第一,保险车辆或保险挂车全车被盗抢3个月后未查到,保险人向被保险人取得车辆权益转让书后,保险人按以下规

定予以赔偿：① 保险金额高于或等于车辆出险时的实际价值的，按出险时的实际价值赔偿；② 保险金额低于车辆出险时的实际价值的，按保险全额给予赔偿；③ 每次赔付均实行 20% 的绝对免赔率。第二，保险人支付赔款后，如果公安部门将被盗抢车辆或挂车查到，可将该车辆或挂车折归被保险人，撤销其权益转让书，并收回相应的赔款。如果由于某些原因，被保险人不愿收回原车或挂车时，则依照车辆权益转让书，车辆或挂车所有权归保险人。第三，保险车辆或挂车的零部件或附属设备失窃，没有构成"全车被盗"，不属于该保险责任。第四，在保险有效期内，保险车辆一经全车失窃，保险人不负责退还任何未到期保费，失窃后破案找回的车辆，必须重新投保。第五，全车失窃后，被保险人须在 24 小时内向出险地公安机关和保险人报案，并在省、地级以上报刊或电视台刊登寻车启事，以此连同公安机关的失窃证明，作为索赔依据。否则，保险人有权拒赔。

（二）玻璃破碎险

它承保的是保险车辆本身的玻璃发生单独破碎时的损失。无论是挡风玻璃还是车窗玻璃，除被保险人及其驾驶人员的故意行为外，发生单独破碎时，经保险人核定后按照实际损失赔偿。如玻璃被他人打碎，或被飞起的石头打碎等均属该保险责任。

（三）驾驶员意外责任险

这种保险规定，被保险人雇用的驾驶员，因驾驶被保险车辆发生意外事故，受有体伤或死亡，依法应负的经济赔偿责任，保险人负责赔偿。

（四）乘客意外责任险

乘客意外责任险按被保险车辆的使用性质分成两种：一是自用汽车乘客意外责任险。保险人对于被保险人因使用被保险车辆发生意外事故，致使乘坐本车的人员受到体伤或死亡依法应负经济赔偿责任时负责赔偿。二是营业用车乘客意外责任险。保险人对于被保险人因使用被保险车辆发生意外事故，致使"已付车费"的乘坐人员，受到体伤或死亡依法应负经济赔偿责任时负责赔偿。

此外，机动车辆保险的附加险还有车身划痕损失险、自燃损失险、不计免赔特约险和车上货物责任险等。

知识拓展

与机动车辆保险相关的第三者责任保险

第三者责任保险（以下简称三责险）是指被保险人由于自身的过错、疏忽等给第三方造成人身伤害和财产损失，依法或依惯例须由被保险人承担的经济赔偿责任由保险人承担的保险。在机动车辆三责险中，是指被保险人或其允许的驾驶人员在使用保险车辆过程中发生意外事故，致使第三者遭受人身伤亡或财产直接损毁，依法应当由被保险人承担的经济责任，保险公司负责赔偿。根据投保人投保三责险的意愿和需求，机动车辆三责险有以下两种类型。

1. 机动车交通事故责任强制保险

交强险是机动车交通事故责任强制保险的简称，是我国首个由国家法律规定实行的强制保险制度。2012 年 3 月 28 日，国务院颁布了《机动车交通事故责任强制保险条例》，强制三责险从此更名为交强险，2012 年 7 月 1 日起这项制度正式实施。

《机动车交通事故责任强制保险条例》规定：交强险是由保险公司对被保险机动车发生道路交通事故造成受害人(不包括本车人员和被保险人)的人身伤亡、财产损失，在责任限额内予以赔偿的强制性责任保险。

交强险责任限额是指被保险机动车在保险期间(通常是1年)发生交通事故，保险公司对每次保险事故所有受害人的人身伤亡和财产损失所承担的最高赔偿金额。2008年新版的交强险责任限额(每次事故最高赔偿金额)，全国统一定为12.2万元人民币。在12.2万元总的责任限额下，仍实行分项限额赔付，具体为死亡伤残赔偿限额11万元、医疗费用赔偿限额1万元、财产损失赔偿限额2 000元。此外，被保险人在道路交通事故中无责任的赔偿限额为死亡伤残赔偿限额1.1万元、医疗费用赔偿限额1 000元、财产损失赔偿限额100元。

交强险保险费的计算方式较其他险种也有不同，按下列公式计算：

$$最终保费=基础保费×(1+与道路交通事故相联系的浮动比率)×(1+与交通安全违法行为相联系的浮动比率)$$

其中，费率浮动因素及对应的浮动比率如下：
A1：上一个年度未发生有责任道路交通事故，浮动比率—10%；
A2：上两个年度未发生有责任道路交通事故，浮动比率—20%；
A3：上三个年度未发生有责任道路交通事故，浮动比率—30%；
A4：上一个年度发生一次有责任不涉及死亡的道路交通事故，浮动比率0%；
A5：上一个年度发生两次有责任不涉及死亡的道路交通事故，浮动比率10%；
A6：上一个年度发生有责任道路交通死亡事故，浮动比率30%。

2. 商业第三者责任险

商业性的机动车辆第三者责任保险是自愿保险，通常作为交强险的补充保障，受到广大车主的欢迎交强险与一般的商业性第三者责任险的区别体现在强制性上。一方面，只要是在中国境内道路上行驶的机动车的所有人或者管理人都应当投保交强险，未投保的机动车不得上路行驶。同时，具有经营机动车交通事故责任强制保险资格的保险公司不得拒绝承保，也不能随意解除保险合同。而商业第三者责任保险属于民事合同，机动车主或者是管理人拥有是否选择购买的权利，保险公司也享有拒绝承保的权利。

尽管保险种类是一样的，但交强险与商业三责险在赔偿原则、赔偿范围等方面存在着本质的区别。

首先，商业第三者责任险采取的是过错责任原则，即保险公司根据被保险人在交通事故中所承担的事故责任来确定其赔偿责任。而交强险实行的是"无过错责任"原则，即无论被保险人是否在交通事故中负有责任，保险公司均将在责任限额内予以赔偿。

其次，出于有效控制风险的考虑，商业三责险规定了较多的责任免除事项和免赔率(额)。而交强险的保险责任几乎涵盖了所有道路交通风险，且不设免赔率和免赔额，其保障范围远远大于商业第三者责任险。

> 最后，商业第三者责任险以营利为目的，属于商业保险业务。而交强险不以营利为目的，各公司从事交强险业务将实行与其他商业保险业务分开管理、单独核算，无论盈亏，均不参与公司的利益分配，公司实际上起了一个代办的角色。
>
> $$最终保费 = 基础保费 \times (1 + 与道路交通事故相联系的浮动比率) \times (1 + 与交通安全违法行为相联系的浮动比率)$$
>
> 其中，费率浮动因素及对应的浮动比率如下：
> A1：上一个年度未发生有责任道路交通事故，浮动比率-10%；
> A2：上两个年度未发生有责任道路交通事故，浮动比率-20%；
> A3：上三个年度未发生有责任道路交通事故，浮动比率-30%；
> A4：上一个年度发生一次有责任不涉及死亡的道路交通事故，浮动比率0%；
> A5：上一个年度发生两次有责任不涉及死亡的道路交通事故，浮动比率10%；
> A6：上一个年度发生有责任道路交通死亡事故，浮动比率30%。
> 资料来源：瞿建华，《保险学概论（第四版）》，东北财经大学出版社，2016年，第141—142页。

第五节 货物运输保险

一、货物运输保险及其特点

(一) 概念

货物运输保险是以运输中的各种货物为保险标的，承保货物在运输过程中遭受可保风险导致损失的保险。无论是对外贸易还是国内贸易，商品从生产者到消费者手中，都要经过相应的运输过程，而在装卸、运输过程中，各种自然灾害和意外事故又对货物的安全构成威胁，并极易导致货主的经济损失。因此，为运输中的货物提供保险显得十分必要，它不仅能够保障货主的经济利益，而且有利于商品交易和运输业的正常发展。

货物运输保险所承保的货物，主要是具有商品性质的贸易货物，一般不包括个人行李或随运输所消耗的各类供应和储备物品。

(二) 特点

货物运输保险与一般财产保险相比，有以下几个特点：

1. 保险标的具有流动性

一般财产保险的保险标的总是表现为静止状态，而货物运输保险的保险标的，为了实现货物的位移，不断处于流动状态。

2. 保险责任范围具有广泛性

普通财产保险一般只负责保险财产的直接损失以及为减少损失所支出的施救、保护费用，而货物运输保险除负责上述损失和费用外，对货物由于破碎、渗漏、包装破裂、遭受盗窃或整件提货不着所致的损失也负责赔偿。此外，按照国家惯例，对海上发生的共同海损和应分摊的共同海损费用,也负责赔偿。

3. 承保对象具有多变性

由于经营贸易的需要,按照惯例,货物运输保险单可经保险人空白背书同意,保险权益随物权单据即货运提单的转让而随之转移。所以,货物运输保险的投保人与被保险人经常是不同的两个人,而且随着保单辗转,被保险人不断改变,直至持有保险单的收货人出现为止。

4. 保险期限以约定航程为准

普通财产保险的保险期限一般为1年,而货物运输保险的保险期限一般不受时间限制而以一个航程为准,同时应按"仓至仓"条款规定办理。

5. 货物运输保险具有国际性

其国际性具体表现为:保险合同的关系方涉及不同的国家和地区;保险标的是国际贸易中的货物;保险合同的签订和履行除涉及贸易合同的有关规定之外,还要遵守有关国际公约和国际惯例的规定等。

二、海洋货物运输保险

海洋货物运输保险的保障范围包括风险保障、损失保障和费用保障三个方面。

1. 风险保障

海洋货物运输保险主要承保的风险有:

(1) 海难。海难是指海上偶发的意外事故或灾害,不包括正常的风浪影响。最普通的海难包括沉没、搁浅、触礁、碰撞和恶劣气候。

(2) 火灾或爆炸。不论在海上或陆上,保险标的因火灾或爆炸而遭受的直接损失,以及烟熏、水渍损失均属于保障范围,但由于货物的内在缺陷导致的燃烧、爆炸除外。

(3) 强盗或海盗行为。即船外人员以暴力劫夺或海盗行为所致的损失。

(4) 投弃。货物或船舶设备被抛弃,此行为一般为共同海损行为。

(5) 船长、船员的疏忽或恶意行为。

(6) 战争。

2. 损失保障

由于是海上货物运输保险,因此保险人承保的损失属于"海损"。海损按损失程度不同,可分为全部损失与部分损失;按损失的性质,可分为共同海损和单独海损。单独海损和共同海损就其损失的程度看,都属于部分损失。

(1) 全部损失。全部损失简称"全损",指运输中整批货物或不可分离的一批货物全部损失。全损又有实际全损和推定全损之分。实际全损又称绝对全损。构成实际全损的情况主要有:保险标的完全丧失;保险标的的所有权丧失已无法挽回;保险标的受损后已完全丧失其使用价值;船舶失踪达到一定期限。推定全损指保险标的的所有权即将丧失,获得收回权所需的费用超过丧失的权利;或保险标的的损失已经发生,抢救保险标的所花的费用超过获救后的价值。在这种情况下,被保险人可以要求按部分损失赔偿,也可以按推定全损索赔。但按推定全损索赔时必须先向保险人提出委付,并经保险人承诺才有效。

(2) 部分损失。部分损失按其性质不同分为单独海损和共同海损。

共同海损指载货的船舶在海上遭遇灾害事故,威胁船货等各方的共同安全,为解除威胁,维护船货安全,使航程得以继续完成,由船方有意识地、合理地采取措施,造成某些特殊损失或支付特殊额外费用的行为。共同海损行为是一种非常措施,是正常航行中所不能做的。构成共同海损必须具备以下六个条件:第一,风险必须是实际存在、危及船货共同安全的,或者是不可避免的,任何主观臆测可能发生风险而采取的措施不能视作共同海损;第二,牺牲和费用必须是特殊性质的,并不是根据运输合同应由船方负责的;第三,采取的措施必须是自觉的、有意识的,这里的"有意识"是指人为的,故意的行为;第四,采取的措施必须是谨慎的,特殊的牺牲和费用是合理的;第五,损失必须是共同海损行为造成的直接后果,不包括间接损失;第六,特殊牺牲和支付的费用必须有效果,即保全了处于共同风险中的财产,或者使部分船货获救。这六个条件是一个整体,构成共同海损行为时缺一不可。共同海损的牺牲和费用是为了使船舶、货物和运方免遭损失而支出的,应当由各方根据最后获救价值按比例分摊。

单独海损指除共同海损以外的部分损失。这种损失只与单独利益方有关,不涉及其他货主或船方,损失仅由受损者单独负担。保险标的发生单独海损是否可以得到赔偿,由所属的保险单条款决定。

3. 费用保障

海洋货物运输保险所保障的费用主要包括施救费用、救助费用和共同海损费用。

三、海洋货物运输保险的险别和保险责任

(一) 险别

海洋运输货物保险可以分为基本险和附加险,其中附加险又分为一般附加险、特别附加险和特殊附加险三种。

基本险包括平安险、水渍险和一切险。一般附加险包括偷窃提货不着险、淡水雨淋险、短量险、混杂、沾污险、渗漏险、碰损、破碎险、串味险、受热、受潮险、钩损险、包装破裂险、锈损险共 11 种险。特别附加险包括交货不到险、进口关税险、舱面险、拒收险、黄曲霉素险和出口货物到中国香港(包括九龙在内)或澳门存仓火险责任扩展条款 6 种。此外,还包括战争险和罢工险两种特殊附加险。

(二) 保险责任

由于篇幅所限,在此只介绍基本险的三个险别。

1. 平安险

"平安险"英文原意是指单独海损不负责赔偿。根据国际保险界对单独海损的解释,它是指部分损失,因此,平安险原来的保障范围是只赔全部损失和共同海损。但在长期实践的过程中,业界对平安险的责任范围进行了补充和修订,当前平安险的责任范围已经超出只赔全损的限制。概括起来,这一险别的责任范围主要如下。

(1)被保险货物在运输途中由于恶劣气候、雷电、海啸、地震、洪水等自然灾害造成整批货物的全部损失或推定全损。

(2)由于运输工具遭受搁浅、触礁、沉没、互撞,与流冰或其他物体碰撞,以及失火、爆炸等意外事故造成货物的全部或部分损失。

(3)在运输工具已经发生搁浅、触礁、沉没、焚毁等意外事故的情况下,货物在此前后又在海上遭受恶劣气候、雷电、海啸等自然灾害所造成的部分损失。平安险不负责自然灾害造成的部分损失,只有符合本条的规定才赔偿。

（4）在装卸或转运时，一件或数件整件货物落海造成的全部或部分损失，又称"吊索损害"，比如在吊运货物时，钓钩、钢索、吊杆折断造成货物损失。

（5）被保险人对遭受承保责任内危险的货物进行抢救，采取防止或减少货损的措施而支付的合理费用，保险人的赔偿责任以不超过该批被救货物的保险金额为限。

（6）运输工具遭受海难后，在避难港由于卸货所引起的损失，以及在中途港、避难港由于卸货、存仓及运送货物所产生的特别费用。

（7）共同海损的牺牲、分摊和救助费用。

（8）运输契约订有"船舶互撞责任"条款时，应由货方偿还船方的损失。

2. 水渍险

水渍险的责任范围除了包括上列"平安险"的各项责任外，还负责恶劣气候、雷电、海啸、地震、洪水等自然灾害造成的部分损失，即水渍险的保险责任是在平安险的基础上，加上被保险货物由于海上自然灾害所造成的部分损失。

3. 一切险

一切险的责任范围除包括上列"平安险"和"水渍险"的所有责任外，还负责由于一般外来风险造成的全部或部分损失。我国的一切险仍属于列明责任制，被保险人仍负责损失原因的举证责任。

（三）除外责任

1. 被保险人的故意行为或过失

（1）故意是指明知自己的行为会发生危害社会的结果，并且希望或放任这种结果的发生，如烧毁船舶等。

（2）过失是指应当预见自己的行为可能发生危害社会的结果，因为疏忽大意而未预见或已经预见而轻信能够避免，以致发生这种结果，如酒后驾车肇事。

2. 属于发货人责任引起的损失

此项一般是指由于发货人的故意行为或过失行为引起的货物损失，包括货物包装不足、不当、标志不清或错误。

3. 保险责任开始前，被保险货物已存在的品质不良或数量短差

这种情况通称货物的"原残"，如易生锈的钢材、二手机械设备等货物，常存在严重的原残。但在一般情况下，货物的损失是原残，还是在保险期限内由保险风险造成，通常会引起双方的争议。因此为了避免这种情况的发生，最好在货物装船前进行检验。

4. 被保险货物的自然损耗、本质缺陷、特性及市价跌落、运输延迟引起的损失与费用

货物的自然损耗是因货物自身特性而导致的在运输途中必然会发生的损失，如粮谷、豆类含水量减少而导致的货物自然短重；油脂类货物在油舱、油管四壁沾留而造成的短量损失。

货物的本质缺陷指货物本身固有的缺陷，或是货物在发运前已经存在的质量上的瑕疵。如某些粮谷商品在装船前已有虫卵，遇到适当温度而孵化，导致货物被虫蛀受损。

货物特性指在没有外来原因或事故的情况下，在运输途中，货物自身性能变化引起的损失，如水果腐烂、面粉受热起霉、煤炭自燃等。

市价跌落属于商业风险，是一种投机风险。

运输延迟指在运输途中因种种原因致使货物未能在规定的时间内在约定的港口交货。

可能会造成市价跌落,新鲜蔬菜、水果腐烂、变质等损失。

5. 战争险和罢工险中的保险责任和除外责任

这两种保险在我国属于特殊附加险,不在基本险范围之内,要投保需要特别约定附加。

四、国内货物运输保险

(一) 含义及险种

国内货物运输保险是以国内运输过程中的货物作为保险标的的保险。国内货物运输保险按运输工具的不同可分为以下四类。

1. 铁路运输货物保险

该险种主要承保利用火车运输的货物。在此基础上还衍生出鲜活货物运输保险和行包保险等独立的险种。

2. 水路运输货物保险

该险种是以水上运输工具运输的货物为保险标的的一种保险,保险险种分为基本险和综合险。航行水域包括沿海和入海河流以及国内江、河、湖、川等。

3. 公路运输货物保险

该险种承保公路运输的货物,保险责任与铁路运输货物保险的保险责任基本相同,但一般不负责盗窃和整件提货不着的损失。

4. 航空运输货物保险

该险种专门承保航空运输的货物,其责任范围除了自然灾害或意外事故外,还包括雨淋、渗漏、破碎、偷盗或提货不着等风险。

按照保险人承担责任的方式,国内货物运输保险划分为基本险、综合险与附加险三类。

(二) 保险责任与除外责任

1. 水路、陆路(公路、铁路)货物运输保险的保险责任及除外责任

(1) 基本险的保险责任。国内水路、陆路(公路、铁路)运输货物保险基本险的保险责任包括:因火灾、爆炸、雷电、冰雹、暴风、洪水、海啸、地陷、崖崩、突发性滑坡、泥石流造成的损失;由于运输工具发生碰撞、搁浅、触礁、倾覆、沉没、出轨或隧道、码头坍塌所造成的损失;在装货、卸货或转载时,因遭受不属于包装质量不善或装卸人员违反操作规程所造成的损失;按国家规定或一般惯例应分摊的共同海损的费用;在发生上述灾害、事故时,因纷乱造成货物的散失以及因施救或保护货物所支付的直接合理的费用。

(2) 综合险的保险责任。综合险除包括基本险责任外,保险人还负责赔偿:因受震动、碰撞、挤压而造成货物破碎、弯曲、凹瘪、折断、开裂、渗漏等损失,以及包装破裂致使货物散失的损失;液体货物因受震动、碰撞或挤压致使所用容器(包括封口)损坏而渗漏的损失,或用液体储装的货物因液体渗漏而造成储装货物腐烂变质的损失;遭受盗窃的损失;因外来原因致使提货不着的损失;符合安全运输规定而遭受雨淋所致的损失。

(3) 除外责任。无论是基本险还是综合险,由于下列原因造成保险货物的损失,保险人不负责赔偿:战争、军事行动、扣押、罢工、哄抢和暴动;地震造成的损失;核反应、核子辐射和放射性污染;保险货物本身的缺陷或自然损耗,以及由于包装不善所致的损失;投保人或被保险人的故意行为或违法犯罪行为;市价跌落、运输延迟所引起的损失;属于发货人责任引起的损失;由于行政行为或执法行为所致的损失;其他不属于保险责任范围的损失。

基本险的除外责任与综合险的除外责任是有区别的。因此,货物运输保险的保险责任范围,应当根据其合同条款中列明的保险责任与除外责任来规定。

2. 国内航空货物运输保险的保险责任与除外责任

(1) 保险责任。由于下列保险事故造成保险货物的损失,保险人负赔偿责任:因遭受火灾、爆炸、雷电、冰雹、暴风、暴雨、洪水、海啸、地面陷落、崖崩等造成的货物损失;因飞机遭受碰撞、倾覆、坠落、失踪(在3个月以上),在危难中发生卸载以及遭受恶劣气候或其他危难事故发生抛弃行为所造成的损失;因受震动、碰撞或压力而造成破碎、弯曲、凹瘪、折断、开裂等损害以及由此引起包装破裂而造成货物的损失;凡属液体、半流体或者需要用液体储装的被保险货物,在运输途中因受震动碰撞或压力致使所装容器(包括封口)损坏发生渗漏而造成的损失,或用液体储装的货物因液体渗漏而致储装货物腐烂的损失;被保险货物因遭受偷窃或者提货不着的损失;在装货、卸货时以及地面运输过程中,因遭受不可抗力的意外事故及雨淋所造成的被保险货物损失;在发生保险责任范围内的灾害事故时,因施救或保护保险货物而支付的直接合理费用。

(2) 除外责任。在航空运输货物保险中,保险单上列明的除外责任,一般与铁路运输货物保险等相同。

第六节　工　程　保　险

阅读资料

工程保险市场方兴未艾

2010年5月5日,美国墨西哥湾原油泄漏事件引起了国际社会的高度关注。作为此次泄漏事件的主角,英国石油公司(BP)名利俱损,无疑是此次漏油事故的最大输家。瑞银(UBS)的分析报告显示,环境善后和赔偿可能需要120亿美元。但不幸中的万幸是,由于英国石油公司事前参加了能源保险,根据瑞士再保险公司的估计,保险公司将分担其中15亿~35亿美元的损失。

能源保险是工程保险的一类。工程保险是对建筑、安装工程因自然灾害和意外事故造成物质财产损失和第三者责任进行赔偿的保险,可承保的工程范围很广,高速铁路、高速公路、港口、码头、电厂、能源等都包括在其中。工程保险的责任范围由两部分组成,第一部分主要是针对工程项目下的物质损失部分,包括工程标的有形财产的损失和相关费用的损失;第二部分主要是针对被保险人在施工过程中因可能产生的第三者责任而承担经济赔偿责任导致的损失。工程保险有利于保护建筑或项目所有人的利益,也是完善工程承包责任制并有效协调各方利益关系的必要手段。

"工程建设从筹划、设计、建造到竣工,存在诸多风险,包括建筑风险、市场风险、信用风险、环境风险、政治风险、法律风险等。风险是无处不在的。"五洲(北京)保险经纪有限公司总经理张勇强调:"施工单位和业主不应当抱有侥幸心理。而且,为大型的项目工程购买工程保险,也是行业里通行的惯例。"在原建设部的工程项目招投标规范文件中就有规定:工程业主和施工单位必须联名投保建筑工程一切险,施工单位必须为施工人员办

> 理意外伤害责任保险。交通运输部的相关文件也明确指出,承包人应以承包人与业主联名为合同工程投保工程一切险。
>
> 根据保监会公布的《中国保险年鉴》,2007—2009年我国保险公司的工程保险保费收入分别为31.5亿元、39.2亿元和51.6亿元,保费收入同比保持两位数的增幅。从保险赔付方面来看,2007年、2008年、2009年我国保险公司的工程保险赔付金额分别为9.8亿元、13.5亿元和13.87亿元,赔付率(当期该险种的赔付金额/保费收入)分别为31%、34.4%和27.8%。工程保险赔付率较低,与其他险种相比,是利润较好的险种。由此可见,工程保险在我国是非常有发展空间的。
>
> 资料来源:李晓刚、张晓哲,"工程保险市场方兴未艾",《中国经济导报》,2010年9月28日。

一、工程保险及其特点

(一) 工程保险的概念

工程保险是指以各种在建工程项目为主要承保标的的财产保险。它是适应现代工程技术和建筑业的发展,由火灾保险、意外伤害保险及责任保险等演变而成的一类综合性财产保险,承保一切工程项目在工程期间乃至工程结束以后一定时期的一切意外损失和损害赔偿责任。一般而言,传统的工程保险仅指建筑、安装及船舶建造项目的保险,然而,进入20世纪以来,尤其是第二次世界大战以后,许多科技工程活动获得了迅速发展,又逐渐形成了科技工程项目保险。因此,建筑工程保险、安装工程保险、科技工程保险构成了工程保险的三大主要业务来源。

(二) 工程保险的特点

在保险业务经营中,工程保险的特点主要表现在以下五个方面。

1. 承保范围广

传统的财产保险只承保保险财产的意外损失赔偿责任,对与保险财产有关的财产物资和利益却不予承保;而工程保险不仅承保工程项目本身,而且承保与此有关的建筑、安装机器设备、原材料及责任损失和人身伤亡等。因此,投保人投保工程保险,即能获得全面的危险保障。

2. 保险危险大

普通财产保险一般只承保保险单上列明的少数危险,保险人对于保险责任之外的一切危险是不负赔偿责任的;而工程保险大多承保被保险人的一切意外损失,许多险种被冠以"一切险",保险人承担的危险责任基本上是除了保单列明的除外责任以外的一切危险责任。

3. 扩展了投保人或被保险人

在其他财产保险中,投保人是单个法人或自然人,并在保险人签发保险单后成为被保险人;而在工程保险中,对同一个项目具有经济利害关系的各方均具有保险利益,均具备对该工程项目的投保人资格,并且均能成为该工程保险中被保险人,均受保险合同及交叉责任条款的规范和制约。

4. 不同工程保险的内容有交叉性

在建筑工程保险中,通常包含安装项目,如房屋建筑中的供电、供水设备安装等;在安装工程保险中也往往包含建筑工程项目,如安装大型机器设备就需要进行土木建筑打好基座等；在科技工程保险中，往往有建筑、安装工程项目包含在内。因此，这类业务虽有险种差异、相互独立，但内容多有交叉，经营上也有相通性。

5. 采用工期保险单或分阶段承保

建筑安装工程保险采用的是工期保险单，其保险责任期限是从工程动工之日起，到工程竣工验收合格止；科技工程保险则多是采取分阶段承保的办法。这与其他财产保险业务采用一年期定期保险单或一次性航程保险单有明显的差异。

二、建筑工程保险

（一）概念

建筑工程保险是指以各类民用、工业用和公用事业用的建筑工程项目为承保对象的工程保险，保险人承担着对被保险人在工程建筑过程中因自然灾害和意外事故引起的一切损失的经济赔偿责任。

由于在建筑工程项目中，与其存在经济利害关系的不止一方，因此，建筑工程保险亦不仅适用于工程所有人，还适用于其他有关各方。如施工单位（包括主承包人和分承包人）、工程技术监督单位（包括工程设计人、建筑师等），以及建筑工程的贷款银行或债权方，均可成为建筑工程保险中的被保险人。因此，建筑工程保险区别于其他保险的重要特点就是可以在一张保险单上对所有与保险项目有关的各方均给予所需的危险保障。由于建筑工程保险的被保险人不止一个，而且每个被保险人各有其权益和责任需要向保险人投保，为避免有关各方相互之间的追偿责任，大部分建筑工程保险单都加贴共保交叉责任条款，这一条款的基本内容就是各个被保险人之间发生的相互责任事故造成的损失，均可由保险人负责赔偿，不需要根据各自的责任相互追偿。

（二）建筑工程保险的承保项目

建筑工程的主体无疑是建筑项目本身，但建筑工程保险的承保范围却往往涉及与工程项目本身有关的财产物资和利益。因此，建筑工程保险可承保的项目包括下列各项：

(1) 建筑施工合同中规定的建筑工程，包括永久工程、临时工程以及工地上的物料。以大型旅馆建筑为例，承保项目包括建筑物主体、建筑物内装修设备、与建筑物配套的道路和桥梁、水电设施等，它们是建筑工程保险的主要承保项目。

(2) 建筑用的机器设备，包括施工用的各种机器如起重机、打桩机、铲车、推土机、汽车，各种设备如水泥搅拌设备、临时供水及供电设备、传送装置、脚手架等，均可投保。

(3) 工地上原有的财产物资，包括工程所有人或承包人在工地上的房屋建筑物及其他财产物资，由于施工过程中的意外而造成损失的危险，保险人亦可承保。

(4) 安装工程项目，即建筑工程项目中需要进行机器设备或其他设施安装的项目，如旅馆大楼内的电梯及发电、取暖、空调等机器设备的安装，亦存在安装危险，保险人可一并在建筑工程保险单项下予以承保。

(5) 损害赔偿责任，即建筑过程中因意外事故导致他人损害并依法应承担的损害赔偿责任，它虽然是责任保险中的承保对象，亦可作为建筑工程保险项目之一加以承保。

（三）责任范围与保险期限

建筑工程保险的保险责任可以分为物质部分的保险责任和第三者责任两大部分。其中物质部分的保险责任主要有保险单上列明的各种自然灾害和意外事故，如洪水、风暴、水灾、暴雨、地震、冰雹、雷电、火灾、爆炸等多项,同时还承保盗窃、工人或技术人员过失等人为风险,并可以在基本保险责任项下附加特别保险条款,以利于被保险人全面转嫁自己的风险。不过,对于错误设计引起的损失、费用或责任,置换、修理或矫正标的本身原材料缺陷或工艺不善所支付的费用,引起的机械或电器装置的损坏或建筑用机器、设备损坏,以及停工引起的损失等,保险人不负责任。对于被保险人所有或使用的车辆、船舶、飞机、摩托车等交通运输工具,亦需要另行投保相关运输工具保险。

与一般财产保险不同的是,建筑工程保险采用的是工期保险单,即保险责任的起讫通常以建筑工程的开工到竣工为期。

保险人承担的赔偿责任则根据受损项目分项处理,并适用于各项目的保险金额或赔偿限额。如保险损失为第三者引起,适用于权益转让原则,保险人可依法行使代位追偿权。

(四) 责任限额和保险费率

建筑工程保险的责任限额是指保险人承保的危险损失补偿限额,包括以建筑工程中财产物质为保险标的而确定的保险金额、以第三者责任危险为保险标的的赔偿限额和根据保险双方协商确定的免赔额。

在保险金额方面,按不同的承保项目分项确定。其中建筑工程本身一般以该工程的总造价为保险金额,包括设计费、材料设备费、施工费、运杂费、税款及保险费等项;考虑到施工期间多种因素的变化,如原材料价格的涨跌等,保险人一般让投保人根据计划价投保,待工程完毕后再按实际造价对保险金额予以调整;其他承保项目的保险金额则以投保标的的实际价值或重置价值为依据由保险双方协商确定。此外,因地震、洪水等特约灾害造成损失的,保险人一般还另行规定赔偿限额,按保险金额的一定比例(如80%)计算。

在赔偿限额方面,一般对第三者的财产损失和人身伤亡分项确定赔偿限额,并按每次事故、整个保险期间的危险情况确定累计赔偿限额。在免赔额方面,保险人一般根据工程本身的危险程度、工地上的自然地理条件、工期长短、保险金额的高低以及不同的承保项目等因素与被保险人协商确定。在建筑工程保险市场上,合同工程承保项目的免赔额一般为该工程项目保险金额的0.5%~2%;机器设备项目的免赔额一般为保险金额的5%左右;有的保险人对地震、洪水等造成的损失还要规定单独的免赔额。

建筑工程保险的保险费率通常要综合考虑保险责任的大小、保险标的本身的危险程度、承包人的技术水平和管理水平、承包人及工程其他关系方的资信情况、保险金额与赔偿限额及免赔额的高低等因素。在综合考虑上述因素的基础上,结合以往承保同类业务的赔付情况,保险人就可以制定出比较合理的费率标准。值得指出的是,由于保险金额要在工程完毕后才能真正确定,保险费的计收亦应在订立合同时预收,期满时多退少补。

三、安装工程保险

(一) 概念及特点

安装工程保险是指以各种大型机器设备的安装工程项目为承保对象的工程保险,保险人承担着对被保险人在机器设备安装过程中及试车考核期间的一切意外损失的经济赔偿责任。如各种工厂的机器设备、储油罐、钢结构工程、起重机、吊车等的安装,均可投保安装工程保险。

安装工程保险的特点主要体现在以下三个方面:

(1) 以安装项目为主要承保对象,各种大型机器设备则是基本的保险标的。

(2) 承保的危险主要是人为危险。在安装工程施工过程中,机器设备本身的质量如何,安装者的技术状况如何、责任心如何,安装中的电、水、气供应,以及施工设备、施工方式方法等,均是导致危险发生的主要因素。因此,安装工程虽然也面临着自然危险,保险人也承保着多项自然危险,但与人的因素有关的危险却是该险种中的主要危险。

(3) 安装工程在试车、考核和保证阶段危险最大。在安装工程保险中,危险并非平均分布,而是集中在最后阶段,即机器设备只要未正式运转,许多危险就不易发生。虽然危险事故的发生与整个安装过程有关,但只有到安装完毕后的试车、考核和保证阶段,各种问题及施工中的缺陷才会充分暴露出来。因此,安装工程事故也大多发生在安装完毕后的试车、考核和保证阶段,这是承保人应充分注意的。

(二) 基本内容

安装工程保险的承保实务与建筑工程保险有相通之处,但在承保项目等方面仍然有自己独特的内容。安装工程保险的承保项目主要是指安装的机器设备及其安装费,凡属安装工程合同内要安装的机器、设备、装置、物料、基础工程(如地基、基座等),以及为安装工程所需的各种临时设施(如临时供水、供电、通信设备等)均包括在内。此外,为完成安装工程而使用的机器、设备等,为工程服务的土木建筑工程,以及工地上的其他财产物、保险事故后的场地清理费等均可作为附加项目予以承保。

安装工程保险的第三者责任保险与建筑工程保险的第三者责任保险相似,既可以作为基本保险责任,亦可作为附加或扩展保险责任。

四、科技工程保险

科技工程保险与建筑工程和安装工程保险有许多相似之处,但这类保险业务更具专业技术性和科技开拓的危险性,且与现代科学技术的研究和应用有直接关系。因此,它又不能被一般建筑工程和安装工程保险所包容。

由于科技工程中具有特别的危险,加之深受多种因素的影响与制约,无论人们采取多么严密的防范措施,都不可能完全避免科技工程事故的发生,一旦发生灾祸,其损失往往以数亿元计乃至以数百亿元计,进而波及政局与社会的稳定。因此,世界各国尤其是发达国家的科技工程无一不以保险作为转嫁危险损失的工具和后盾。

在财产保险市场上,保险人承保的科技工程保险业务主要有海洋石油开发保险、航天工程保险、核能工程保险等,其共同特点就是高额投资、价值昂贵,且分阶段进行,保险人既可按工程的不同阶段承保,又可连续承保,与建筑工程和安装工程保险有许多相似之处。

本 章 小 结

财产保险是以各种财产物质及相关利益、责任、信用为保险标的的广义的财产保险。仅以各种财产物质及相关利益为保险标的的为狭义的财产保险。本章介绍的是狭义的财产保险。财产保险的特征有:保险标的具有广泛性、业务性质具有补偿性、经营内容具有复杂性、投保人的保险利益存在特殊性等。企业财产保险是承保企业、事业单位、机关、团体的固定资产、流动资产及与其企业经济利益相关的财产,因火灾及其他自然灾害、意外事故而遭受直接损失的财产损失保险。家庭财产保险是以居民的家庭财产为保险对象的保险,其保险标的是坐落或存放在保单所载明地址的自有居住房屋,室内装修、装饰及附属设施,室内家庭财产。机动车辆保险是以机动车辆本身及第三者责任为标的的一种运输工具保险,其保险对象主要是拥有各种机动交通工具的工商企业、法人团体和居民个人,保险标的为各类汽车、摩托车、拖拉机和特种车辆。机动车辆保险的主要特点有:采用不定值保险、赔偿中采用绝对免赔额、赔偿方式主要是修复、采用无赔款优待、第三者责任保险一般采用强制保险的方式。货物运输保险是以运输中的各种货物为保险标的,承保货物在运输过程中遭受可保风险导致损失的保险。工程保险是指以各种在建工程项目为主要承保标的的财产保险。

主要专业术语的中英文对照表

中文术语	对应英语	中文术语	对应英语
1. 财产保险	property insurance	8. 货物运输保险	cargo transportation insurance
2. 保险标的	insurance subject	9. 工程保险	engineering insurance
3. 第三者责任险	third-party liability insurance	10. 安装工程保险	erection insurance
4. 企业财产保险	property insurance for enterprises	11. 建筑工程保险	insurance of construction project
5. 利润损失保险	loss of profits insurance	12. 科技工程保险	science technology insurance
6. 家庭财产保险	property insurance for home	13. 海洋货物运输保险	marine cargo transportation insurance
7. 机动车辆保险	motor insurance	14. 附加险	additional risks

本章知识、技能训练与思考题

一、名词解释

1. 财产保险　　　　　　　　　　2. 企业财产保险
3. 家庭财产保险　　　　　　　　4. 机动车辆保险
5. 货物运输保险　　　　　　　　6. 工程保险
7. 机动车辆第三者责任险

二、单选题

1. 以各种财产物质及相关利益、责任、信用为保险标的的为(　　)。
   A. 广义的财产保险　　　　　　B. 狭义的财产保险
   C. 人身保险　　　　　　　　　D. 健康保险

2. 我国城市商业保险业务中财产保险第一大险种是( )。
   A. 企业财产保险　　　　　　　　B. 家庭财产保险
   C. 机动车辆保险　　　　　　　　D. 货物运输保险
3. 目前我国实行的强制保险的险种是( )。
   A. 远洋船舶保险　　　　　　　　B. 家庭财产保险
   C. 交强险　　　　　　　　　　　D. 建筑工程保险
4. 机动车辆损失保险的保险责任包括( )原因导致的被保险机动车的损失和费用。
   A. 地震及其次生灾害　　　　　　B. 雷击
   C. 战争　　　　　　　　　　　　D. 军事冲突
5. 商业保险中被保险机动车的下列损失和费用,保险人负责赔偿( )。
   A. 自然磨损
   B. 被保险人或驾驶人的故意行为造成的损失
   C. 应当由机动车交通事故责任强制保险赔偿的金额
   D. 发生保险事故时,被保险人为防止或者减少被保险机动车的损失所支付的必要的、合理的不超过保险金额的施救费用

三、多选题

1. 属于企业财产保险中特约可保财产的是( )。
   A. 房屋建筑物　　B. 钻石　　　　C. 首饰　　　　D. 桥梁
2. 列入企业财产综合保险的责任范围的有( )。
   A. 暴雨　　　　　B. 洪水　　　　C. 台风　　　　D. 龙卷风
3. 企业财产保险的费率分为( )。
   A. 工业险费率　　B. 仓储险费率　C. 普通险费率　D. 特别险费率
4. 下列属于家庭财产保险不予承保的财产有( )。
   A. 彩电　　　　　B. 钻石　　　　C. 首饰　　　　D. 冰箱
5. 机动车辆保险的主险包括( )。
   A. 车辆损失险　　　　　　　　　B. 全车盗抢险
   C. 第三者责任险　　　　　　　　D. 自燃损失险
6. 机动车辆损失险按责免赔中,下列表述正确的有( )。
   A. 事故全部责任的(包括单方事故)免赔20%
   B. 负事故主要责任的免赔15%
   C. 负事故同等责任的免赔10%
   D. 负事故次要责任的免赔5%
7. 海洋运输货物保险基本险的险别有( )。
   A. 平安险　　　　B. 水渍险　　　C. 一切险　　　D. 战争险

四、解答题

1. 财产保险的特征有哪些?
2. 机动车辆保险的主要特点有哪些?

3. 机动车辆保险的附加险有哪些？
4. 货物运输保险有哪些特点？
5. 工程保险的特点是什么？

五、计算题

1. 某用品厂在 2013 年 8 月 26 日投保企业财产综合险，其中固定资产中厂房、机器设备均按原值投保，保额分别为 400 万、200 万元，流动资产保额为 150 万元。保险期限 1 年。2014 年 7 月 25 日，由于雷击引发电线走火发生火灾，损失惨重。经保险人查勘认定，该厂房屋被烧损失 80 万元，残值 10 000 元，机器设备损失 50 万元，残值 5 000 元，此时被烧房屋重置价值 500 万元，机器设备的重置价值为 300 万元。流动资产损失 30 万元，用于流动资产的施救费用 10 000 元。此时账面流动资产余额为 200 万元。试计算保险公司的赔款。

2. 张某于 2012 年 5 月将自家房屋及附属设备、房屋装修、室内财产投保了家庭财产保险。其中房屋及附属设备保额 10 万元，室内装修 2 万元，室内财产 3 万元，未分项列明。保险期限 1 年。2013 年 3 月 5 日，张某家发生火灾，经核定，损失如下：房屋修缮费用 5 000 元，室内装修 2 000 元，室内财产 6 000 元，残值 100 元。此时，经估价王某的房屋保险价值 8 万元，装修为 4 万元，室内财产 7 万元。保险公司应赔偿多少？

六、实践技能训练

项目内容：调查机动车辆保险。

实训目的：了解现实中有哪些车辆保险险种，熟悉车辆保险条款，掌握车辆保险业基本流程。

> 拓展案例及分析

电镀企业失火　保险赔付 1.15 亿元

【案情介绍】

被保险人是一家大型台资 PCB（电路板印刷）生产企业，由深圳人保财险承保财产一切险。2012 年 5 月 11 日，被保险人员工发现电镀车间电镀槽起火并立即组织人员扑救，约 5 分钟后火势失控，厂内广播通知所有人员撤离，约 15 分钟后，当地消防部 20 余辆消防车赶到现场救火，4 小时后明火得到控制，但厂房内呈现闷烧迹象，第二日下午消防部门凿开厂房外墙进行扑救，车房内再度出现明火并窜至楼顶，直至第三日上午 7 时左右彻底扑灭，火灾持续 40 多个小时。本次事故涉及受损财产约人民币 4.5 亿元，被保险人索赔金额人民币 2 亿元。

【处理结果】

深圳人保财险接到客户报案后，立即联系被保险人了解事故经过及损失情况，并安排理赔人员前往事故现场。

到达现场后，保险公司指引被保险人与当地消防部门沟通，全力缩小现场封锁区域，未封锁区域立即着手准备施救工作。

由于现场大量未过火设备遭到烟雾、消防水等产生的酸雾酸液污染腐蚀，状态趋于恶化,鉴于此情况,为避免损失进一步扩大,深圳人保财险立即向被保险人说明专业施救工作的必要性,并与被保险人共同确认和聘请专业清洁公司进场开展清洁施救工作。同时聘请公估机构进场勘查检验,理赔工作人员驻场协调指挥。

为客观、公正评估受损设备、建筑物等项目的损失程度及恢复成本,深圳人保财险聘请业内专家和机构介入相关项目的检测、报价、议价以及实验性修复环节。

案件处理过程中,为缓解被保险人资金困难,深圳人保财险就可核实项目预付了部分赔款。

根据相关专家和机构的专业意见,深圳人保财险与被保险人进行充分沟通,协助被保险人与设备原厂商及维保单位就修复方案和价格进行谈判。于2013年2月达成1.15亿元的最终赔付协议。

资料来源:翟建华,《保险学概论(第四版)》,东北财经大学出版社,2016年,第135—136页。

第六章

责任保险和信用保证保险

学习目标
- 了解：责任保险事故成立的条件。
- 理解：责任保险的侵权责任与违约责任；责任保险的承保基础；责任保险的主要险种；信用保险和责任保险的特点；信用保险的主要险种；责任保险的主要险种。
- 掌握：责任保险的概念；责任保险的特点；信用保证保险的概念；责任保险的概念。
- 能力：根据实际情况和需要，能够为个人、家庭、单位选择相应的责任保险和信用保证保险。

第一节 责任保险

阅读资料

酒店爆炸案

某日，赵某请孙某和刘某到一家酒店喝酒。席间，赵某声称去卫生间，离席。2分钟后，孙某和刘某在巨大爆炸声中倒地，刘某当场死亡，孙某被赵某送医院抢救后脱险，共花去医药费约4.5万元。后经某法医鉴定中心鉴定，孙某属8级伤残。经公安部门破案查明，赵某事先将一枚炸弹放在酒桌下，并引爆炸弹。赵某被判处死刑。孙某家人向酒店提起索赔诉讼。法院认为，酒店和孙某均无过错，按照民法中的公平原则，判决酒店一次性补偿孙某7.4万元的损失，本案的受理费由酒店承担。双方服判。随后，酒店凭财产保险单据、法院判决书等单证向保险公司索赔。在这之前，酒店曾向保险公司投保了公众责任险，保险金额50万元。保险公司同意支付保险赔款。

资料来源：李国义，《保险概论（第二版）》，高等教育出版社，2001年，第176页。

阅读完该案例，大家一定会思考：什么是公众责任保险？保险公司为什么会同意支付保险赔款？下面我们来一起认识责任保险。

一、责任保险概述

(一) 概念

责任保险作为一种独立的保险业务，始于19世纪的欧美国家，20世纪70年代以后在工业化国家获得迅速发展。责任保险的产生与发展壮大，被西方国家保险界称为整个保险业发展的第三阶段，也是最后阶段。由此可见，责任保险在保险业中的地位很高，它既是法律制度走向完善的结果，同时又是保险业直接介入社会发展进步的具体表现。

责任保险是指以被保险人依法对第三者应承担的民事损害赔偿责任作为保险标的的保险。从广义上说，责任保险是一种财产保险。从承保环节看，该保险要遵循财产保险的保险利益原则；从赔偿环节看，要遵循财产保险的损失补偿原则。

在社会经济活动或日常生活中，企业、团体和个人由于疏忽、过失等行为可能造成他人的财产损失或人身伤害，因此要对受害人承担相应的民事损害赔偿责任。当被保险人投保了责任保险后，这种责任可由保险人承担。

(二) 责任保险承保的侵权责任与违约责任

1. 责任保险承保的侵权责任

责任保险承保的侵权责任包括过错责任和无过错责任。但是，对于过错责任，保险人从责任保险经营的风险控制出发，只承保其中的过失行为，对于故意行为则列为责任免除的范围。

2. 责任保险承保的违约责任

由于违约责任具有很多主观因素，责任保险通常对于违约责任采取特约承保的方式。责任保险特约承保的违约责任包括直接责任和间接责任。直接责任是指合同一方违反规定的义务造成另一方的损害所应承担的赔偿责任；间接责任是指合同一方根据合同规定对另一方造成他人的损害事实应承担的赔偿责任。

(三) 责任保险保险事故成立的条件

责任保险的保险事故是指保险合同中列明的被保险人由于侵权或违约对于第三者造成的损失事实应承担的民事损害赔偿责任。所以，责任保险保险事故的成立必须具备如下条件：

(1) 损害事实或违约事实的存在。

(2) 受害人（第三者）向致害人（被保险人）提出索赔要求。

上述两个条件必须同时具备，责任保险的保险事故才能成立。

二、责任保险的特点

责任保险虽然是一种财产保险，但作为一种独特的保险业务，它在产生与发展的基础、补偿对象、承保标的、赔偿处理等方面有着自己明显的特征。

1. 以无形的民事责任为保险标的

责任保险的承保标的是被保险人在法律上应负的民事损害赔偿责任，是无形的。民事责任是指公民或法人因不履行自己的民事义务或侵犯他人的民事权利而按照民法的规定所承担的法律责任。

民事责任主要是财产责任,也有极少数的非财产责任。根据我国《民法通则》的规定,民事责任一般有三种:一种是违反合同的民事责任,又称违约责任;一种是侵权的民事责任,又称侵权责任;还有一种是既不属于违约责任也不属于侵权责任的其他民事责任,就叫其他违反民事义务的责任。并非所有的民事责任保险都承保。责任保险承保的民事责任主要涉及侵权责任和违约责任两种。在侵权责任中,责任保险只承保过错侵权责任和无过错侵权责任。前者是指被保险人因过失行为侵害他人财产或人身并造成损害而依法应承担的侵权责任,后者则是指被保险人没有过错行为但根据法律规定仍需要对他人受到的损害承担的侵权责任。至于违约责任,责任保险一般不承保,因为大多数违约责任当事人是能够控制的,只有当事人不能直接控制的违约责任,如雇主责任、承运人责任等,经过特别约定,保险人才给予承保。责任保险特约承保的违约责任包括直接责任和间接责任,前者是指被保险人作为合同一方违反合同义务给另一方造成损害应承担的违约责任,后者则是指被保险人作为合同一方根据合同的规定对另一方给第三者造成的损害应承担的违约责任。

2. 具有双重的补偿对象

在一般财产保险的经营实践中,保险人的补偿对象都是被保险人,其赔款完全归被保险人所有,不涉及第三者。而各种责任保险不同,其直接补偿对象虽然也是被保险人,但被保险人无损失则保险人无须补偿;被保险人的利益损失表现为因被保险人的行为导致第三方的利益损失,这里被保险人称为致害人,而受损的第三者称为受害人。受害人的利益损失客观存在并依法应由致害人负责赔偿时就会产生致害人的利益损失。因此,责任保险中保险人的赔款是支付给被保险人,但实质上是对被保险人之外的受害方即第三者的补偿。因而,责任保险是直接保障被保险人利益,间接保障受害人利益的一种双重保障机制。

3. 以赔偿限额取代了保险金额

责任保险承保的是被保险人对不确定的第三者依法所承担的经济赔偿责任,而且这一经济赔偿责任同样具有不确定性。责任保险在事先难以明确第三者及对其承担的责任的情况下无法在合同中确定保险金额。为了限制保险人承担赔偿责任的额度,责任保险通过规定赔偿限额来取代保险金额,以赔偿限额作为保险承担赔偿责任的最高限度及计算保险费的依据。当被保险人因保险事故发生而要承担对第三者的赔偿责任时,被保险人应当根据法院的判决或有关部门的裁定,或者在保险人的同意下与受害人商定赔款数额,保险人则在合同规定的赔偿限额内向受害人支付这笔赔款;超过赔偿限额的部分,由被保险人自行承担。

三、责任保险的承保基础

保险人一般采用两种承保基础来确定责任事故有效期:一种是期内发生式,另一种是期内索赔式。

1. 期内发生式

期内发生式以责任事故发生的时间为承保基础。具体地说,就是保险人只对在保险有效期内发生的责任事故引起的索赔负责赔偿,而不管受害人是什么时候向被保险人提出索赔。它强调的是,只要责任事故发生在保险有效期内,受害人是在保险有效期内提出索赔也好,是在保险有效期已经结束以后索赔也好,保险人均给予赔偿。

采用期内发生式承保,实际上是延长了保险人承担的保险责任期限。这种承保基础的优点是保险人支付的赔款与他在保险期限内实际承担的风险责任相适应;缺点则在于保险人在该保险单项下的赔偿责任经常要拖很长时间才能确定。在国外,也常称其为"长尾巴保险"。

2. 期内索赔式

期内索赔式以受害人向被保险人提出索赔的时间为承保基础。具体地说,就是保险人只对在保险有效期内受害人向被保险人提出的索赔负责赔偿,而不管导致该索赔的事故是否发生在保险有效期内。它强调的是,只要受害人是在保险有效内向被保险人提出索赔,不管责任事故是发生在保险有效期内,还是发生在保险有效期尚未开始之前,保险人均给予负责。

采用期内索赔式承保,实际上将保险人承担的保险责任时间往前移了。这种承保基础的优点是保险人能了解受害人向被保险人提出索赔的情况,对应承担的风险责任能够作出比较切合实际的估测,确切把握自己在保险单项下应支付的赔款;缺点则是保险承担的风险责任较大,但可以通过在保险单规定责任追溯日期来控制自己前移的风险责任,也就是说,保险人仅对从该追溯日期开始至保险有效期满这段时间内所发生的责任事故并在保险有效期内提出的索赔负责。

四、责任保险的主要险种

根据业务内容分类,责任保险主要可以分为公众责任保险、产品责任保险、雇主责任保险和职业责任保险。这是责任保险最主要的分类方式。

(一) 公众责任保险

1. 公众责任保险的概念

公众责任保险又称普通责任保险或综合责任保险,是承保法人、团体和家庭、个人在固定场所进行生产、经营或其他活动时,因发生意外事故而造成的他人人身伤亡或财产损失,依法应由被保险人承担的经济赔偿责任。公众责任风险是普遍存在的,如商场、宾馆、影剧院、体育馆、公园、游览观光地等各种公共场所,都可能发生意外事故,造成公众的人身伤亡或财产损失。因此,分散和转移公众责任风险,是公众责任保险产生和发展的基础。公众责任保险的适用范围非常广泛,其业务复杂、险种众多。投保人可就工厂、办公楼、旅馆、住宅、商店、医院、学校、影剧院、展览馆等各种公众活动的场所投保公众责任保险。

2. 公众责任保险的经营实务

首先,保险人通过保险单和保险代理人等途径了解保险客户的有关情况,同时进行实地调查。调查内容为保险客户所处的地点及周围环境状况、投保人的业务性质、投保人的管理水平及人员结构、安全管理、以往公众责任事故的记录等情况,作为评估保险客户的公众责任风险的依据。其次,与投保人协商,根据对业务的总体风险评估,为被保险人提供或设计公众责任保险的方案,并设定附加条款,据此确定最终费率,签发保险单。在承保公众责任保险业务时,需要明确保险人的经营场所和业务性质、保险区域范围、赔偿限额与免赔额的确定方式及其具体标准、保险费率与保险费的计算、交纳方式、被保险人全称及地址。

公众责任保险的主要险种有综合公共责任保险、场所责任保险、承包人责任保险、承运人责任保险、电梯责任保险和个人责任保险。

> **阅读资料**
>
> **80岁老太太在小区楼梯摔成骨折，保险公司是否理赔**
>
> 　　某物业公司给旗下所有小区都投保了公众责任险，一年保险费共计2万余元。当年夏天的某日晚九点，该物业公司管理的一个小区中，一位80多岁的老太太在小区楼梯上摔了一跤，造成股骨颈骨折，经及时治疗，共花去医疗费用等7.5万元。事后，老太太提出，要物业赔付全部损失7.5万元。
>
> 　　该物业公司向投保的保险公司提出赔付请求，保险公司接到理赔请求后进行了现场查看，发现国家规定每级楼梯高度应为17~18厘米，而这个小区每级楼梯高度超出国家规定范围3厘米以上。此外，由于事件发生在晚上，附近的路灯坏了，物业没有及时修缮，再加上物业未摆放提示性标语，才导致老太太摔成骨折。
>
> 　　资料来源：孙阿凡、张建深、王臣，《保险学案例分析》，中国社会科学出版社，2013年。

(二) 产品责任保险

产品责任保险是以产品生产者和销售者等的产品责任为承保风险的责任保险。产品的生产者或销售者等向保险人投保产品责任保险，缴付一定的保险费后，将这种赔偿风险转嫁给保险人，一旦因产品责任给消费者或其他人造成人身伤害或财产损失，依法应由该生产者或销售者等负责时，由保险人给予赔偿。产品制造者、销售者、修理者等一切可能对产品责任事故造成的损害负有赔偿责任的人，均可作为投保人或被保险人。

产品责任保险主要承保两项保险责任：① 保险有效期内被保险人生产、销售的产品或商品在承保区域内发生事故，造成用户、消费者或其他任何人的人身伤害（包括疾病、伤残和死亡）或财产损失，依法应由被保险人负责赔偿时，保险人在保单规定的赔偿限额内予以赔偿；② 有关法律费用。被保险人为产品责任所支付的诉讼、抗辩费用及其他经保险人事先同意支付的费用，保险人也予以赔付。

产品责任保险通常规定每次事故的赔偿限额和保险期内累计赔偿限额两项。每项赔偿限额又可分为人身伤害和财产损失两项，当因产品事故同时造成消费者人身伤害和财产损失时，保险人按各自的限额处理赔偿。

(三) 雇主责任保险

雇主责任保险是以雇主的雇员在受雇期间从事业务时因遭受意外，导致伤、残、死亡，或者患有与职业有关的职业性疾病，而依法或根据雇佣合同应由雇主承担的经济赔偿责任为承保风险的责任保险。雇主对雇员的责任包括雇主故意行为、过失行为甚至无过失行为所致雇员的人身伤害赔偿责任。但雇主的故意行为不属于雇主责任保险的承保范围。

雇主责任保险的业务特点包括：① 保险费率的确定依据是雇员所从事工作的风险。对于同一行业基本实行统一费率。扩展责任还应另行计算收取附加责任的保险费。基本保险费加附加保险费构成总保险费用。② 雇主责任保险的赔偿限额通常规定为雇员的若干月的工资收入。每一个雇员由于相应的工资水平不同，因此每个雇员只适用于自己的赔偿限额。③ 保险责任事故由第三人造成的，保险人在赔偿后可以取得代位追偿权。

(四) 职业责任保险

职业责任保险是指承保各种专业技术人员由于在从事职业技术工作时的疏忽或过失，造成合同对方或他人的人身伤害或财产损失的经济赔偿责任的保险。

现代社会，职业的要求越来越高，相应的职业风险越来越大。医生、会计师、律师、设计师、经纪人、代理人、工程师等技术工作者均存在职业责任风险，需要通过投保职业责任保险来转嫁其风险。

职业责任保险的业务特点：

第一，承保方式。主要有以索赔为基础的承保方式和以事故发生为基础的承保方式两种。保险人在经营职业责任保险时，应根据各种职业责任保险的不同特征并结合被保险人的要求来选择承保方式。

第二，保险人通常只接受提供职业技术服务的团体投保，并且双方在最大诚信的基础上合理确定承保方式、赔偿限额、免赔额、保险追溯日期或后延日期等事项。

第三，费率参考的依据。投保人的职业种类；投保人的工作场所；投保人工作单位的性质；该笔投保业务的数量；被保险人和其雇员的专业技术水平与工作责任心；赔偿限额、免赔额和其他承保条件；被保险人的执业记录等。

职业责任保险的主要险种有：医疗责任保险、律师责任保险、建筑工程设计责任保险、会计师责任保险、美容师责任保险、保险经纪人和保险代理人责任保险等多种职业责任保险。

> **阅读资料**
>
> **职业责任保险制度为注会执业保驾护航**
>
> 2015年6月30日，财政部、保监会联合发布了《会计师事务所职业责任保险暂行办法》，于2015年7月1日起实施。
>
> 对此，财政部会计司、保监会财产保险监管部有关负责人表示，如今，会计师事务所的审计质量越来越受关注，合伙制也日益成为事务所的主体形式，职业责任风险加速显化，职业责任约束空前强化，建立完善的职业责任保险制度是潮流所向。
>
> 据了解，在我国法规制度体系和注册会计师行业实践中，会计师事务所职业责任保险（简称"职业责任保险"）和会计师事务所职业风险基金（简称"职业风险基金"）作为事务所抵御职业风险的两种模式，一直并行。
>
> 不过，在过去较长一段时间内，限于各方面的历史条件，我国注会行业主要实行以职业风险基金为主的风险抵御模式。这一模式与有限责任公司制会计师事务所占主体、职业风险尚未完全显化的历史状况相契合，并发挥了积极作用，但也暴露出职业风险基金易被挪用、易引发分配争议、资金占用成本高、无法放大保障效应等明显缺陷，在一定程度上制约了注会行业的健康、规范、稳定发展。
>
> 因此，我国一直在积极探索和推动会计师事务所职业责任保险模式。2000年，深圳市保险机构开出了我国第一份注册会计师职业责任保险保单。经过十余年的探索和发展，除"四大"中国成员所历来实行职业责任保险外，目前我国已有约500家会计师事务所选择投保职业责任保险，取得了较好成效。
>
> 2014年，国务院发布《关于加快发展现代保险服务业的若干意见》，其中明确提出，

要"发挥保险对咨询、法律、会计、评估、审计等产业的辐射作用","强化政府引导、市场运作、立法保障的责任保险发展模式"。

"必须看到,随着我国市场经济体制与专业保险制度的不断完善以及资本市场的快速发展,会计师事务所的审计质量与资本市场的信息披露质量越来越紧密关联,越来越广受关注;加之合伙制日益成为会计师事务所的主体形式,职业责任风险加速显化,职业责任约束空前强化,由职业风险基金制度向职业责任保险制度转换已是大势所趋。"有关负责人表示。

资料来源:沈漠,"职业责任保险制度为注会执业保驾护航",《财会信报》,2015年7月6日。

第二节 信用保证保险

一、信用保险

阅读资料

信用保险的发展

1850年,法国一些保险公司开始经营商业信用保险业务,但不久失败。1893年成立的专门经营商业信用保险的美国信用保险公司却获得了成功。1893年,全英地方受托资产公司开始承保澳大利亚的贸易风险。1911年,英国海上事故保险公司办理了顾客定期信托保险。1919年,英国政府专门成立了出口信用担保局,创立了一套完整的信用保险制度。1934年,英国、法国、意大利和西班牙的私营和国营信用保险机构成立了"国际信用和投资保险人联合会",简称"伯尔尼联盟",其目的是交流出口信用保险承保技术、支付情况和信息,并在追偿方面开展国际合作。这标志着出口信用保险已为世界所公认。至今,在世界许多国家均形成了完善的信用保险制度和固定的信用保险机构。

中国内地的信用保险业务始于20世纪80年代初期。1983年,原中国人民保险公司上海市分公司对一笔出口船舶买方信贷试办了中国第一笔中、长期出口信用保险业务。1986年初,该公司又开始试办短期出口信用保险业务。1988年,国务院正式决定由中国人民保险公司试办出口信用保险业务,并在该公司设立了信用保险部。1995年,中国平安保险公司在国内率先开办了赊销信用保险业务。

资料来源:李国义,《保险概论(第二版)》,高等教育出版社,2001年,第178—179页。

信用是指以偿还和付息为条件的价值单方面让渡。信用市场是为金融市场服务的从属市场,是评价信用水平、区分信用差别和提升信用等级的专门性的市场。随着市场经济的发展,金融市场的作用也越来越大。信用作为金融市场产生和发展的根本,其风险的转移已成为一个不能回避的问题,信用保险正是在此环境下孕育而生的。信用保险的技术含量高,成为保险公司在激烈的市场竞争中体现服务水平的重要手段。可以预见,随着中国金融市场的发展完善,信用保险是各个保险公司必争的一类重要业务。

(一) 信用保险的概念和特点

1. 信用保险的概念

信用保险是指权利人向保险人投保的义务人信用的保险。为了方便大家理解,现以最简单的借贷信用关系来解释信用保险。权利人可以理解为债权人即借出钱的人,义务人就是债务人即借入钱的人,债权人对债务人的信用有怀疑,怕到期债务人不还钱,那么他可以找到保险人对债务人到期有可能不还钱的风险向保险人投保。保险人接不接受投保就要看其对债务人的相关信用水平进行考察的结果。保险人在决定承保后,如果债务到期债务人不履行还款责任,则保险人有义务赔偿债权人由此带来的损失,然后保险人从债权人处取得代位求偿权。

2. 信用保险的特点

信用保险作为财产保险的一大类别,和其他财产保险相比有自己的特点:

(1) 一般财产保险承担的风险是由于自然灾害和意外事故造成损失的风险,保险人通常关心的不是被保险人的资信状况,而是保险标的的风险情况;信用保险承保的是一种信用风险,保险人在承保前会对义务人的资信状况进行严格调查,以决定是否承保。

(2) 保险费厘定方面,一般财产保险考察的基础是投保财产历史损失发生概率;信用保险考察的基础是义务人的资信状况。

(3) 财产保障范围方面,一般财产保险保障范围为保险标的价值和保险金额;信用保险为义务人预先设定的责任限额内的损失。

(4) 追偿问题,一般财产保险不存在追偿问题;信用保险可以对义务人进行追偿来减少损失。

(5) 保险关系人方面,一般财产保险和信用保险都有保险人和投保人,而信用保险还有非保险关系的第三人——义务人。

(二) 信用保险的主要险种

1. 一般商业信用保险

一般商业信用保险,又叫国内信用保险。它是指在商业活动中,作为权利人的一方当事人要求保险人将另一方当事人作为被保证人,并承担由于被保证人的信用风险而使权利人遭受商业利益损失的保险。商业信用保险承保的标的是被保证人的商业信用,这种商业信用的实际内容通过列明的方式在保险合同中予以明确,其保险金额根据当事人之间的商业合同的标的价值来确定。如果被保证人发生保险事故,保险人首先向权利人履行赔偿责任,同时自动取得向被保证人进行代位求偿的权利。一般商业信用保险的主要险种有赊销信用保险、贷款信用保险、个人贷款信用保险。

2. 出口信用保险

出口信用保险是承保出口商在经营出口业务的过程中,因进口商方面的商业风险或进口国方面的政治风险而遭受经济损失的保险。由于这种保险业务承担的风险较大,而且难以使用统计方法测算损失概率,故一般保险公司不愿意经营,而往往由政府指定的机构承办。目前我国办理的出口信用保险有短期出口信用保险、中长期出口信用保险、特约出口信用保险三种。

3. 投资保险

投资保险又称政治风险保险,是为保障投资者利益而开办的一种保险。国际投资是国际资本输出的一种形式,对资本输出国来说,它能为剩余资本谋求出路,获取较高利润;对资本输入国来说,能通过利用外资解决国内资金不足问题,并借此引进技术,发展经济。但是,向国外投资,特别是私人直接投资,会面临各种风险。投资保险是为鼓励和保障海外投资开办的保险,主要承保被保险人(投资者)由于政治原因或签约双方不能控制的原因遭受的损失。

投资保险的责任范围有汇兑风险、征用风险、战争及类似行为风险。

投资保险是一种承保投资政治风险的信用保险。外国的投资保险,一般由投资商在本国投保,保障的是本国投资商在外国投资的风险,投资商是被保险人;而我国的投资保险则可由保险公司为外国的投资商保险,保障的是外国人在我国投资的风险,以配合国家引进外资的政策,从而亦带有保证保险的性质。

> **知识拓展**
>
> **信用保证保险求解小微企业融资难题**
>
> 日前,保监会会同工信部、商务部、人民银行、银监会五部门联合印发《大力发展信用保证保险服务和支持小微企业的指导意见》。该意见引导保险行业加快发展信用保证保险,运用保险特有的融资增信功能,支持实体经济发展,促进经济提质增效升级,对缓解小微企业融资难、融资贵问题具有重要意义。
>
> 近年来,中国保监会积极推动扶持小微企业发展,通过"保险+信贷"的方式实现保险的增信功能,化解小微企业融资难、融资贵问题。小微企业通过信用保证保险机制,特别是贷款保证保险,增强了自身的融资能力。
>
> 在贵州,保险业以提供出口信用保证保险、贷款保证保险以及传统险种风险保障为突破口,积极探索"政府+银行+保险"以及纯商业化运作等方式,帮助小微企业无抵押、无担保、低成本地获取银行贷款。截至2014年10月末,贵阳市已有189家小微企业通过购买贷款保证保险获得银行放贷3 835万元。
>
> 在贷款保证保险"政府+银行+保险"模式下,小微企业在享受政府50%的保费补贴后,实际按1.4%的保险费率投保,加上7.8%左右的银行借款利率,企业融资总成本约为9.2%;在商业保险模式下,小微企业根据风险评估情况按平均3%~5.4%的保险费率投保,加上银行借款利率,融资总成本在11.8%~13.2%。这两种模式与资金市场无抵押贷款普遍收取的20%~30%的年融资利率相比,企业融资负担平均降低41%以上。
>
> 由此可见,通过保险化解还贷风险,有效提升了银行业对小微企业的风险容忍度和放贷意愿,真正缓解了小微企业融资难、融资贵的问题。
>
> 资料来源:肖扬,"信用保证保险求解小微企业融资难题",《金融时报》,2015年1月28日。

二、保证保险

(一) 保证保险的概念和特点

1. 概念

保证保险是指被保证人(债务人)根据权利人(债权人)的要求,请求保险人担保自己信用的保险,当被保证人的作为或不作为致使权利人遭受经济损失时,保险人负经济赔偿责任。

2. 特点

（1）保证保险的当事人涉及三方。保证保险的当事人为保证人（保险人）、被保证人（义务人）、权利人（被保险人），而一般保险的当事人只有两个，即保险人与投保人（被保险人）。

（2）保证保险中的被保险人对保证人（保险人）给予权利人的补偿,有偿还的义务;而一般保险的被保险人并无任何返还责任。在保证保险中,由于保证事故的发生导致保证人对权利人的赔偿,保证人有权利向被保险人索赔,被保险人有义务返还;而在一般保险中,保险人对被保险人没有索赔权和追偿权,也不用提供担保。

（3）保证保险合同是保险人对另一方的债务偿付、违约或失误承担附属性责任的书面承诺。这种承诺是在保证保险合同所规定的履约条件已具备而被保证人不履行合同义务的条件下,保证人才履行赔偿责任。当发生保险事故且权利人遭受经济损失时,只有在被保证人不能赔偿损失时,才由保险人代为补偿。因此,从本质上来说,保证保险只是对权利人的担保。

（4）保险人必须严格审查被保证人的资信。保险人只有严格审查被保证人的财务、资信、声誉的好坏及以往履约记录等,才能代替被保证人向权利人承担法律责任。

（5）保险费实质上是一种手续费。保险公司在承保一般保险业务时,必须做好赔偿准备:一种风险能不能被保险,归根到底是看承担这种风险所收取的保险费是否足以抵补这种风险发生的赔款。而保证保险是一种担保业务,它基本上是建立在无赔款的基础之上,因此,保证保险收取的保险费实质上是一种手续费,是利用保险公司的名义提供担保的一种报酬。

（二）保证保险的险种

保证保险可以分两大类:一类是诚实保证保险,另一类是确实保证保险。确实保证保险业包括合同保证保险和产品保证保险。

1. 诚实保证保险

诚实保证保险又称忠诚保险、忠实保险、信任保险等,是指因雇员的不法行为,如抢夺、欺诈、侵占、伪造、挪用或私用公款、隐匿、卷逃等不诚实行为,致被保险人遭受金钱或财物损失时,由保险人负责赔偿的一种保证保险。

诚实保证保险实际上是一种品德或道德担保业务。投保时,雇主可投保全体雇员,也可以只投保特定雇员如前台主管、出纳、会计等人员。

目前实务上有关员工诚实保证保险多以任职于金融企业或政府机构或人民团体为对象,尤以任职于金融机构的较为常见。金融机构员工,特别是银行行员,每日所进行的商业行为往往涉及大笔金钱交易,是员工诚实保证保险需要重点关注的对象。

2. 合同保证保险

合同保证保险又称契约保证保险,是指因被保证人不履行合同义务而造成权利人经济损失时,由保险人代被保证人进行赔偿的一种保险。合同保证保险目前主要是用于建筑工程的承包合同。根据建筑工程的不同阶段划分,合同保证保险可以分为供应保证保险、投标保证保险、履约保证保险、预付款保证保险及维修保证保险。

合同保证保险根据工程承包合同内容来确定保险责任。合同保证保险承保被保证人因违约行为所造成的经济损失。合同保证保险的除外责任主要包括：一是因人力不可抗拒的自然灾害造成的权利人的损失；二是工程所有人提供的设备、材料不能如期运抵工地,延误工期而造成的损失。

3. 产品保证保险

产品保证保险亦称产品质量保险或产品信誉保险,它承保被保险人因制造或销售的产品丧失或不能达到合同规定的效能而应对买方承担的经济赔偿责任,即保险人对有缺陷产品的本身以及由此引起的有关间接损失和费用负赔偿责任。

产品质量保证保险的保险责任主要包括：一是使用者更换或修理有质量缺陷的产品所承受的损失和费用；二是使用者因产品质量不符合使用标准而丧失使用价值的损失和由此引起的额外费用；三是被保险人根据法院的判决或有关政府当局的命令,收回、更换或修理已投放市场的存有质量缺陷的产品所承受的损失和费用。

产品质量保证保险的除外责任包括：一是产品购买者故意行为或过失引起的损失；二是不按产品说明书安装、调试和使用引起的损失；三是产品在运输途中因外来原因造成的损失或费用。

阅读资料

雇员忠诚保证保险拒赔案

2008年初,广州某公司策划在某百货商场举办某产品专柜特卖活动月。该公司通过某人才市场的招聘,雇用了5人担任此次活动的推销员。

某天,该公司急需将价值5万多元人民币的货物从公司办事处运往商场。公司专用送货车辆均外出未归,负责这次活动的业务员便安排推销员A叫一辆出租车送货,同时联系商场派人在商场门口接货。后推销员及此笔货物失踪。

该公司立即向当地派出所报了案。公安部门对所有线索做了追查,但没有结果。该公司事后根据投保的雇员忠诚保证保险向保险公司提出了索赔申请。

保险公司向该公司的有关人员进行了调查取证,并根据保险单所列明的条款,要求被保险人提供对雇佣推销员A受雇前情况进行查询所获得的证明资料。但事实表明,该公司在雇佣A时未对其受雇前情况做必要的查询。由于被保险人在使用其雇员前,未通过必要的查询来防范其雇员在忠诚信用方面所潜在的风险,因此,保险公司依据保单条款对此案作出了拒赔的决定。

资料来源：刘永刚,《保险学案例分析》,中国财政经济出版社,2016年,第118页。

三、信用保险与保证保险的联系与区别

(一) 联系

1. 保险标的具有一致性

两者的标的都是信用风险,信用保险承保的是被保险人交易伙伴的信用风险,而保证业务承保的是被保险人本身的信用风险。

2. 经营基础具有一致性

两者在业务经营过程中都必须依靠信息奠定经营基础。在信用保险中,决定保险费率

的不是以往的损失概率和大数法则,而是有关被保险人交易伙伴的信用资料,如财务状况、经营现状、经营历史及所在国家的政治与经济环境等。在保证业务中,保证人是否受理担保申请,完全取决于对于被保险人的资信、财力及以往履约状况等信用资料的获得与核实。

(二) 区别

1. 概念不同

信用保险的合同当事人为权利人(被保险人),保证保险的合同当事人为被保证人;信用保险的履约前提条件是权利人(被保险人)遭受合同规定的损失,保证保险的履约前提条件是被保证人不能正常履约,权利人遭受合同规定的损失。

2. 性质不同

信用保险的性质属于保险,投保人付出的费用是一种保险费,是其将被保证人的信用风险转移给保险人所支付的金额;而保证保险的性质属于担保行为,被保证人所交付的费用是一种担保手续费,是被保证人使用保证公司的名义所付出的一种报酬。

3. 追偿方式不同

在信用保险中,保险人赔偿被保险人的损失后,只能获得代位向被保证人追偿的权利,不能向被保险人索赔或追偿;而在保证业务中,一旦发生保证人对于权利人的赔偿,保证人可以直接向被保证人或其提供的反担保人进行追偿。

4. 风险程度不同

在信用保险中,保险人承担的风险来自保险人和被保险人都不能控制的交易对方的信用风险,保险人实际承担的风险相对较大;而在保证业务中,保证人承担的风险来自被保证人自身的信用风险,但由于被保证人要提供反担保,保证人实际上承担的风险相对较小。

5. 职能不同

在买卖合同中,卖方向保险公司投保万一买方不付货款的风险,从而获得保险人同意承担风险的合同文件——保险单;反之,如果卖方应买方的要求向保险公司担保自己不履行合同的风险,获得的是保险人同意担保的证明文件——保证函。所以,保证业务与信用保险是不能相互代替的。

本 章 小 结

责任保险是指以被保险人依法对第三者应承担的民事损害赔偿责任作为保险标的的保险。责任保险承保的侵权责任包括过错责任和无过错责任。但是,对于过错责任,保险人只承保其中的过失行为,对于故意行为则列为责任免除的范围。责任保险承保的违约责任具有很多主观因素,责任保险通常对于违约责任采取特约承保的方式。从业务内容分类,责任保险主要可以分为公众责任保险、产品责任保险、雇主责任保险和职业责任保险。

信用保证保险是随着商业信用而产生的新兴业务,承保被保证人的信用风险,实质上是一种具有担保性质的保险业务。信用保险是权利人投保义务人的信用,对义务人不守信用给权利人造成的经济损失由保险人承担赔偿责任的保险;保证保险是被保证人根据权利人的要求,请求保险人担保自己信用的保险,两者在保险标的、承保基础上具有一致性,而在性质、追偿方式、风险程度、职能上有所不同。信用保险的主要险种包括一般商业信用保险、出口信用保险和投资保险。保证保险的主要险种包括合同保证保险、诚实保证保险和产品保证保险。

主要专业术语的中英文对照表

中文术语	对应英语	中文术语	对应英语
1. 责任保险	liability insurance	9. 雇主责任保险	employer's liability insurance
2. 信用保险	credit insurance	10. 职业责任保险	professional liability insurance
3. 保证保险	guarantee insurance	11. 一般商业信用保险	commercial credit insurance
4. 侵权责任	tort liability	12. 出口信用保险	export credit insurance
5. 违约责任	liability for breach of contract	13. 投资保险	investment insurance
6. 公众责任保险	public liability insurance	14. 诚实保证保险	fidelity bond insurance
7. 产品责任保险	product liability insurance	15. 合同保证保险	contract guarantee insurance
8. 产品保证保险	product assurance insurance	16. 民事责任	civil liability

本章知识、技能训练与思考题

一、名词解释

1. 责任保险
2. 民事责任
3. 期内发生式
4. 期内索赔式
5. 产品责任保险
6. 雇主责任保险
7. 职业责任保险
8. 公众责任保险
9. 信用保险
10. 一般商业信用保险
11. 出口信用保险
12. 投资保险
13. 保证保险
14. 诚实保证保险
15. 合同保证保险
16. 产品保证保险

二、单选题

1. 责任保险是一种以被保险人对第三者（　　）应承担的赔偿责任为保险标的的保险。
   A. 依合同　　　　B. 依法　　　　C. 依保险条款　　　　D. 协商
2. 期内发生式是指保险人负责赔偿（　　）。
   A. 在保单有效期间内由受害人向被保险人提出的索赔
   B. 在保单有效期间内由受害人向保险人提出的索赔

C. 在保单有效期间内发生的应由被保险人负责的损失

D. 在保单有效期间内发现的应由保险人负责的损失

3. 期内索赔式是指保险人负责赔偿（　　）。

A. 在保单有效期间内由受害人向被保险人提出的索赔

B. 在保单有效期间内由受害人向保险人提出的索赔

C. 在保单有效期间内发生的应由被保险人负责的损失

D. 在保单有效期间内发现的应由被保险人负责的损失

4. 某制药厂在2001年投保了产品责任保险，保险期限为一年，以"期内发生式"为基础承保。在保险期限内，一患者服用该厂2001年生产的药物，因其配制上的过失致使该患者身体受到了潜在的伤害。该患者在2004年发现并提出索赔，法院判定制药厂应承担相应的经济赔偿责任。保险人是否应承担赔偿责任？（　　）。

A. 否，因为索赔是在保险期满后提出的

B. 是，因为患者的损害是在保险期内发生的

C. 是，因为导致患者损害的被保险产品是在保险期限内生产的

D. 否，因为患者的损害是在保险期满后发现的

5. 雇主责任保险的（　　）。

A. 投保人和被保险人都是雇主

B. 投保人既可以是雇主又可以是雇员

C. 投保人是雇主，被保险人是雇员

D. 被保险人既可以是雇主又可以是雇员

6. 由权利人投保，保险人承担义务人信用风险的保险是（　　）。

A. 人身保险　　　B. 信用保险　　　C. 保证保险　　　D. 责任保险

7. 被保证人根据权利人的要求，向保险人投保，要求保险人担保自己信用的保险是（　　）。

A. 信用保险　　　　　　　　　　B. 保证保险

C. 机动车辆保险　　　　　　　　D. 家庭财产保险

8. 承保被保险人因投资引进国政局动荡或政府法令变动所引起的投资损失的保险称为（　　）。

A. 家庭财产保险　　　　　　　　B. 机动车辆保险

C. 投资保险　　　　　　　　　　D. 职业责任保险

三、多项选择题

1. 下列可以作为产品责任保险投保人的是（　　）。

A. 生产商　　　B. 出口商　　　C. 零售商　　　D. 修理商

2. 下列险种中属于职业责任保险的有（　　）。

A. 会计师职业责任保险　　　　　B. 医生职业责任保险

C. 保险代理人职业责任保险　　　D. 赔偿限额

3. 责任保险承保的民事责任主要包括（　　）。

A. 违约责任　　B. 侵权责任　　C. 行政责任　　D. 刑事责任

4. 下列属于责任保险的险种是（　　）。
   A. 产品责任保险　　　　　　　B. 雇主责任保险
   C. 职业责任保险　　　　　　　D. 产品质量保证保险
5. 投资保险承保的风险主要有（　　）。
   A. 战争风险　　B. 征用风险　　C. 外汇风险　　D. 自然风险
6. 诚实保证保险负责因雇员的下列风险中的（　　）而造成的雇主损失。
   A. 遭受意外伤害　　　　　　　B. 贪污
   C. 盗窃　　　　　　　　　　　D. 欺诈

四、解答题

1. 简述责任保险的特征。
2. 简述责任保险的承保方式。
3. 简述责任保险的种类。
4. 信用保险与保证保险有何联系与区别？
5. 简述保证保险的特征。

> 课外阅读资料

火灾公众责任保险缘何举步维艰

火灾是一种危害人民群众生命财产安全的多发性灾害。一些重特大火灾造成的人员群死群伤事件的善后工作，如果不能妥善解决，极易引发群体性事件，甚至影响社会稳定。

火灾公众责任保险可以为火灾事故造成的第三者人身伤害或财产损失提供补偿，保证补偿资金的及时性和充分性，是灾后补偿的最佳方式。早在1995年，我国公安部下发的《公共娱乐场所消防安全管理规定》中提出："重要企业、易燃易爆化学危险品场所和大型商场、宾馆、饭店、影剧院、歌舞厅等公共场所必须参加火灾保险和公众责任险。"2006年，随着《国务院关于保险业改革发展的若干意见》（简称"国十条"）的出台以及公安部和中国保监会联合发布的《关于积极推进火灾公众责任保险切实加强火灾防范和风险管理工作的通知》，全国大多数省市相继出台政策，建立火灾公众责任保险的试点地区开展推广工作，推动了火灾公众责任保险的发展。但是与整个行业的发展情况相比，与国外同业相比，我国火灾公众责任保险依然处在试点阶段并难以推行，发展缓慢。主要原因如下：

第一，火灾公众责任保险保费低，赔偿高，导致保险市场供给不足。火灾公众责任保险类似于巨灾保险，其发生概率低，但是一旦发生，损失较大。一般小型保险公司很可能会因此面临偿付能力危机，即使是大保险公司也会影响其自身经营。因此，在一些省市的试点过程中，如上海市、云南省、苏州市等地就选择采取共保体的模式，化解由单一保险公司承保的风险，这在应对大规模赔偿的风险上显然是比较有效的，但也产生了一些新的问题。

第二，公众风险意识、法律意识薄弱，导致保险市场有效需求不足。公共场所火灾公众责任保险的投保人和被保险人是事故责任方，真正的受益人是受害的第三方。因此事故责任方作为一个追求经济利益最大化的个体，如果缺乏严格的法律责任体系的约束，则对购买保险就缺乏兴趣。因为侵权行为付出的成本很小，事故责任方无须购买保险来转嫁风险，致使其投保动力不足,火灾公众责任保险市场缺乏有效需求。

第三,政府救济容易产生"慈善风险"。火灾事故发生后,由于大部分事故责任方未投保火灾公众责任保险,而事故责任方在火灾事故中往往遭受了一定的经济损失,无力承担善后工作和对死伤者给予相应的经济补偿。在这种情况下,为安抚受害公众的情绪,火灾事故的赔偿责任最后往往是由政府"兜底包揽"。一直以来,在历次社会重大事故中,政府始终承担"重大事故的救火队员"和"重大报失的最终埋单者"角色,于是人们形成了普遍的思维定式"万事靠政府"。但是这种由于政府救济产生的"慈善风险"在满足社会公平、维护社会稳定的同时,也在一定程度上限制了火灾公众责任保险的发展。

第四,缺乏合理的核保、核赔数据支持。据三井住友海上火灾保险公司的调研表明,我国责任保险所面临的最大问题是缺乏合理的核保、核赔基础,很多保险公司只能依赖于国外的统计数据,甚至仅仅是凭自身经验开发销售产品,并不能反映火灾风险的实际情况。

第七章

保险公司经营管理

学习目标

- 了解：保险公司经营管理的基本内容，保险公司经营的原则，保险费率的计算原则，条件。
- 理解：保险公司经营管理的特征，保险产品开发与费率厘定的方法。
- 掌握：保险销售的主要环节及渠道，保险核保、承保、理赔的主要内容及流程，保险防灾防损的方法与程序。
- 能力：作为保险从业人员在执业过程中能够恪守职业道德；根据投保对象选择合适的保险销售渠道；通过严格的核保、承保程序及防灾防损的方法与程序，化解保险公司经营风险。

第一节 保险公司经营管理概述

案例分析

【案情一】 一起骗保引发的思考

投保人（被保险人）赵某，女，自2010年4月至2012年在4家寿险公司投保人身保险，保险金额合计51万元，年缴费22 450元。赵某一家四口人，包括丈夫徐某、两个子女。投保单告知身体健康，受益人为胡某（投保时告知胡某与赵某为母女关系，但实际胡某与赵某无任何法律关系），收益份额100%，与投保人关系填写为母女。2012年9月赵某去世后，受益人胡某并未急于向4家寿险公司提出索赔，而是采取各个击破的策略，待合同生效2年后，分步骤将保险公司告上法庭。2012年12月通过某人民法院与某寿险公司调解，获赔8万元。2014年8月向某人民法院起诉某寿险公司，某人民法院根据2年不可抗辩条款判决保险公司支付12万元。其余两家保险公司的保单暂未申请理赔。

4家保险公司经过多方走访调查了解,发现本案存在以下疑点:

(1) 被保险人赵某实际未离婚,投保告知离婚,且指定受益人胡某与赵某无任何法律关系,投保时告知胡某与赵某为母女关系;走访发现赵某配偶徐某,两个孩子均健在,指定他人为保险受益人与常理不符。

(2) 投保时告知身体健康,但经过调查了解到2008年8月赵某因"橄榄体延髓综合征"在某医院住院治疗,且在走访村民时了解到赵某瘫痪在床十几年,投保时不实告知。

(3) 在短短的2年内赵某连续在多家保险公司投保,保险金额高达51万元,年缴保费22 450元,缴费期均较长。投保时隐瞒在其他保险公司投保经历,且投保人长期瘫痪在床,投保配偶徐某在团山镇义城物流园打工,投保人家庭年收入不足以支撑所缴保费。且通过赵某配偶徐某了解到该笔保险费由胡某的父亲支付。

(4) 赵某死亡后胡某仅仅是通过电话咨询理赔事宜而已,并未进行实质性主张,迟迟没到公司办理索赔事宜,也未提交任何书面资料和书面申请,故意拖延时间至逾不可抗辩期,造成保险公司丧失调查权力,明显钻法律空子。

本案是一起典型的保险诈骗案件,但法院却判决保险公司败诉,不得不引起业内人士的反思。试想,如果你是保险公司的业务员,在今后的工作中应如何规避类似的风险,不给不法犯罪分子任何可乘之机呢?

资料来源:刘永刚,《保险学案例分析》,中国财政经济出版社,2016年,第171页。

【案情二】 未如实告知对承保和理赔的影响

2007年3月,张某为自己向A保险公司投保了保险金额为5万元的人寿保险。在填写保单时,张某在健康告知栏中均填写"无",告知自己没有相关重大疾病。A保险公司承保后,2008年7月,张某患癌症死亡,张某的妻子向A保险公司申请保险金的赔付。A保险公司在理赔过程中经调查发现,张某在投保前已经被确诊为癌症,认为张某未履行如实告知义务,影响了保险公司的承保,于是作出拒赔的决定。

由上案例,请思考保险公司在承保和理赔时应注意哪些问题?

资料来源:黄玉娟,《保险基础知识》,北京大学出版社,2014年,第197页。

【分析】 除了投保人应履行如实告知义务外,保险公司在承保前应通过一套严格的核保程序,以此来化解保险公司经营风险。

一、保险公司经营管理的特征

保险公司所从事的经营活动不是一般的物质生产和商品交换活动,而是一种特殊商品——风险。保险公司的经营活动具有以下特征。

(一) 保险经营活动具有特殊性

保险公司向消费者提供保险产品,不同于一般的物质生产和商品交换活动,是风险保障。保险产品以特定的风险存在为前提,以集合尽可能多的单位和个人风险为条件,以大数法则为数理基础,具有经济补偿的功能,即保险公司向客户承担赔偿或给付保险金的责任。保险产品要求保险企业要根据保险市场的需要开发,合理规定保险责任,科学厘定保险费率。客户从保险公司购买到的是一个承诺,即保险公司对将来获取保险金或得到某种服务的承诺。另外,客户服务在保险经营的过程中发挥着重要作用,保险公司的各项承诺体现在客户服务中。从某种程度上说,客户购买保险产品实际上是购买了保险公司的服务。

(二)保险经营资产具有负债性

保险公司的经营活动是运用所聚集的资本金,以及各种保险金而建立起来的保险基金,实现分散风险、经济补偿等职能。《中华人民共和国保险法》规定,"设立保险公司,其注册资本的最低限额为人民币二亿元",这些属于自有资本。但保险公司经营的资产中,自有资本所占的比重很小,绝大部分来自投保人按照保险合同向保险公司交纳的保险费,是保险公司对被保险人未来赔偿或给付保险金的负债。

(三)保险经营成本具有不确定性

一般商品的成本发生在过去,可以准确预算,而保险经营成本却发生在未来,具有不确定性。首先,保险费率是根据过去的统计资料计算出来的,与未来的情况有偏差;其次,保险事故的发生具有偶然性;最后,就每一保单而言,在保险期限内,保险事故发生得越早,成本越高,如果保险事故在保险期限内未发生,保险成本就比较低。因此,保险经营成本的不确定性决定了保险价格的合理性不如其他商品高,保险成本与保险价格的关系也不如其他商品密切。

(四)保险利润计算具有调整性

经营一般商品时,企业只需要将商品的销售收入减去成本、税金,剩下来的就是利润。由于保险公司在一年当中任何时候均可签发保险合同,而保险合同都有一定的存续期,因此在会计年度结算时,保险责任通常并未终结,所以在核算保险利润时不能简单地将当年保险减去当年赔款、费用和税金,而必须将未到期责任和未决赔款等考虑进去(即提存各项业务准备金),剩余的部分才是保险企业的营业利润。

(五)保险投资是现代保险企业稳健经营的基石

保险的整个过程主要有三个步骤:保险费的交纳,累积形成保险基金,保险金的赔付或给付。因此,保险基金的形成和支出具有一定的时间差和数量差。这种时间差和数量差,使得保险企业一部分资金沉淀下来变成闲置资金,成为投资的资金来源。为了保证赔付或给付,同时增加经营利润,必须运用好闲置资金追求较大的投资收益。保险投资是现代保险企业稳健经营的基石。首先,保险资金投资增加了资本市场的资金来源,其安全性要求拓展了资本市场的金融工具,从而能够促进我国资本市场的健康发展。其次,保险资金投资有利于保险公司拓展新业务,提高投资收益,增强偿付能力。此外,保险投资收益为公司降低保费提供了可能性,而保费的降低有助于提高保险的深度,激发市场的潜在需求,增加保费收入,改善保险业的经营环境,增强保险公司竞争力,使保险行业进入一个良性发展的状态。

(六)保险经营具有分散性和广泛性

保险经营依靠的是大数法则,是集合众多的风险单位,当损失发生时,保险公司将损失分摊给每一位投保人,使损失得以弥补。所以保险经营的范围和领域必须广泛,才能有效地分散风险。如果保险公司的业务集中于某一险种、某一领域或某一地区,会增加其经营风险,一旦保险事故发生,保险经营将难以为继。所以说,保险经营的过程,既是风险的大量集合过程,又是风险的广泛分散过程。

二、保险公司经营的原则

保险公司经营原则是指保险企业从事保险经营活动的行为准则。保险企业经营活动属于商品经营,必然包括一般商品经营的原则;同时,保险企业经营的是一种特殊商品,还应包括一些特殊经营原则。

(一) 保险经营的基本原则

1. 经济核算原则

保险企业经济核算的主要内容包括：保险成本核算、保险资金核算和保险利润核算。

保险成本核算就是要核算保险经营所耗费的物化劳动和活劳动。保险成本的物化劳动主要由保险设备耗费金额、保险赔偿或给付金额、各种准备金、各种利息及费用这五部分组成。保险成本的活劳动是指保险企业职工的工资总额。保险成本核算的特殊之处在于物化劳动中的准备金部分是一种"未来成本"因素。

保险企业的资金是指保险经营资金的总和，包括银行活期存款、用于投资的资金、固定资产净值、结算过程的资金、现金等。保险企业资金的核算主要通过核算各种资金的占用量、利用率、周转速度等指标来进行。

保险企业的利润核算同其他企业相比，有着较大的差别：一般企业的利润是通过当年的生产经营收入减去当年的生产经营支出所得；而保险企业的利润是保险企业收入扣除营业税、成本、提存责任准备金差额后的余额，再加上企业投资收益和营业外收支差额的总额。由于每年保险风险的发生具有不平衡以及保险未了责任具有延续性的特点，保险企业在进行保险利润核算时，特别关注未了责任，即保险的负债。保险企业利润核算的指标体系主要有两个：利润额和利润率。利润额是保险利润核算的绝对指标，主要用于衡量企业利润计划的完成程度。利润率是保险利润核算的相对指标，它可以显示企业不同时期的利润水平差异。

2. 随行就市原则

随行就市要求保险企业根据市场需求状况和自身经营能力对保险产品的结构和价格进行调整，即保险企业一方面要及时推出适应市场需求的新险种，既保持本企业在市场上具有较高的占有率，又起到转移各种社会风险的作用；另一方面根据成本状况、市场需求、国家政策、竞争者价格以及消费者心理等因素适当调整保险费率。保险企业应根据市场提出的现实要求，随行就市调整保险产品的结构和价格才能实现保险产品供求平衡。

3. 薄利多销原则

保险企业应利用价格杠杆扩大销售量以便盈利。薄利多销是保险公司迅速占领市场，提高市场竞争能力的有效手段。在薄利多销原则下，保险企业应制定合理的费率，可以略高于保险成本的低廉价格，打开保险销路，依靠较大的销售量来保证盈利。如果保险费率过高，会加重投保人的负担，使保险企业在同业竞争中失去客户，影响业务的拓展；如果保险费过低，将影响保险企业的偿付能力，甚至发生亏损，使业务经营难以为继。总之，保险经营遵循薄利多销的原则，有利于保险产品迅速占领市场；有利于加速企业的资金周转，提高资金利用率；有利于降低单位产品成本，增加企业盈利。

(二) 保险经营的特殊原则

1. 风险大量原则

风险大量原则是指保险人在可保风险的范围内，应根据自己的承保能力，争取承保尽可能多的风险和标的。保险经营的基础是大数法则，只有承保尽可能多的风险和标的，才能建立起庞大的保险基金以保障资金的损失赔偿或补偿功能得到实现，才能使保险产品的定价基础更加接近实际风险损失概率，以保证保险经营的稳定性。遵循风险大量原则，保险公司应积极拓展保险业务，在维持和巩固原有业务的同时，不断发展新客户，扩大承保数量，拓宽承保领域,实现保险规模经营。

2. 风险选择原则

风险选择原则是指保险人在承保时,充分认识、准确评价承保标的的风险种类、风险程度和保障金额等,并作出是否承保或有条件承保的决定。风险选择是提高承保质量、降低经营风险的必然要求,风险选择还可以减少或杜绝道德风险和投机行为。

风险选择体现在产品开发和核保两个环节。在产品开发阶段,需要对风险进行选择,即确定产品的承保条件和承保范围,以保证产品销售的经济效益。风险选择按发生的阶段不同,可分为事前选择、事中选择和事后选择。事前选择是指在签订保险合同时,在投保人投保时决定是否投保,通过选择确定是否承保,或者有条件承保,对被保险人和保险标的的风险已经超出可保风险的条件和范围的,保险公司应拒绝。事中选择是指保险合同生效后至合同到期前这段时间里对风险的变化进行研究,决定是否变更保险合同。事后选择是指签订保险合同后,对已发生的保险业务进行研究,为以后的保险(如续保)提供资料和经验。

阅读资料

风 险 单 位

风险单位在保险中是指保险标的发生一次灾害事故可能造成的最大损失范围。不同的业务有不同的风险单位,在实务上,风险单位的划分有三种。

1. 按地段划分

由于标的之间在地理位置上相毗邻,具有不可分割性,当风险事故发生时,受损失的机会是相同的,故将一个地段作为一个风险单位。

2. 按投保单位划分

为了简化手续,有时候有一个投保单位就是一个风险单位。

3. 按标的划分

一个标的作为一个风险单位。对于一些与其他标的无毗连关系风险集中于一体的保险标的,可以视一个保险标的为一个风险单位。

风险单位就是风险独立的单位。比如说两堆柴草相距5米,放在一起就是一个风险单位;在中间放一道防火墙,你就可以理解为两个风险单位,因为一堆着火不会影响到另外一堆,它们的风险是可以分割开的。其他类型财产同理,如投保财产规模较大,如电网,就可以按照地域划分风险单位,俗称拆单。

资料来源:作者收集整理。

3. 风险分散原则

风险分散选择是指风险分散的范围应尽可能扩大,由多个保险人或被保险人共同分担某一风险责任。风险分散主要包括核保时的分散和承保后的分散。

核保时的分散主要体现在保险公司对风险的控制。一是通过控制保险金额,即保险公司在核保时对保险标的要合理划分风险单位,并使每个风险单位尽可能独立,按照每个风险单位的最大可能损失确定保险金额;二是规定免赔额(率),是指被保险人自己承担损失的一定额度或比率,如机动车辆保险中,对每次事故可以规定一个免赔额,保险公司对超出免赔额的部分承担赔偿责任;三是实行比例承保,即保险人按照承保标的实际金额的一定比例确定承保金额。

承保后的分散以再保险和共同保险为主要手段。再保险又称为分保,是指保险人通过签订再保险合同,支付相应保险费,将自己承保的风险责任全部或部分转移给其他保险人的保险,也就是"保险的保险"。共同保险,是指两家或两家以上的保险人联合直接承保统一标的、同一保险利益、同一风险责任,而总保险金额不超过保险标的价值的保险。发生赔款时,各保险人在各自承保金额限度内按各自承保的责任比例分摊赔偿责任。

阅读资料

中再集团

中国再保险(集团)股份有限公司(简称"中再集团")由中华人民共和国财政部和中央汇金投资有限责任公司发起设立,注册资本人民币 42 479 808 085 元,其中财政部持股 12.72%,中央汇金投资有限责任公司持股 71.56%。

中再集团源于 1949 年 10 月成立的中国人民保险公司,2007 年 10 月整体改制为股份有限公司。目前,中再集团直接控股 5 家境内子公司:中国财产再保险有限责任公司(简称"中再产险")、中国人寿再保险有限责任公司(简称"中再寿险")、中国大地财产保险股份有限公司(简称"中国大地保险")、中再资产管理股份有限公司(简称"中再资产")、华泰保险经纪有限公司(简称"华泰经纪");直接控股 2 家境外子公司:中再 UK 公司、中再承保代理有限公司;设立 1 家海外分公司:中国再保险集团新加坡分公司;间接控股一家境外二级子公司:中再资产管理(香港)有限公司;设有 3 个境外机构:伦敦代表处、中国香港代表处和纽约代表处。2015 年 10 月 26 日,中再集团在香港联合交易所有限公司主板挂牌交易,成为上市公司,股票代码为 01508.HK。中再集团是再保险保费规模亚洲最大、全球第八的再保险集团,也是中国境内唯一的本土再保险集团,再保险主渠道地位稳固。

中再集团的业务包括再保险业务、直接保险业务、资产管理业务、保险中介业务、核保险业务、巨灾保险业务和农业保险业务。

资料来源:作者收集整理。

第二节 保险产品开发与保险费率

一、保险产品开发

保险产品开发是保险业务开展经营活动的基础,也是保险业创新的重要组成部分,对保险企业经营成败有重要影响。

(一)保险产品开发的基本原则

1. 市场性原则

市场需求是保险产品开发的基础,保险企业必须坚持以市场需求为导向来开发新产品。

随着经济社会的发展,国家重点工程建设、环境保护、医疗卫生体制改革、社会保障体制改革、专业技术人员的职业化和教育产业化等,均为保险企业开发新产品提供了广阔的空间。

2. 合法性原则

保险产品的开发必须遵守法律法规,维护社会道德规范。保险产品开发的合法性主要体现在保险产品的有关条款上,保险产品的条款不仅要遵守国家的基本法、保险法和有关法律法规,还要遵守社会道德规范。

3. 效益性原则

产品开发必须从效益出发,做到保险新产品的开发既能适应国民经济发展的需要,又能合理防范和减少风险,为公司带来利润。新开发的保险产品要取得可观的经济效益,必须处理好三个关系:社会效益与经济效益的关系,产品开发与销售推广的关系,眼前利益与长远利益的关系。

4. 规范性原则

建立有效的保险产品开发机制,实行规范化管理,提高保险公司经营风险的能力,是保险市场竞争和发展的需要。保险企业新产品的开发,要有一套规范的流程和严格的管理办法,并实行条款逐级报批制度,自觉接受监管部门的监管,条款的名称、条例应符合保险法的规定,充分体现企业形象。

5. 国际性原则

保险市场全面开放后,中资保险公司要想在中国保险市场上站稳脚跟,保险产品开发工作必须增强并具有与国际保险市场接轨的能力,在条款设计上积极吸收国际先进技术。因此,必须加强对国外保险市场的调研,使条款设计更趋完善,更加贴近市场。

(二) 保险产品开发的基本步骤

保险产品开发是指从产生产品创意到销售产品所经历的整个过程。通常包括以下六个步骤。

1. 创意形成

创意是新产品形成和推出的基础,但并不是每一个创意都能与真正的市场需求吻合。保险产品的创意能否最终成为现实,与产品创意过程的长短、难易程度、保险企业本身所拥有的技术、营销管理水平的高低以及创意的来源渠道,存在着重要的关系。

2. 创意优选

保险企业可以根据其具体目标和经营能力进行创意优选,主要目的在于尽可能早地发现好的创意,并放弃不可行的甚至是错误的创意。保险公司在进行创意优选时应考虑如下因素:新产品的市场空间,新产品的技术先进性与开发的可行性,新产品开发所需要的资源条件与配套服务的要求,新产品的上市促销及营销能力,新产品的获利能力和社会效益评价等。

3. 综合业务分析

保险公司在对保险产品创意进行优选后,会得到一些有初步可行性的创意,但这些创意是否真正可行,还应就产品概念、产品的市场需求、产品的适应性和效益性进行具体的分析。

4. 产品技术设计

产品技术设计的主要活动包括设计合同格式、设定产品的财务价值,并确保程序和人员配置足以支持产品的各个方面。在技术设计的过程中,精算师和产品开发小组的其他成员要深入研究以确保新产品具有良好的财务状况。

5. 新产品实施

首先,新产品的实施需要保险公司呈报合同格式以及得到相应监管机构的相关文件,从而获得有关产品的各种许可,建立适合新合同的信息系统和管理措施。其次,制定宣传和推广产品的计划并设计培训销售人员和员工的资料,法律部的员工浏览广告和培训资料等;某些情况下还要将广告、培训资料和合同等资料一起呈报,以确保遵守相关的法律和监管。最后,销售队伍还要接受有关产品销售的培训,才能开始新产品的销售。

6. 产品评估

在产品开发的所有过程以及之后的各个时期中,产品开发小组必须确保新产品能够实现保险公司的财务目标,同时也遵守相应的法律和监管法规。在签发和销售产品之后,保险公司必须不断监控产品的业绩,并与产品结构中设定的预期业绩相比较。如果结果不满意,应及时对新产品做相应的调整,放弃或用改进后的产品来代替。产品监控中所收集的信息能够刺激新创意的产生,以促进公司重复产品开发的循环过程。

二、保险费与保险费率

(一)保险费

保险费简称保费,是投保人为取得保险保障,按保险合同约定向保险人支付的费用。保险费多少是根据保险金额、保险费率、保险期限、保险人的年龄职业等因素计算决定的。通常保险合同上会载明保险费的数额并明确支付方式。保险金额高,保险期限长,投保人支付的保险费就越多。保险金额一般根据保险标的实际价值或由保险双方当事人协商确定,保险期限在具体险种中也是事先规定好的,两者弹性比较小,因此,保险费的问题就转化为保险费率的问题。

交纳保险费可在保险公司营业厅现场交纳,也可委托银行代交,或通过保险公司指定的网络支付平台网上交纳。一般有四种方式:一次交纳、按年交纳、按季交纳、按月交纳。

(二)保险费率

保险费率简称费率,是保险人按照单位保险金额向投保人收取保险费的标准,计算公式为:

$$保险费率 = 保险费 \div 保险金额$$

从构成上来讲,保险费率由纯费率和附加费率两部分构成。习惯上,将由纯费率和附加费率两部分组成的费率称为毛费率。

1. 纯费率

纯费率也称净费率,是保险费率的主要部分,它是根据损失概率确定的。按纯费率收取的保险费叫纯保费,用于保险事故发生后对被保险人进行赔偿和给付。

财产保险纯费率的计算依据是保额损失率。影响保额损失率的因素有:第一,保险事故发生的频率,即保险标的发生保险事故的次数与承保的全部保险标的件数的比率;第二,保险事故的损失率,即受灾保险标的件数与保险标的发生保险事故的次数比率;第三,保险标的损毁程度,即保险赔偿额与受灾保险标的的保险金额之间的比率;第四,受灾保险标的的平均保额与全部保险标的平均保险额的比率。基于财产危险不确定因素的存在,为了保证赔偿,还应包括特大损失可能发生的因素,保险企业要在纯费率的基础上加一定比例的稳定系数,使纯费率更具科学性和准确性。

人寿保险纯费率的计算依据是利率和死亡率。保险企业一般使用生命表来确定死亡率和生存率。生命表又称为死亡表,是根据一定时期内各种年龄死亡统计资料编制的一种统计表。生命表中最重要的内容就是统计每个年龄的死亡率。生命表通常分为国民生命表和经验生命表。国民生命表是根据全体国民或者特定地区的人口死亡统计数据编制的,资料主要来源于人口普查的统计资料。经验生命表是根据人寿保险或社会保险以往的死亡记录分析编制的。生命表中记载的死亡率、生存率是厘定人寿保险费率的重要依据。

2. 附加费率

附加费率是保险费率的次要部分,按照附加费率收取的保险费叫附加保费。它是以保险人的营业费用为基础计算的,用于保险人的业务费用支出、手续费支出以及提供部分保险利润等。附加费率的计算公式为:

附加费率=(附加费用+预期利润+意外准备金)÷保险金额总额总和×1 000‰

三、保险费率的厘定

(一) 分类法

分类法是指把具有类似特征的损失风险归为同一类别承保,按相同保险费率收取保费。分类费率往往以表格形式形成费率手册,因此也称手册费率。保险业务人员在承保时,按规定的条件选择试用费率计算保险费,使用非常方便。例如,在财产保险中,保险企业一般按建筑物的使用性质及结构等因素,将建筑物分为若干类,每类中再分为若干等级,分别厘定保险费率。又如在我国出口货物运输保险中,将轻工产品分为八类,分别试用不同的费率标准。

阅读资料

中国人民保险公司家庭财产综合保险产品

中国人民保险公司推出的房屋保障超低门槛,保费最低1.60元/年,承保火灾、盗抢、水管漏水造成的室内损失,更有地震保障,保障保额自由搭配,真正让您一家无忧。表7.1是其家庭财产综合保险产品。

表7.1 家庭财产综合保险产品

保障项目	保险金额(元)	保障说明
房屋及附属设施(家财综合)	0.5万~500万	室内附属设备包括暖气、管道煤气、厨房设备等固定装置。每次事故,房屋损失、室内装潢、室内财产总共免赔额200元
室内装潢(家财综合)	0万~40万	承保由于火灾、爆炸、雷击、暴雨等原因导致的室内装潢损失
室内财产(家财综合)	0万~20万	承保由于火灾、爆炸、雷击、暴雨等原因导致的室内财产损失,室内财产包括家用电器、衣物和床上用品、家具及其他生活用品
盗抢造成室内财产损失	0万~10万	承保经公安机关确认的因遭受外来人员撬、砸门窗、翻墙掘壁、持械抢劫而造成的直接损失,但不包括现金、金银珠宝等。每次事故绝对免赔额200元

续表

保障项目	保险金额(元)	保障说明
盗抢造成现金、金银珠宝损失	0万~2万	承保经公安机关确认的因盗抢所致的直接损失,每次事故绝对免赔额为200元
家用电器用电安全损失	0万~2万	承保供电线路因自然灾害或供电部门施工失误等原因导致电压异常而引起的家用电器直接损毁损失,每次事故绝对免赔额200元
管道破裂及水渍造成损失	0万~5万	承保由于室内自来水管道、下水管道和暖气管道(含暖气片)突然破裂致使水流外溢或邻居家漏水造成的室内财产损失。每次事故绝对免赔额200元
第三者责任	0万~5万	在保险单载明的住所,被保险人(或其同住的家庭成员及雇员)因过失造成第三者的人身伤亡或财产直接损毁的,我们将按合同约定承担经济赔偿责任。每次事故免赔率20%
地震造成房屋及附属设施损失	0万~80万	承保因破坏性地震或由此引起的海啸、火灾、爆炸、滑坡、地陷所造成的房屋及室内附属设备直接财产损失。其中,破坏性地震是指由国家地震部门公布的震级M5级且裂度达到Ⅵ度以上的地震。每次事故房屋及附属设施、室内财产免赔率为20%
地震造成室内财产损失	0万~20万	承保因破坏性地震或由此引起的海啸、火灾、爆炸、滑坡、地陷所造成的室内财产损失

(二)判断法

判断法又称个别法,是指逐个考察每个保险标的的风险情况,并分别进行风险评价后,再由保险业务人员依据经验判断,单独厘定每个标的所适用的保险费率。这种方法在相当程度上依赖保险企业的经验判断,不太科学。但这种方法在损失风险形式多样且多变,不能采用分类法时,或者对某种保险标的缺少统计资料时比较适用。运用判断法制定保险费率,要求决定费率的人具有丰富的承保经验,并通晓该项保险标的所涉及的各种风险因素。在海上保险和一些内陆运输保险中常使用这种方法厘定保险费率。

(三)增减法

增减法是根据分类法制定出的各类保险标的所适用的保险费率作为基础费率,在承保时再根据具体保险标的的实际损失加以修正,在基础费率上增加或减少,厘定出实际保险费率。当投保人要求投保时保险标的有特殊危险,或要求在一般危险责任之外增加别的危险责任,经保险企业同意以特约承保方式承保时,在基本费率的基础上增加一定的费率。反之,当保险标的的危险频率低于基本费率标准时,则以基本费率为基础,相应减少一定的费率。

第三节 保险销售

保险销售,也就是推销保险单,也称展业,是保险销售人员引导具有保险潜在需求的人参加保险的行为，是为投保人提供投保服务的行为，是保险经营的起点。

一、保险销售的主要环节

(一) 寻找准客户

一般来讲，准客户应具备以下条件：具有一定的经济能力和支付能力；有风险存在和投保的主观意愿；易于沟通、接近和交谈；符合投保条件，可通过公司的核保；能定夺投保与否。

寻找准客户有许多方法，营销员可以根据自身情况和准客户特点，来选择一种或几种方法来实践。一般而言，寻找准客户的方法主要有以下四种。

1. 普通寻找法

普通寻找法又称地毯式访问法、普访法、贸然访问法或逐户访问法，是指保险推销人员在特定的市场区域范围内或特定的地区、行业内，针对特定的群体，用上门、邮件、电话或电子邮件等方式对该范围内的组织、家庭、个人无遗漏地寻找与确认的方法。

普通寻找法依据的原理是"销售平均法则"，认为在被访问的所有对象中，必定有推销人员所要寻找的潜在顾客，拜访的顾客越多，成功率越大。

普通寻找法的步骤如下：第一步，推销人员根据自己所推销产品的特性和用途，确定一个科学合理的推销区域或推销范围，这样做可以减少盲目性；第二步，升级合理的拜访路线，既能做到无遗漏地拜访，又可能少走重复的路，可以提高效率。

普通寻找法的优点主要有：其一，不会遗漏任何有价值的顾客，有利于争取更多的顾客；其二，能够全面、客观地反映顾客的需求情况；其三，有利于扩大推销品的影响，使顾客形成共同的商品印象，让更多的人了解自己的产品和企业；其四，可以锻炼和培养推销人员，积累产品推销工作经验。

普通寻找法的缺点主要有：其一，成本高，费时费力，工作效率低；其二，容易导致顾客的抵触情绪。

普通寻找法适用于终端顾客，在寻找中间商客户时显得笨拙和低效。

2. 介绍寻找法

介绍寻找法又称连锁介绍法、链式引荐法，是指推销员请求现有推销对象介绍被认为有可能购买产品的潜在顾客的方法。这样既可以把推销人员和推销产品介绍给新顾客，又可以把新顾客的信息介绍给推销人员。介绍寻找法源于链传动原理，齿链之间是一环紧扣一环的啮合状态，以此带动物体的移动。作为推销员，必须从现有顾客这一环去联系潜在顾客的下一环，不断延伸，扩大推销员与准客户之间的联系面，使推销员所掌握的顾客源无限地发展下去。

介绍寻找法的步骤如下：第一步，当推销人员用其他法尚未找到合适的顾客时，可以向值得自己信任的现有顾客寻求帮助，请其介绍潜在顾客；第二步，推销人员根据现有顾客介绍的基本情况在目标市场对新顾客进行观察，如果不能达到企业的要求，推销人员就不必上门拜访。

介绍寻找法在寻找新顾客时，可避免推销人员的盲目性，容易取得被介绍顾客或新顾客的信任，还可以为推销人员节省大量的时间、费用、精力和推销成本等。但采用介绍寻找法寻找新顾客，必须要推销人员与现有顾客建立了良好的信誉和人际关系，且现有顾客的心理因素左右其成功，难以制定完整的推销访问计划。

介绍寻找法适用于：其一，现有顾客已从购买中获得利益，愿意给推销员介绍其他顾客；其二，推销人员与现有顾客关系较好，对推销人员较为信任；其三，寻找目标相同消费特点的顾客或具有消费群体性较强的产品时采用。

3. 中心开花寻找法

中心开花寻找法又称名人介绍法、中心人物法、中心辐射法，是指推销人员在某一特定的推销范围内，取得一些具有影响力的中心人物的信任，然后在这些中心人物的影响和帮助下，把该范围内的个人或组织发展成为推销人员的准顾客的方法。这种方法依据的原理是心理学的光辉效应法则：人们对于在自己心目中享有一定威望的人是信服并愿意追随的。因此，一些中心人物的购买与消费行为，可能在他的崇拜者心目中形成示范作用与先导效用，从而引发崇拜者的购买与消费行为。

中心开花寻找法的步骤如下：第一步，推销人员在目标顾客群中找出具有较大影响力的中心人物，最好能找到与中心人物关系良好的朋友做介绍；第二步，推销人员了解中心人物的姓名、职务、性格、爱好等基本信息，在拜访前做好充足的准备。

中心开花寻找法的优点如下：其一，推销人员可以集中精力向少数中心人物做细致的说服工作，避免重复又单调地向潜在顾客进行宣传与推销，比较省事省力；其二，既能通过中心人物的关系了解新顾客，又能通过中心人物的社会地位来扩大产品的影响；其三，可以提高推销人员的知名度、美誉度。但中心人物往往较难接近和说服。因此，采用中心开花寻找法在找中心人物时一定要找准，一旦找错很可能会引起中心人物的误会，给推销工作造成障碍。

中心开花寻找法适用于推销人员具有较强的人脉关系，能够接近这些中心人物，其具有较强的推销能力。

> **阅读资料**
>
> **扒一扒明星买的那些"天价"保险**
>
> 娱乐圈的明星虽然都是不差钱的主，但是却极具风险意识，非常"乐于"为自己买保险。之前范冰冰为自己的脸投保一亿元的新闻就一度成为火爆话题。但是要知道，明星投保也会遭遇保险公司"拒保"，所以保险不是你想买就能买的。让我们来看看下面这些明星买过的"天价"保险。
>
> 早前谢霆锋拍摄动作片《男儿本色》的时候，由于他拍打戏不喜欢用替身，以致中国香港的保险公司拒绝承保，剧组则远赴美国为其投保6 000万元的巨额意外险。
>
> 传闻古巨基在拍摄《还珠格格3》的时候，曾经在保险公司投保千万元，但是最终保险公司却拒保，因为拍摄期间，古巨基打戏、骑马的戏份较多，发生意外的风险太高。
>
> 早前郎朗在接受访问时就透露自己为全身都购买了保险，因为要对自己及观众负责，所以给自己金贵的双手特别的保护。
>
> 拥有一头乌黑亮丽秀发的莫文蔚，曾经在拍摄洗发水广告时，广告商为她的头发购买了近千万元港币的保额。
>
> 歌手蔡依林在一次演唱会上，因有高空表演，经纪公司为她的高空表演投保

> 1亿元新台币。
> 　　作为一名职业球员,贝克汉姆曾经为自己的黄金右脚投保1亿英镑。
>
> 　　　　　　　　　　　　　　　　　　　　　　　　　资料来源:作者收集整理。

4. 广告拉引寻找法

广告拉引寻找法又称广告开拓法、广告吸引法,是指推销人员利用各种广告媒体寻找顾客的方法。这种方法运用的原理是广告学原理,利用大众宣传媒介,把有关产品推销的信息传递给顾客,刺激和诱导顾客购买。

广告拉引寻找法的步骤如下:第一步,针对产品的卖点制作优秀的广告;第二步,对目标市场选择最适合的广告媒体;第三步,遵循遗忘规律合理安排广告投资;第四步,接通招商专线电话,安排专职接待人员,加强自动上门顾客的甄别选择工作。

广告拉引寻找法的优点如下:其一,可以借助各种现代化手段大规模的传播推销信息;其二,广告媒介的信息量大,传播速度快,接触顾客面广;其三,能够使推销人员从落后的推销方法中解放出来,节省推销时间和不必要的费用,有利于提高推销效率。但各种广告媒介影响的对象有所不同,如果媒介的选择失误,就会造成极大的浪费。因此,在大多数情况下,利用广告拉引法寻找顾客,难以预测实际效果。因此,在选用广告拉引寻找法时要注意:第一,正确选择广告媒介,注意广告制作的效果;第二,针对主动上门的顾客,推销人员应采用一对一的交谈,切忌与多个顾客同时交谈,以避免顾客之间相互攀比,夸大自身的实力,从而使推销人员选错目标顾客。

广告拉引寻找法适用于企业目标市场范围广且推销人员较少的情况,尤其适用于新产品上市的推广。

(二) 拜访准客户

拜访准客户也称为"接洽"或"接触",是与客户直接面谈,并试图与之建立良好的关系,使准客户对销售人员产生信任和依赖感,为促成合作做好准备。

1. 拜访前的准备

物质准备包括客户资料和销售工具的准备,这些准备可以让销售人员在客户面前树立专业形象,赢得客户的信任。客户资料的收集应从多角度、多渠道出发,越多越详细越好。

行动准备是为实施有效接触而进行的行动规划与设计,包括拜访计划的拟定、信函接触与电话预约等。拜访计划主要包括拜访时间的安排、拜访地点的选择、拜访礼仪的确定等。

2. 与准客户接洽

接洽是销售人员推销自己的过程,可以为与准客户面谈创造条件,并试图与之建立良好关系,使准客户对销售人员产生信任和依赖感,为促成合作做好准备。在接洽时,应妥善安排面谈的时间、地点、营造和谐的气氛,消除准客户的顾虑、不安,推敲其感兴趣的话题,创造激发需求的媒介,并辅以销售人员的自信、专业、诚恳的表达,才能获得准客户的好感与接纳。接触可采用写信、打电话或当面接触等多种方式进行。

3. 需求分析与方案设计

销售人员最重要的工作时发现准客户的财务需求,并据此拟定相应的保险计划。进行需求分析时应考虑的主要因素有：准客户的年龄、家庭人口；长期资金积累目标；收入和储蓄的来源；现已投保的团体和个人保险；其他资金或资产、平均月消费；准客户（或其他家庭成员）身故或残疾所需要的资金和对风险的态度。在综合的分析中，业务员可以协助客户，让他发现他需要购买保险，帮助客户发现他的人生计划、理财计划还有缺口，而保险正是堵住这个缺口最适当的安排。准客户在这一步骤中越投入，就越觉得他是在购买保险保障，而不是被推销保险产品。

4. 方案讲解

在设计好解决方案以后，销售人员应该向准客户表述解决方案，说明其保险计划的特性和功能。表述解决方案时应做到资料准备充分、信息传递明朗、语言简练通俗。方案讲解必须包括对推荐保险险种的保险责任、功能、责任免除、缴费方式和告知义务等的解释。

5. 异议处理和促成

在销售过程中，准客户常常提出许多疑问或不同的意见，销售人员要耐心倾听，并正确地解答问题，使其加深对保险的理解。通过对一些问题的探讨和交流，不仅可以提高人们对保险的认识，而且也加强了销售人员和销售对象之间的理解和信任。

（三）递送保单

保险公司经过核保，作出承诺，出具保险单，由销售人员递送给客户。在递送保单时，销售人员应对客户表示肯定和赞许，进一步解释保单条款并回答客户的问题，承诺优质的售后服务，顺势索取转介绍，以取得新的准客户名单，开始另一个销售循环。

（四）售后服务

售后主要包括：随时解答并解决客户在整个销售过程中所遇到的问题；向客户介绍最新险种；协助客户进行保单事项的变更；帮助客户进行保险索赔；通过续保或催收续期保费，与客户保持联系，了解客户的动向，并根据客户的经济状况和保险需求的变动，提出新的方案。优质的售后服务是保单销售过程的延续。对于保险产品，尤其是长期性的寿险产品，售后服务可以大大减少保单的退保和失效，提高持续率，对客户和保险公司都有利。

二、保险销售渠道

保险销售渠道包括直接销售和间接销售两种。

（一）直接销售

直接销售是指保险公司的员工直接向客户销售保险单的过程。在实际业务中又把这种业务称为直接业务。它较适合那些经营规模大、实力雄厚、分支机构健全的保险公司。其特点是保险公司直接与客户联系，保险协议的达成没有任何中间环节。一般情况下，财产保险特别是企业财产保险业务，适宜采用直接销售。人身保险的团体业务，被保险人集中，也适宜于直接销售。

直接销售往往因为销售人员的业务知识较高、经营技巧娴熟、道德修养较好、责任心较强等原因能够获得客户的信任，并能把销售与核保、防灾防损、理赔等相关环节紧密结合起来，从而保证业务质量。但是，直接销售需要配备大量的业务人员，增设机构，而且由于季节性原因，在业务旺季时，人员可能显得不够；而在淡季时，人员又过多，增加营业费用支出，提高了业务成本，从而影响保险公司的经济效益。

(二) 间接销售

间接销售就是利用保险代理人、保险经纪人进行客户招揽的过程。间接销售的特点时保险双方必须通过中间人才能达成协议。保险公司把通过中间人获得的业务称为中间业务。除上面提到的适宜采用直接销售的团体保险业务外，许多客户分散的业务，如面向千家万户的个人寿险业务和家庭财产保险业务、机动车辆保险业务，若依靠公司职员销售，则成本高昂，因此，宜采用间接销售方式。

间接业务的佣金一般与业务量直接挂钩，无业务则无佣金。这样避免了更多的工资支出、办公费支出，也无须增设机构。同时，因代理人和经纪人都具有较好的业务素质以及良好的社会关系，因此也降低了公司的销售成本，如公关费用和培训费用支出等。

1. 保险代理人销售

保险代理人是指根据保险公司的委托，向保险公司收取佣金，在保险公司授权的范围内代为办理保险业务的机构或者个人，包括保险专业代理机构、保险兼业代理机构及个人保险代理人。三种代理人的代理权限不完全相同。

保险专业代理机构是指依法设立的专门从事保险代理业务的保险专业代理公司及其分支机构。

保险兼业代理机构是指利用自身主业与保险的相关便利性，依法在自身经营场所兼营保险代理业务的企业，包括保险兼业代理法人机构及其分支机构。

个人保险代理人是指与保险公司签订委托代理合同，从事保险代理业务的人员。个人保险代理人包括团队型个人保险代理人和独立个人保险代理人。团队型个人保险代理人是指与其他个人保险代理人组成团队，接受团队的组织管理的个人保险代理人。独立个人保险代理人是指不依托任何团队的个人保险代理人。个人保险代理人、保险代理机构从业人员只限于通过一家机构进行执业登记。

阅读资料

《保险代理人监管规定(征求意见稿)》

2018年7月13日，银保监会发布《保险代理人监管规定(征求意见稿)》，面向全社会征求意见。此次《保险代理人监管规定(征求意见稿)》将针对保险专业代理机构、保险兼业代理机构以及个人代理人的监管规则纳入同一文件，进一步明确了三种代理机构(人)之间不同的定义，以后或许保险专业代理机构的销售人员不能再称之为"个人保险代理人"，而只能称之为"保险代理机构从业人员"。

1. 保险代理人内涵发生重大变化

在《保险销售从业人员监管办法》中，保险公司销售人员与保险代理机构销售人员处于同等地位，均为"保险销售从业人员"；而在《保险代理人监管规定(征求意见稿)》中，保险专业代理机构、保险兼业代理机构及个人保险代理人三者成为并行概念，以后个人代理人只能是保险公司的代理人，保险专业代理机构、保险兼业代理机构的代理人都只能称为"保险代理机构从业人员"，三者地位不再相同。

2. 严重失信者不得入内

《保险代理人监管规定(征求意见稿)》第三十六条规定，有下列情形之一的，保险公司、保险专业代理机构、保险兼业代理机构不得聘任或者委托：

（一）因贪污、受贿、侵占财产、挪用财产或者破坏社会主义市场经济秩序，被判处刑罚，执行期满未逾5年；

（二）被金融监管机构决定在一定期限内禁止进入金融行业，期限未满；

（三）因严重失信行为被国家有关单位确定为失信联合惩戒对象且应当在保险领域受到相应惩戒，或者最近5年内具有其他严重失信不良记录；

（四）法律、行政法规和国务院保险监督管理机构规定的其他情形。

《保险代理人监管规定（征求意见稿）》为保险代理人的准入划定了门槛，取消了原来有关资格考试的有关规定，但同时也强化了对于严重失信行为人的防范力度，明确保险机构不得聘任"因严重失信行为被国家有关单位确定为失信联合惩戒对象且应当在保险领域受到相应惩戒，或者最近5年内具有其他严重失信不良记录"的人。

3. 专业代理机构门槛降低

《保险代理人监管规定（征求意见稿）》第十条规定，经营区域不限于工商注册登记地所在省、自治区、直辖市、计划单列市的保险专业代理公司的注册资本最低限额为5000万元。经营区域为工商注册登记地所在省、自治区、直辖市、计划单列市的保险专业代理公司的注册资本最低限额为1000万元。

为改变行业小散乱差的形象，监管部门一度将专业代理公司的准入注册资本金门槛一律提升至5000万元，但在很多业内人士看来，这并没有必要。在《保险代理人监管规定（征求意见稿）》中，对之前的规定作出了修正，允许设立注册资本为1000万元的区域性保险专业代理机构。

4. 变相提高专业代理机构高级管理人员的准入门槛

《保险代理人监管规定（征求意见稿）》第三十一条规定，保险专业代理机构高级管理人员应当通过国务院保险监督管理机构认可的保险法规及相关知识测试。

以前只有保险公司的高级管理人员需要参加监管部门组织的考试，专业代理机构高级管理人员只要满足监管有关要求即可，并不需要参加考试，但在《保险代理人监管规定（征求意见稿）》中，明确规定专业代理机构高级管理人员也需要参加有关测试，这等于变相提高了其准入门槛。

资料来源：作者收集整理。

2. 保险经纪人销售

保险经纪人是基于投保人的利益，为投保人与保险人订立保险合同提供中介服务，并依法收取佣金的单位。保险经纪人只能以保险经纪公司的形式出现，这一点与保险代理人中有个人代理人形式不一样。保险经纪人销售是指公司利用保险经纪人招揽保险业务。

保险经纪人销售的业务权限主要包括以下几方面：为投保人拟定投保方案，选择投保人，办理保险手续；协助被保险人或受益人进行索赔；为委托人提供防灾、防损或风险评估、风险管理或咨询服务；中国银保监会批准的其他业务。

> 阅读资料

2018中国保险经纪公司排名前十名单

1. 泛华保险服务集团

泛华保险服务集团目前拥有40家保险代理公司、1家兼业代理机构、2家保险经纪公司,有5万余名员工和销售人员,分布在全国29个省、区、市。

2. 大童保险销售服务有限公司

大童保险销售服务有限公司拥有一支数千名高素质的保险理财规划师队伍,是中国专业保险中介市场的领军企业。

3. 永达理保险经纪有限公司

永达理保险经纪有限公司最大的特色在于有着强而有效地训练模式,非常注重团队培养,属于传统型的中介公司,没有互联网平台的支撑。

4. 明亚保险经纪有限公司

明亚保险经纪有限公司,全国保险经纪公司排名第四位,属于保险中介行业内的"中流砥柱",网络平台高达700多家,在国内已经有着14个分支机构,其中营业部有5家。

5. 英大长安保险经纪集团有限公司

英大长安保险经纪集团有限公司目前是国内业务规模最大、组织服务体系最广、综合实力最强的保险中介公司了。近年来先后荣获"中国十佳保险经纪公司"称号。

6. 江泰保险经纪股份有限公司

江泰保险经纪股份有限公司是国内第一家开业的保险经纪公司,公司坚持创新发展,走专业化道路,做中国保险经纪行业的领头羊。

7. 中怡保险经纪有限责任公司

中怡保险经纪有限责任公司是一家在风险管理、保险及再保险经纪领域处于绝对领先地位的综合服务提供商,在全国拥有超过500名员工。

8. 北京联合保险经纪有限公司

全国保险经纪公司排名第八位的北京联合保险经纪有限公司在教育保险市场一枝独秀,被评为中国保险学会常务理事单位、中国保险行业协会理事单位和北京保险中介行业协会副会长单位。

9. 深圳市中安信保险经纪有限公司

深圳市中安信保险经纪有限公司是一家全国性、综合性的保险经纪公司。与国内外知名的保险公司、银行、金融机构均结成了产品战略合作关系。

10. 达信(北京)保险经纪有限公司

达信是中国首家获得保险经纪执照的外商独资保险经纪公司,作为全球领先的风险管理专家,它致力于为客户的保险需求提供一站式解决方案。

资料来源:作者收集整理。

随着保险业的快速发展,新的保险销售方式不断出现,形成了个人营销、银行保险、团体保险、电话营销、网络营销、经纪公司和代理公司销售等多种渠道和方式并存的局面。

第四节 保险核保与承保

> **案例分析**

非标准体客户投保案例

【案情】 随着医疗技术的进步、人们对健康的重视,定期体检的人越来越多。体检报告出来的时候,多少会有点小问题。医生可能会跟你说小问题,没什么大碍,但是购买保险的时候需要提高警惕,看一下是否需要健康告知。此类客户称为非标准体客户,如果申请投保,会有几种结果出现:

(1) 正常承保(标准体,正常保费);

(2) 加费承保。例如乙肝人群投保保费会高于标准体,加费约20%;

(3) 约定承保(也叫除外责任)。例如客户已经有慢性中耳炎,那么有的保险公司会将慢性中耳炎及其可能引起的症状、重疾除外,不承担保险责任;

(4) 延期承保。不能确定客户身体状况是否稳定,或者需要观察,会建议一定时间再让客户来尝试投保;

(5) 拒保。

A女士健康状况良好,健康告知如下:孕检的B超单显示卵巢囊肿,今年3月的B超单显示无囊肿,其他正常。保险经纪人建议A女士同时投保多家保险公司,选择核保结果较好的一家公司投保。因此,A女士同时投保了如下四家保险公司的产品:同方全球康健一生(多倍保)、中意悦享安康、中英爱加倍、弘康健康一生A款。提供了孕检的B超单和今年3月份最新的B超单。

四家保险公司的核保结果如下:同方全球人寿不予承保"卵巢原位癌、卵巢恶性肿瘤及其转移癌"。也就是说,发生上述癌症,保险公司是不赔付的,除外责任比体检严重,没有商量的余地,直接不赔。弘康保险要求A女士做公司套餐3的体检,还要检查乙肝、甲状腺、乳腺,整个体检内容非常全面。中英保险也要求A女士做体检,但体检项目相对弘康少了许多,五大项:普检、尿检、心电图、验血A、妇科超声。中意保险的体检照会只要求检查一项:妇科B超。

由以上可以看出,中意的体检项目最少,弘康的最多。A女士最终选择了中意的体检。中意妇科B超体检单结果正常,中意核保通过,以标准体承保。

【分析】 上述案例说明了各家保险公司的核保规则和风险容忍度不同,也证明了临床医学和核保医学的不同。

如果欲投保的客户曾经或者目前的身体健康有问题,不管大问题还是小问题,建议多咨询几家公司进行比较。如果A公司拒保,不代表其他公司也是这个结果,多投保几家公司,标准体承保的概率也大一些,至少有可能承保。如果自己没有时间和精力去对比多家保险公司,则可以选择专业的保险经纪人来解决。

资料来源:作者收集整理。

一、保险核保

(一) 核保的意义和主要内容

核保是指保险人对新业务的风险进行评估,以决定是否承保;如决定承保,则需进一步按照标的的不同风险类别确定不同的保险费率,以保证业务质量和保险经营的稳定性。核保是保险公司在业务经营过程中的一个重要环节。通过核保可以防止逆向选择,排除经营中的道德风险;确保业务质量,实现经营稳定;扩大保险业务规模,与国际管理接轨;实现经营目标,确保公司业务持续发展。

核保的主要内容有:投保人资格的审核,是否具有保险利益;保险标的的审核;保险金额审核;保险费率的审核和确定;投保人或被保险人的信誉审核。

(二) 核保的流程

核保过程是保险人对保单申请人的状况进行评估、选择和分类的过程,由于个体的差异性和信息不对称,使得核保的过程较为复杂。下面以人寿保险业务的核保流程为例进行介绍。

1. 业务员的风险选择

个人寿险业务主要通过业务员开展的,业务员是投保人和被保险人与保险公司连接的桥梁,对诸如既往病史、职业、家族病史、生活环境及生活方式、经济状况、投保动机都比较清楚。尤其在免体检投保时,业务员的第一次风险选择对于保险公司有效地进行风险控制有着极其重要的意义。业务员在推销保单过程中,采取会晤、观察、询问、报告等方式,也完成了第一次风险选择。

2. 业务内勤初审

业务内勤的初审,是对投保者基本资料进行初步审查核对,以确定资料是否齐全,是否符合保险公司的投保原则,客户的投保需求是否超出保险公司的承保能力,客户有无不良记录等。

初审也叫"快速核保",对于那些简单的投保单,保险公司先进行快速审核,如果投保单符合保单的严格要求,审核人员就可以同意该投保申请并立即签发保单。否则,退回营销部门进行修正。快速核保大大降低了保险公司的核保成本,使有经验的核保人能够更专注于特殊的保单。同时,保险公司可以迅速处理和签发一些保单,有助于改善客户服务。

3. 电脑核保

电脑核保主要是通过内勤人员对投保单中被保险人基本信息的录入,将投保单所载信息与电脑相应模块中的标准信息进行对比的过程。与人工核保相比,电脑核保具有准确率高、速度快、成本低廉的优点。但是,电脑核保只能对简单的、定量化的、客观的信息进行分类审核,而无法对较复杂的、定性的、主观的信息进行分析和判断。

4. 核保人员核保

核保人员根据业务员的报告和投保单再次进行核审,判断是否可以承保或以何种条件进行承保的过程。能通过快速核保和电脑核保的投保单称为正常件或标准件,随即进入出单程序。不能通过的称为问题件或非标准件,需要医务上的支持,即相应的体检,也称为医务风险选择。有的还需要派工作人员到投保人、被保险人生活和工作的环境走访,向其家属、邻居和同事调查了解有关情况,即生存调查。核保人员根据体检和生存调查的结果,对被保险人的风险进行分类,根据投保规则和核保规定作出相应的核保结论,确定承保费率或拒保。

二、保险承保

保险承保是指保险人对投保人的保险标的给予保险保障的合同行为。当投保人提出订立保险合同的"要约"时,保险公司会对投保人进行审核,以确定是否符合投保条件等。如果符合保险公司相关条件,则保险公司就会承保。

承保流程包括新单业务和续保业务。与新单业务相比,续保业务的承保手续较为简单。为了全面熟悉承保流程,下面以新单业务承保流程为例介绍人身保险承保的全部流程。

(一) 接单初审

承保内勤接受业务员递交的保险费和投保资料,进行初审。投保材料一般包括投保单、保费暂收收据,有的公司还有客户回访约定告知书、业务员报告书、委托银行代扣保险费协议书和附加问卷等。

接单初审是新单进入保险公司的第一关,主要是将明显不合格的投保件剔除,以尽可能减少因投保单填写不合格、投保资料不齐全,导致其他后续业务处理工作不能正常进行。内勤人员根据客户签字后的投保单逐项认真审核,投保单上的保险费金额应与暂收收据、委托银行代扣保险费协议书上的金额一致,填写应准确无误,取费正确。再看投保人的基本情况是否符合公司的承保要求。如果有误,退回业务纠正;如果无误,则在"新单登记簿"上进行登记。

(二) 预收录入

收银员根据初审合格的投保单、暂收收据及委托银行代扣保险费协议书等相关文件,核实与业务员所交保险费是否一致,并收取保险费。对现金缴费者在相关文件上加盖相应的收讫章,将暂收收据第三联退还业务员,以备查询;对采取银行划账方式缴费者直接录入。录入是指内勤人员将投保资料中的各项信息输入电脑,并以电脑进行核保,若不通过,说明保单填写有误,退给业务员由客户重新填写签字;如通过,则进入下一个环节。

(三) 专业核保

专业核保由负责核保工作的专业人员进行。核保人员根据投保规则和公司的核保规定进行风险选择,得出核保结论,提出处理意见。不能承保的,将保险费和投保资料退还给业务员,由业务员将保险费退还给投保人并负责解释工作;可以正常承保或附带条件承保的,例如有需要补充提供材料或体检的,要做好相关业务处理工作;然后将投保资料和处理意见交给专门负责缮制保单的内勤人员。

(四) 缮制保单

制单内勤将暂收收据号快速连续输入,电脑则根据暂收收据号自动生成保单号并连续打印正式保单,根据保单号由专人负责打印正式收据并加盖保费业务结算专用章。清分人员将投保书、暂收收据、委托银行代扣保险费协议书、保单和正式收据等单证按其所列用途进行清分,加盖保险合同专用章,并配齐保险合同的封面、现金价值表、保险条款、投保单副本和保险合同送达书等文件,然后将其成套装订,在相应交接本上登记后装箱,由通勤车送至各初审收银岗后再由业务员交到客户手中。

(五) 递送保单

业务员从递交投保单的窗口领取保险合同,登记后送达客户的同时,请客户填写《保险合同送达书》,并将回执部分剪下交由业务人员送回公司存档。

(六)整理归档

承保内勤每天分险种将当天的业务汇总成日报表,连同保费暂收收据和保险费交给财务部门,财务人员核对后在保费暂收收据业务留存联上加盖财务收讫章后返回承保内勤。内勤人员每天将回执单录入,将保费收据、保险合同副本和原始投保材料整理好放在一起,装进档案袋中,放进卷柜,月底统一登记后归入档案室保存。

第五节 防灾防损

案例分析

【案情】 某饲料公司于某年的2月18日将其固定资产、原料及存货等财产向某保险公司足额投保财产保险综合险,保险期限为一年。保险公司签发了保险单,饲料公司按约定交纳了保险费。同年6月2日,饲料公司所在地的县防汛指挥部下达了本地进入防汛紧急状态的通告,通告称:预计6月4日本地水位将达到或超过25.7米,超过历史最高水位,经上级政府批准,实施应急转移方案,该方案要求所有非防汛人员转移,其财产也一律就近转移到安全地区。第二天,保险公司根据此方案,对饲料公司发出《隐患整改通知书》,该通知书督促饲料厂尽快转移财产,并强调如果不按整改意见办理,保险公司将依保险法的规定解除保险合同,并对合同解除前发生的保险事故不承担赔偿责任。保险公司在将整改通知书送达饲料公司的当天,就派人对饲料公司需要转移的原料及存货进行了清点、登记,饲料公司立即雇车将这些物品运送到安全地区。由于当地政府组织及时,饲料公司并未遭受洪水,但饲料公司付出了财产转移费用13万元。汛期过后,饲料公司即向保险公司索赔,遭保险公司拒赔,遂上诉至法院。

饲料公司认为,财产的转移是根据保险公司的通知而实施的,故开支的13万元财产转移费用应由保险公司承担。而保险公司认为,这笔财产转移费用不属于保险责任范围内的损失,其向饲料公司下达的《隐患整改通知书》是协助饲料公司转移财产,这既是保险公司行使保护国家财产安全的权利,也是饲料公司尽保护国家财产安全的义务,故对该转移费用不予赔偿。

【分析】 此案中保险公司督促饲料公司转移财产,饲料公司实施了转移。可见,财产转移是双方为了共同的利益,并共同实施完成的,双方均无过错,根据公平原则和无过错责任原则,保险公司和饲料公司应共同承担民事责任。

防灾防损,既是投保人或被保险人应尽的义务,也是保险公司经营过程中的重要一环。一方面,投保人或被保险人在保险期间必须遵守各有关安全法规。同时,在保险期间保险方提出了防灾防损的建议均应及时采取,否则由此引起的损失由投保人或被保险人自己负责;另一方面,保险公司通过采取有效的防灾防损服务措施,既有利于降低自身的赔付率以提高经济效益,又能够减少社会财富的损失或浪费,提高保险的社会效益。

一、防灾防损的概念

防灾防损是指保险人对其所承保的保险标的可能发生的各种风险进行识别、分析和处理,以防止事故的发生和减少灾害损失的发生。

防灾防损是保险的职能之一,是保险公司经营的重要环节,是保险服务的重要内容。实施保险防灾防损,有利于维护人民生命安全和财产安全,减少社会财务损失,是提高保险经济效益和社会效益的重要途径。

二、防灾防损的方法

(一) 法律方法

防灾防损的法律方法是指通过国家颁布的有关法律来实施保险防灾管理。如,我国2015年4月24日修订的《保险法》第五十一条规定:"被保险人应当遵守国家有关消防、安全、生产操作、劳动保护方面的规定,维护保险标的的安全。"

(二) 经济方法

经济方法是当今世界普遍用于防灾防损的重要方法。保险人在承保时,通常根据投保人采取的防灾措施情况决定保险费率的高低,从而达到实施保险防灾管理的目的。对于那些防灾设施完备的投保人采用优惠费率,即少收保险费、以资鼓励;对于那些怠于防灾,缺乏必要防灾设施的投保人则采用较高的费率,以促进其加强防灾。比如,车辆保险在续保时,保险公司通常会有一个保费优惠条款:车辆一年未出险,第二年续保时即可享受10%左右的保费优惠;如果连续几年没有出险记录,那么保费优惠最高能达到30%左右。

(三) 技术方法

防灾防损的技术方法包括两个方面:

第一,通过制定保险条款和保险责任等技术来体现保险防灾精神:即设计保险条款规定被保险人防灾防损的义务;在保险责任的制定上,应有防止道德风险的规定;在保险理赔上提出抢救和保护受灾财产的要求。例如,财产保险合同中规定,如果灾害事故发生在保险责任范围内,被保险人应尽可能采取必要的措施进行抢救,防止灾害蔓延,对未被破坏和损害的财产进行保护和妥善处理;倘若没有履行这一义务而加重损失的部分,保险人不负赔偿责任。

第二,运用科学技术成果从事保险防灾活动,即保险企业专门设立从事防灾技术研究部门,对防灾进行相关的技术研究。防灾部门运用有关的技术和设备对承保对象进行风险预测,对保险标的进行监测,研制各种防灾技术和设备以及制定有关的安全标准。

三、防灾防损的程序

(一) 进行防灾防损宣传

保险公司运用多种宣传方式,向保户宣传防灾防损的重要性,普及防灾防损知识,以提高他们的安全意识。防灾防损宣传要结合当地实际,有针对性地进行。由于地理、气象、生产力发达程度以及人们的教育水平等方面的差异,使得各地的风险状况、保险标的的集中程度以及人们的防灾防损意识和实际能力等方面存在差别,这就要求保险防灾防损宣传要有目标、有针对性地进行。宣传方式方法上应力求做到通俗化、多样化,使防灾防损宣传生动活泼,易于理解和掌握。

(二) 制定保险防灾防损措施和具体实施细则

保险防灾防损贯穿于整个保险经营过程,在保险合同中,除规定主体、客体及保险金额、保险价值、保险期限等主要内容外,还应在有关条款(如被保险人的义务条款)中写明对保险标的进行防灾防损的主要措施。保险合同条款一般比较简明,在订立合同之后,还须据此制定具体实施细则以保证落实各种防灾防损措施。在各项实施细则中,一方面要对各项规定作出详细解释,提出实施方案和执行办法,以帮助防灾防损人员贯彻执行各项规定;另一方面,应结合具体情况,制定出责权利相结合的岗位责任制,使防灾防损工作与部门和个人的经济利益挂钩,并定期考核,做到奖优罚劣,从制度上保证防灾防损工作顺利进行。

(三)落实各项防灾防损措施

再保险防灾防损各项措施实施过程中,要经常检查监督实际执行情况,及时发现风险隐患,将某些可以避免的风险因素消除在萌芽状态。一旦发生灾害事故,应及时采取尽可能减少损失的合理措施,保证保险标的尽可能完好。同时,要加强防灾制度建设,将检查、监督纳入业务管理规划中,保证检查和监督工作经常化、制度化。

(四)及时处理不安全因素和事故隐患

防灾防损检查以帮助客户查隐患、堵漏洞,纠正违章现象为主,也要从制度、组织、措施、宣传教育等多方面促进安全管理整体水平。对检查中发现的问题,应提请被查单位领导予以重视。对于一时解决不了的安全隐患,应要求和指导被查单位尽快采取应急措施,在限定期限内整改,并建立立案销案制度,改一件销一件。对一些经过客户自身努力仍然得不到解决的重大隐患,应督促客户向其上级主管负责人请示报告,求得帮助解决。涉及市政建设的问题,应向政府有关部门汇报,提请纳入建设规划,逐步加以解决。对于重大隐患,在得到解决之前,应督促客户采取可靠的临时性补救措施。对于检查中发现的问题,保险防灾人员应将其归入保户防灾档案。在客户整改措施的制订和落实过程中,保险防灾人员也应经常予以关心,整改结果也要归档。

对于客户存在的安全隐患,在保险公司有能力的情况下,可将帮助客户消除安全隐患作为防灾服务的内容。有关技术性问题,可由保险防灾人员或聘请工程技术人员协助解决。

(五)参与抢险救灾

抢险救灾主要包括两个方面:一是灾害正在蔓延时,与被保险人一起组织抢救保险财产,防止灾害蔓延;二是在灾害之后,同被保险人一起对受灾财产进行整理、保护和妥善处理残余物资。

为做好抢险救灾工作,保险企业要对全体干部职工进行抢险救灾技术培训,使其掌握在危险环境中的各种救灾技术,并且能够在救灾过程中有效地保护各种财产和个人生命安全,减少不必要的人员伤亡。

(六)拨付防灾防损费用

保险企业每年从保险费中提取一定比例作为防灾防损基金,并以其中的一部分作为防灾防损补助费,拨给地方防灾部门使用。这是保险企业支持和参与社会防灾防损工作的具体表现。按照我国现行规定,各级保险公司应从当年财产保险的实收毛保费中,提取一定的比例作为总防灾防损基金。该基金作为三个部分:一部分作为全国统一使用的防灾基金;一部分由保险分公司作为防灾费用;还有一部分分配给基层保险公司作为防灾费用。

(七)开展灾情调查,积累灾情资料

保险企业要搞好防灾防损工作,除了配合有关部门具体参与防灾防损活动外,还要经常

对各种灾情进行调查研究和积累必要的灾情资料,以便了解掌握灾害发生的规律性,提高防灾防损工作的效果。

> **案例分析**
>
> **保险行业联动携手快速应对、赔付最强台风"莫兰蒂"**
>
> **【案情】** 2016 年 9 月份,第十四号台风"莫兰蒂"登陆我国,登陆时中心附近最大风力 15 级,这既是 2016 年登陆我国的最强台风,也是新中国成立以来登陆闽南沿海风力最强的台风。台风导致厦门、泉州、宁波等地遭受巨大损失。面对灾情,保险业高度重视,迅速启动应急预案,全力以赴投入到"莫兰蒂"灾后救援、查勘、理赔中。
>
> 据不完全统计,本次台风保险业共接到财产险报案 113 153 件,总涉案损失金额约 44.95 亿元。其中,车险案件 78 657 件,涉案金额 9.76 亿元,非车险案件 34 496 件,涉案金额 35.19 亿元。截至 2017 年 2 月份,已决案件件数 99 730 件,件数结案率 88.14%,目前保险业仍在稳步有序推进"莫兰蒂"台风的各项理赔工作。
>
> **【分析】** 保险行业联动携手快速应对、赔付最强台风"莫兰蒂"的风险案例,显示了保险业在灾害预防提示、理赔应急服务上的积极作为和突出作用。
>
> 资料来源:作者收集整理。

第六节 保险理赔

> **案例分析**
>
> **意外发生了,保险公司为何不赔**
>
> **【案情】** 近日,张女士和某保险公司发生了一起理赔纠纷案件。原来,几个月前,张女士从该保险公司为自己购买了一份人身意外险。保额 50 万元,涵盖意外医疗保额 5 万元。然而,前不久张女士在上班途中不慎摔了一跤,身上出现了几处明显伤痕遂去医院就医。然而去医院就医时发现,自己已有身孕一个月,医生建议她最好住院接受观察治疗,以免孩子发生什么意外。
>
> 张女士住了 10 天的院,成功保胎后,伤痕也无大碍了,而这 10 天的住院医疗费用总共 2 万多元。出院后,张女士想起自己曾经购买过的人身意外险,拿着医院的相关单据前往保险公司申请理赔。
>
> 但等到的,却是保险公司的拒赔,理由是因为张女士怀孕了,即便造成了意外也属于保险公司的免责条款范围内。
>
> **【分析】** 此案焦点是被保险人怀孕是否属于保险公司的免责条款范围内。对于已经怀孕了的被保险人来说,这期间的意外风险肯定是比平常要大很多的。这也是为什么很多保险公司的意外险产品会把"被保人妊娠、流产、分娩"列为免责条款范围内。
>
> 所以,若是女性朋友在怀孕期间想要获得一些人身保障,又不想遇到这种类似的事情发生,建议大家在怀孕期间选择母婴类的综合保险,这类险种也可以让自己在此期间

得到全面的意外保障。

提醒大家在选购人身意外险产品时,也需要多多注意产品的免责条款!像个体食物中毒、过劳猝死、因病摔倒身亡、中暑身故、高原反应死亡以及冲浪导致的溺水身亡等等,都不在大多数普通的人身意外险保障范围内,都属于免责条款范围。

资料来源:作者收集整理。

一、保险理赔的概念

(一) 保险理赔的含义

保险理赔,是指在保险标的发生保险事故而使被保险人财产受到损失或人身生命受到损害时,或保单约定的其他保险事故出险而需要给付保险金时,保险公司根据合同规定,履行赔偿或给付责任的行为,是直接体现保险职能和履行保险责任的工作。简单地说,保险理赔是保险人在保险标的发生风险事故后,对被保险人提出的索赔请求进行处理的行为。在保险经营中,保险理赔是保险补偿职能的具体体现。

《保险法》第二十二、第二十三条规定,保险事故发生后,依照保险合同请求保险人赔偿或者给付保险金时,投保人、被保险人或者受益人应当向保险人提供其所能提供的与确认保险事故的性质、原因、损失程度等有关的证明和资料。保险人依照保险合同的约定,认为有关的证明和资料不完整的,应当通知投保人、被保险人或者受益人补充提供有关的证明和资料。

(二) 保险理赔的方式

保险公司在出险后依据保险合同约定向保户理赔有两种方式:赔偿和给付。

赔偿与财产保险对应,指保险公司根据保险财产出险时的受损情况,在保险额的基础上对被保险人的损失进行的赔偿。保险赔偿是补偿性质的,即它只对实际损失的部分进行赔偿,最多与受损财产的价值相当,而永远不会多于其价值。

而人身保险是以人的生命或身体作为保险标的,因人的生命和身体是不能用金钱衡量的,所以,人身保险出险而使生命或身体所受到的损害,是不能用金钱衡量的。故在出险时,保险公司只能在保单约定的额度内对被保险人或受益人给付保险金。即人身保险是以给付的方式支付保险金的。

(三) 保险理赔的时效

保险索赔必须在索赔时效内提出,超过时效,被保险人或受益人不向保险人提出索赔,不提供必要单证和不领取保险金,视为放弃权利。险种不同,时效也不同。人寿保险的索赔时效一般为5年;其他保险的索赔时效一般为2年。

索赔时效应当从被保险人或受益人知道保险事故发生之日算起。保险事故发生后,投保人、保险人或受益人首先要立即止险报案,然后提出索赔请求。

保户提出索赔后,保险公司如果认为需补交有关的证明和资料,应当及时一次性通知对方;材料齐全后,保险公司应当及时作出核定,情形复杂的,应当在30天内作出核定,并将核定结果书面通知对方;对属于保险责任的,保险公司在赔付协议达成后10天内支付赔款;对不属于保险责任的,应当自作出核定之日起3天内发出拒赔通知书并说明理由。保险人理赔审核时间不应超过30日,除非合同另有约定。而在达成赔偿或给付保险金协议后10日内,保险公司要履行赔偿或给付保险金义务。此外,核定不属于保险责任的,应当自核定之日起3日内发出拒赔通知书并说明理由。

> **案例分析**
>
> **为什么保险金领取也受时间限制**
>
> 【案情】 王先生是一份人寿保险合同的制定受益人,2004年7月,王先生出国留学,由于种种原因,王先生与投保人和被保险人中止了联系。2004年12月,被保险人发生车祸身故,投保人知道后既没有向保险公司申请索赔,也没有通知王先生。2010年1月,王先生回国,得知了上述情况,于是向保险公司提出了索赔申请。由于王先生提出理赔申请时离保险事故的发生已有5年多的时间,有些必要的证据和事故性质、原因难以确定,因此,保险公司的理赔人员对是否应当给付王先生保险金产生了分歧。
>
> 【分析】 本案中所投保险为人寿保险,索赔时效应为5年,虽然保险事故发生在5年以前,但并不意味着该案已超过索赔时效。根据保险法的规定,索赔时效自被保险人或受益人知道保险事故发生之日起计算,而不是自保险事故发生之日起计算。如果王先生能够证明自己5年前并不知道保险事故的发生,那么,他仍然有权获得该笔保险金。但是,如果因王先生被延误通知,导致必要的证据及事故性质、原因无法认定或者增加了保险公司的勘查、检验等各项费用,保险公司有权从保险金中扣除。
>
> 资料来源:刘永刚,《保险学(第2版)》,中国工信出版集团、人民邮电出版社,2016年,第225页。

二、保险理赔的原则

(一) 近因原则

近因原则是指造成保险标的损失的最直接、最有效的原因,这是保险理赔过程中必须遵循的原则,按照这一原则,当被保险人的损失是直接由于保险责任范围内的事故造成的,保险人才予以赔偿。也就是说,保险事故的发生与损失事实的形成,两者之间必须有直接因果关系的存在,才能构成保险赔偿的条件。灵活运用保险近因原则是消费者维权的手段。

(二) 重合同、守信用

保险合同所规定的权利和义务关系,受法律保护,因此,保险公司必须重合同、守信用,正确维护保户的权益。在处理理赔案时,要严格按照保险公司中的条款来理赔,既不能"惜赔",也不能"滥赔"。

(三) 实事求是

在处理赔案过程中,要实事求是地进行处理,根据具体情况,正确确定保险责任、给付标准、给付金额,恰当运用条款处理具体问题,做到合情合理。不能教条主义,笼统拒赔,可以适当运用通融赔付。

(四) 主动、迅速、准确、合理

"主动、迅速"要求保险人在处理赔案时积极主动,不拖延并及时深入事故现场进行勘察,及时理算损失金额,对属于保险责任范围内的灾害事故所造成的损失,应迅速赔偿或给付。"准确、合理"要求保险人在处理赔案时分清责任,合理定损,准确履行赔偿或给付义务。

对不属于保险责任的案件,应当及时向被保险人发出拒付的通知书,并说明理由。

这一原则是衡量和检查保险理赔工作质量的标准,是保险企业信誉的集中表现,是我国保险业在长期理赔实践中总结出来的经验,又称理赔工作的"八字方针"。

三、保险理赔的程序

(一)立案查勘

保险人在接到出险通知后,应当立即派人进行现场查勘,了解损失情况及原因,查对保险单,登记立案。

(二)审核证明和资料

保险人对投保人、被保险人或者受益人提供的有关证明和资料进行审核,以确定保险合同是否有效,保险期限是否届满,受损失的是否是保险财产,索赔人是否有权主张赔付,事故发生的地点是否在承保范围内等。

(三)核定保险责任

保险人收到被保险人或者受益人的赔偿或者给付保险金的请求,经过对事实的查验和对各项单证的审核后,应当及时作出自己应否承担保险责任及承担多大责任的核定,并将核定结果通知被保险人或者受益人。

(四)履行赔付义务

保险人在核定责任的基础上,对属于保险责任的,在与被保险人或者受益人达成有关赔偿或者给付保险金额的协议后十日内,履行赔偿或者给付保险金义务。保险合同对保险金额及赔偿或者给付期限有约定的,保险人应当依照保险合同的约定,履行赔偿或者给付保险金义务。

保险人按照法定程序履行赔偿或者给付保险金的义务后,保险理赔就告结束。如果保险人未及时履行赔偿或者给付保险金义务的,就构成一种违约行为,按照规定应当承担相应的责任,即"除支付保险金外,应当赔偿被保险人或者受益人因此受到的损失",这里的赔偿损失,是指保险人应当支付的保险金的利息损失。为了保证保险人依法履行赔付义务,同时保护被保险人或者受益人的合法权益,明确规定,任何单位或者个人都不得非法干预保险人履行赔偿或者给付保险金的义务,也不得限制被保险人或者受益人取得保险金的权利。

(五)代位追偿

如果保险事故是由第三者的过失或非法行为引起的,第三者对被保险人的损失须负赔偿责任。保险人可按保险合同的约定或法律的规定,先行赔偿给被保险人。然后被保险人应当将追偿权转让给保险人,并协助保险人向第三者责任方追偿。如果被保险人已从第三者责任方那里得到了赔偿,保险人只需承担不足部分的赔偿责任。值得注意的时,在人寿保险业务中,不允许代位追偿。

> **阅读资料**
>
> **车险理赔流程**
>
> 1. 肇事司机(被保险人)需在 24 小时内向保险公司报案,并认真填写《机动车辆保险出险/索赔通知书》并签章。
> 2. 及时告知保险公司损坏车辆所在地点,以便对车辆查勘定损。
> 3. 根据《道路交通事故处理办法》的规定处理事故时,对财物损失的赔偿需取得相

应的票据、凭证。

4. 车辆修复及事故处理结案后,办理保险索赔所需资料:

(1) 机动车辆保险单及批单正本原件、复印件;

(2) 机动车辆保险出险/索赔通知书;

(3) 行驶证及驾驶证复印件;

(4) 赔款收据。

根据不同的事故性质还需要以下资料:

(1) 火灾事故:公安消防部门的火灾原因证明;

(2) 自然灾害:气象部门证明或灾害报道剪报;

(3) 交通事故:由交警处理需提供道路交通事故责任认定书及交通事故损害赔偿调解书;由法院处理需提供道路交通事故损害赔偿调解终结书;民事判决书或民事调解书;

财产损失需提供:车辆修理、施救费发票;车辆损失相片;财物损失清单;财物损失修理、施救费发票;财物损失相片等。

特殊情况:

(1) 撞到自家人的免责;

(2) 车灯或者倒车镜单独破损的不赔;

(3) 把负全责的肇事人放跑的不赔;

(4) 水深处强行打火导致发动机损坏的不赔;

(5) 车辆修理期间造成的损失不赔;

(6) 地震损失不赔;

(7) 私自加装的设备不赔;

(8) 被车上物品撞坏不赔;

(9) 没经过定损直接修理的不赔;车辆零部件被盗的不赔等等。

(10) 酒后驾车、无照驾驶,行驶证、驾照没年检的,保险公司也可以拒绝赔付。

资料来源:作者收集整理。

阅读资料

意外伤害险理赔流程

1. 发生意外伤害或住院后应及时拨打保险公司的客户服务电话,了解需要准备的单证,以便保险公司快速理赔,需在3日内向保险公司报案。

2. 被保险人因意外伤害办理理赔时所需手续(住院医疗保险需在保险公司规定的认可的二级(含二级)以上医院住院就诊):

(1) 医学诊断证明;

(2) 有关部门出具的意外伤害事故证明;

(3) 医疗费原始收据及处方;

(4) 本人身份证或户籍证明复印件。

3. 保险公司在所有单证齐全的情况下,在7日内会作出结案通知,被保险人或受益人接到通知后,可凭本人身份证和户籍证明到保险公司领取赔款。

资料来源:作者收集整理。

第七节 保险资金运用

阅读资料

保险资金运用的十个"不得"

《保险资金运用管理办法》于2018年4月1日正式实施。服务保险主业和实体经济依然是主旋律。对于保险公司来说,其中的10个"不得",可能是要特别关注的。

一、股东不得违法干预保险资金运用(第四条)

保险资金运用应当坚持独立运作。保险集团(控股)公司、保险公司的股东不得违法违规干预保险资金运用工作。

【解读】 2017年,在保险资金运用问题上,保监会数度发声。保监会副主席陈文辉曾强调,保险资金运用要坚持审慎稳健运作,深刻反思过去一个时期少数保险机构激进经营和激进投资问题并认真吸取教训,决不能使保险资金成为大股东投资控股的工具。他还强调,保险资金要为保险主业服务、为被保险人服务,而不能为它的股东服务、为业外人服务,要用制度引导保险资金做友好的投资者。

二、子公司偿付能力不足时集团公司不得向外投资(第十四条)

保险集团(控股)公司的保险子公司不符合中国保监会偿付能力监管要求的,该保险集团(控股)公司不得向非保险类金融企业投资。

【解读】 "偿二代"制度体系建设以来,保险公司偿付能力充足率已经成为防控金融系统风险的重要指标。子公司偿付能力不足时,集团母公司不得向外投资,而应该补足子公司资本金,这是保险业稳健运行的重要保障。相信,"偿二代"制度体系会从更加宏观的角度来防范保险业系统风险。

三、保险资金运用六个不得行为(第十八条)

除中国保监会另有规定以外,保险集团(控股)公司、保险公司从事保险资金运用,不得有下列行为:

(一)存款于非银行金融机构;

(二)买入被交易所实行"特别处理""警示存在终止上市风险的特别处理"的股票;

(三)投资不符合国家产业政策的企业股权和不动产;

(四)直接从事房地产开发建设;

(五)将保险资金运用形成的投资资产用于向他人提供担保或者发放贷款,个人保单质押贷款除外;

(六)中国保监会禁止的其他投资行为。

【解读】 稳健,是险资运用的根本前提,所谓保险要做风险的管理者,决不能是风险的制造者。比如提供担保方面,此前的"侨兴债"事件虽然是在保证保险的业务范围,但从风险角度来说,却也是对行业的一记警钟。因此,对于风险性较大的投资方向予以限制,是对险资的保护。同时,业内提议的险资放贷问题,也在此被明确禁止。

四、分支机构不得从事险资运用(第二十一条)

保险资金应当由法人机构统一管理和运用,分支机构不得从事保险资金运用业务。

【解读】 险资运用应当按照"集中管理、统一配置、专业运作"的要求,实行集约化、专业化管理。近年来,保费的快速增长和资金运用收益偏低的矛盾却越来越突出。而专业化管理的好处一方面是监管方便;另一方面则是有利于提升运用水平和坚持稳健方向。

五、保险资金托管机构四个不得行为(第二十四条)

托管机构从事保险资金托管,不得有下列行为:

(一)挪用托管资金;

(二)混合管理托管资金和自有资金或者混合管理不同托管账户资金;

(三)利用托管资金及其相关信息谋取非法利益;

(四)其他违法行为。

【解读】 保险资金托管机构其实并不在保险监管范围内,而本办法对之进行规范,可见,在金融产业边界日益模糊融合的环境下,金融大监管体系建设已经摆上日程。

六、保险公司对委托投资管理人的五个不得行为(第二十八条)

保险集团(控股)公司、保险公司委托投资管理人投资的,不得有下列行为:

(一)妨碍、干预受托人正常履行职责;

(二)要求受托人提供其他委托机构信息;

(三)要求受托人提供最低投资收益保证;

(四)非法转移保险利润或者进行其他不正当利益输送;

(五)其他违法行为。

【解读】 除了明确股东不得干预险资运用之外,另一个就是险企不得干预险资运用受托人。两项规定有异曲同工之妙,就是要隔离险资运用中的委托关系中双方主体相关运营风险,从而实现险资运用的独立化、专业化,并保障险资运用的稳健安全。专业资产管理机构进行资产管理有利于实现风险隔离的效果,不动产、基础设施、养老等另类投资和传统投资无论是从监管理念、投资方法、操作流程等等有很大差别,需要专业的团队和风险管控措施。

七、保险资金投资管理人九个不得行为(第二十九条)

投资管理人受托管理保险资金的,不得有下列行为:

(一)违反合同约定投资;

(二)不公平对待不同资金;

(三)混合管理自有、受托资金或者不同委托机构资金;

(四)挪用受托资金;

(五)向委托机构提供最低投资收益承诺;

(六)以保险资金及其投资形成的资产为他人设定担保;

(七)将受托资金转委托;
(八)为委托机构提供通道服务;
(九)其他违法行为。

【解读】 这里与第二十四条类似,延伸了保险监督管理工作的触角。而且内容中明确禁止转委托和提供通道服务,这些都与此前行业曾经出现过的险资运用乱象相关。

八、首席风险管理执行官不得主管投资管理(第三十九条)

【解读】 保险公司风险管理执行官,是负责监管保险公司系统风险的专业人员。其职责就在于发现并防范险企运营过程中可能出现的金融风险。而险资运用风险对于保险公司运行影响巨大,如果风险管理官参与其中,沉迷收益,必将影响其风险管理职能履责,无异于火中取栗。

九、险资参与衍生产品时不得用于投机(第五十二条)

保险资金参与衍生产品交易,仅限于对冲风险,不得用于投机,具体办法由中国保监会制定。

【解读】 保险是风险管理者,不能成为风险制造者。

十、保险资金运用违规、情节严重,3年内不得从事相关业务

(险企及相关责任人员之外的其他当事人在险资运用中违规)情节严重的,中国保监会可以通报保险集团(控股)公司、保险公司3年内不得与其从事相关业务,并送有关监管部门依法给予行政处罚。

【解读】 从第六十七条到第七十四条,"办法"全面系统地阐述了保险资金运用违规时的限制性和禁止性惩罚措施。其中包括限制其资金运用的形式和比例、责令限期改正、责令调整负责人及有关管理人员、对公司进行整顿以及对机构罚款、限制业务范围、责令停止接受新业务或者吊销业务许可证等行政处罚,对相关责任人员依法予以警告、罚款、撤销任职资格、禁止进入保险业等行政处罚。

资料来源:作者收集整理。

一、保险资金运用的意义

(一) 保险资金运用的含义

保险资金运用是保险企业在经营过程中,将积聚的各种保险资金部分用于投资或融资,使资金增值的活动。保险人通过资金运用增强自身竞争能力,同时也使保险企业从单纯的补偿机构转变为既有补偿职能又有金融职能的综合性企业,为金融市场增添了活力。保险资金是保险企业偿付能力的保证,从一定意义上讲,保险资金只能运用于补偿被保险人的经济损失,不能用于其他方面的投资。但是保险资金在其运动过程中具有三大特征,即负债性、间歇性和不定性,这些特性赋予了保险人极其有利的投资条件。保险资金运用要遵循安全性、收益性、多样性、流动性原则。

(二) 保险资金运用的意义

1. 保险资金运用最根本的原因是由资本本身属性决定的

资本只有在运动中才能增值。保险企业将暂时闲置的资金加以运用,以增加利润,这是资本自身的内在要求。保险公司之所以能够将其资金进行投资,主要是因为保险资金在实

际应用中存在着时间滞差和数量滞差。

2. 保险资金运用是由保险业务自身性质决定的

保险基金由于未来的补偿和给付,是货币形态的。在商品经济条件下,存在着通货膨胀问题。如果保险基金不能正常运用,不仅无法取得收益,连保值都难保证,势必影响保险人经济补偿职能的实施。

3. 保险资金运用是市场竞争的必然结果

保险市场竞争激烈,往往出现承保能力过剩,承保利润下降。保险人转向注重从保险资金运用中取得收益,争取投资利润。保险资金运用的结果,使保险人获得了平均利润,而被保险人也以低费率形式享受到保险资金运用的收益。

二、保险资金的构成

(一) 资本金

资本金是保险公司在开业时必须具备的注册资本。各类保险公司的注册资本由管理机构根据本国经济情况和保险业务情况的需要进行制定和调整。

(二) 准备金

责任准备金是保险公司按法律规定为在保险合同有效期内履行经济赔偿或保险金给付义务而将保险费予以提存的各种金额。准备金一般包括未到期责任准备金、未决赔款准备金和总准备金。在我国则包括未到期责任准备金、未决赔款准备金和保险保障基金。

(三) 其他投资资金

在保险经营过程中,还存在着其他可用于投资的资金来源,主要包括:结算中形成的短期负债、未分配利润、公益金、企业债券等。这些资金可根据其期限的不同作相应的投资。

三、保险资金运用的原则

(一) 安全性

安全性原则是保险资金运用的首要原则。因为保险基金是保险人对全体被保险人的负债。从数量上看,保险基金总量应与未来损失赔偿和保险给付的总量一致,若不能安全返还,必将影响保险企业的经济补偿能力。为保证保险资金运用的安全,保险人一定要做好投资预测,选择安全性较高的投资项目,以小额、短期、形式多样化来分散风险,增加投资的安全性。

(二) 收益性

保险资金运用的主要目的就是盈利。盈利能给保险人带来企业效益,增强保险企业的偿付能力。这就要求保险资金运用中选择高效益的投资项目,在一定风险限度内力求实现收益最大化。

(三) 流动性

保险具有经济补偿的功能,保险事故的发生又具有随机性特点,这就要求保险资金运用保持足够的流动性,以便随时满足保险赔偿和给付的需要。保险人应根据不同业务对资金运用流动性的不同要求,选择恰当的投资项目。

以上三原则相互联系,相互制约。其中收益性是主要目的,而安全性、流动性是资金运用盈利的基础。稳健的资金运用,应该首先保证资金的安全性和流动性,在此基础上努力追求资金运用的收益性。

四、保险资金运用的形式

(一) 债券
债券是国家或企业信用的一种形式。按发行者不同分为公债和公司债。保险企业可针对不同业务的特点,投资于长期债券和短期债券。

(二) 股票
股票一般分为普通股和优先股。优先股同时具有债券和普通股的特点,有固定的收益率,风险比普通股小,较适合保险投资。

(三) 不动产
不动产投资在各国保险业中非常普遍。优点是便于对资产项目进行管理和控制,且盈利性和安全性较好,但流动性差,故各国保险法对其严加限制。

(四) 贷款
保险人发放的贷款一般为抵押放款,即以不动产、有价证券或寿险保单为抵押的放款,安全性较好。

(五) 银行存款
银行存款是保险公司存放在银行,获取利息收入的资金。银行存款以银行作为保险资金的投资中介,保险公司承担的风险较小,安全性较高,但收益相对较低,在一般情况下不可能成为真正意义上的投资利润。

(六) 投资基金
投资基金是指汇集不特定多数且有共同投资目的的投资者的资金,委托专业的金融投资机构进行组合投资,以实现风险的分散和降低,共同分享收益的一种集合投资方式。

(七) 资金拆借
资金拆借是指具有法人资格的金融机构之间或具有法人资格的金融机构与经法人授权的非法人金融机构之间进行的短期资金融通。资金拆借包括资金拆入和资金拆出。

(八) 金融衍生工具
金融衍生工具是随着金融市场发展而出现的新兴产品,主要包括期货、期权、互换等。期货和期权可用来抵消现有资产组合的风险,锁定将来保费收入和投资的当期收益率。

案例分析

保险公司债券违规投资

【案情】 2011年12月,P资产管理有限责任公司(以下称"P资产")发起设立某债权投资计划,先后分两期募集资金50亿元进行定向投资。2011年12月12日,P资产向保监会报送项目备案报告。检查发现,P资产在项目管理上未谨慎处理相关投资计划事务。一是P资产称市场谈判因素导致项目投资收益率发生变更,但保监会检查未发现投资收益率变更的任何内部审批文件。二是内部文件记载的核心投资要素与备案文件和相关合同的内容多处不一致。备案后内部文件记载的投资收益率与备案文件记载的投资收益率不一致,内部文件记载的相关费用率与债权计划募集说明书和相关合同记载的费用率不一致。

《保险法》第一百零六条规定,保险公司资金运用的具体管理办法由保监会制定。2006年,保监会制定《保险资金间接投资基础设施项目试点管理办法》,明确规定投资计划的受托人应当为受益人最大利益谨慎处理投资计划事务。P资产的上述行为,反映出其在运用保险资金的过程中未尽到审慎管理职责,违反了《保险资金间接投资基础设施项目试点管理办法》的规定,构成《保险法》规定的违规运用保险资金的行为。

C曾任P资产董事长,负责公司日常经营管理,清楚知悉相关情况但未尽到审慎管理职责,对上述违法行为负有直接责任。

上述事实,有现场检查事实确认书、债权计划备案材料、发行情况报告、募集说明书、公司内部工作签报及工作邮件、议案申报表、投管会秘书处初审意见、债权计划相关合同和报告、相关人员询问笔录、相关人员任职情况和岗位职责等证据证明,足以认定。

本案在审理过程中,当事人P资产、C提出陈述申辩,申辩意见认为公司确实存在内部文件记载的核心投资要素与备案文件、有关合同内容等不一致的情况,但处罚过严,请求免于处罚。

保监会对P资产、C的申辩意见进行了认真复核,认为本案事实清楚,证据充分,当事人对违规行为的存在也无异议。根据《保险法》和保监会相关规定,P资产的有关行为已经构成违规运用保险资金的违法行为,应当依法予以处罚,因此对当事人免于处罚的申辩意见不予采纳。但是,结合本案违法行为的性质和具体情节,对P资产、C适当从轻处罚。

保监会作出如下处罚:P资产未谨慎处理投资计划事务的行为,违反了《保险法》第一百零六条,构成违规运用保险资金的违法行为,依据《保险法》第一百六十五条,保监会决定对P资产罚款10万元,依据《保险法》第一百七十三条,保监会决定对C警告并罚款1万元。

【分析】 保险资金运用必须稳健,且用途符合相关规定;保险机构应当对投资恪尽职守,履行诚实、信用、谨慎、勤勉的义务。

而本案中,P资产管理有限责任公司在项目管理上未谨慎处理相关投资计划事务,在保监会审核的文件中存在缺漏或与实际情况严重不符的情况,并没有履行诚实、信用、谨慎、勤勉的义务,因此受到保监会行政处罚。

资料来源:作者收集整理。

第八节 保险职业道德

案例分析

保险产品销售误导

【案情】 在2012年1月到5月,4个月期间某保险企业的所属的某省分公司针对人身保险产品的说明会一共进行了24次,其中人身保险产品的总数量有5个。在这些产品的宣传中,有3个产品的讲解以及产品说明中提到了很多误导言辞,例如"投保也是投资""合理逃债逃税""归还本金""资产转移""让本金增值"等含糊诱骗型的言辞。中国保险业于 2012 年 3 月也在该省的一个市开展了财富一生两全保险产品宣传说明会,2011 年 4 月还在这个市开展了智盈、智胜人生终身人身保险等产品宣传说明会。在这些产品宣传说明会开展的过程中,宣传者也用了一些诱骗的言辞,例如"利息比银行还高""类型跟基金的模式相似""投保就像把钱存在银行""用合法的方式帮助你们逃债逃税""资金的存取比银行还要便利"等,这些措辞都是对人们极大的误导。

2011 年 11 月,中国保监会的下属监管机构对该企业的执行经理进行了严重的警告,与此同时也对该企业作出了 2 万元的金钱责罚,对具体实施该诱骗措辞的下属分公司也给出了 6 万元金钱责罚。

【分析】 此案是典型的保险产品销售误导,也就是指保险业的相关机构中的从业人员在销售保险的时候,对消费者进行误导、隐瞒以及欺诈,从而让消费者曲解作出不适合自己的判断的行为。销售误导直接危害了消费者的产品真实的知情权,因个人的意志妨碍了消费者的选择,从而使保险交易出现不平等的地方,导致了公民对保险业的失信,也让保险业更加难以良性发展。

资料来源:李逸楠,《保险从业人员职业道德建设研究》,西南石油大学硕士学位论文,2014 年,第 21 页。

一、保险职业道德概述及要求

(一) 保险从业人员道德概述

保险从业人员的职业道德是保险行业从业人员在其职业活动中应当遵循的行为规范和准则。其内涵具体表现在社会对保险从业人员的社会价值的定位,是保险从业人员作为一名专业人员,在从事保险职业活动中,应当遵守的职业操守和规范的总和。

保险从业人员职业道德既来自保险业职业实践,也是保险从人员职业发展的需要,同时也指导着保险从业人员的各项职业活动。与个人道德规范相比,保险从业人员职业道德规范更为具体,主要以保险的基本行业特性和行业发展所需而展开,保险从业人员职业道德所指向的对象仅为保险行业内的从业人员,保险职业道德规范体系的论证与构建成了保险从业人员职业道德发展的核心内容。

(二) 保险从业人员道德规范

保险职业道德规范是保险职业道德基本理念的具体化,并体现了保险职业道德基本理念的要求。它是社会为保险从业人员确立的行为尺度,也是保险从业人员对社会或他人所应尽的道德义务。21 世纪以来我国保险从业人员职业道德不断发展,初步形成保险从业人员在具体的保险职业活动中应遵守的道德规范标准,应包括如下十条要求。

1. 遵纪守法

遵纪守法是指保险从业人员应遵守国家基础的法律法规、相关行政部门的规章制度、保险行业的行业公约及价值观,以及所在保险公司的公司制度及规范。遵纪守法不仅是保险从业人员作为公民应尽的基本义务,也是保险从业人员的基本职业道德规范。

2. 诚实守信

诚实守信是指保险从业人员在从事保险职业活动中,应当注重诚信,恪守承诺,基于保险业作为经营信用的特殊性质的金融服务行业,对保险从业人员的诚信的道德水平要求则更高。

3. 专业胜任

专业胜任指保险从业人员应通过不断学习、充实,提高自身专业知识和执业水平,以及保持高质量的执业水准的职业道德要求,目的在于使自身的能力和素养能够不断适应保险市场的变化和发展。

4. 客户至上

客户至上是指保险从业人员从事的各项保险职业活动中,须以客户的需求作为服务重点和导向,向保险客户提供热情、周到和优质的专业服务;同时在保险职业活动中,保险从业人员应避免与客户产生直接或间接的利益冲突,当发生不可避免的冲突时,应积极协调,确保客户和所属企业的利益不受损害。

5. 公平竞争

公平竞争指保险从业人员在代表所属企业开展保险执业活动时,要采取合法、正当的手段进行竞争。具体职业道德要求表现为尊重竞争对手,不恶意诋毁、或负面评价竞争企业及竞争企业的从业人员。应通过提升自身专业水平和服务质量来吸引客户、展开竞争,也应通过加强保险行业间的交流与合作,相互学习并共同成长。

6. 勤勉尽责

勤勉尽责指的是保险从业人员秉持勤勉的工作态度,努力避免保险职业活动中的人为失误,不侵害所属企业的利益,并认真履行对所属企业的责任和义务,接受所属企业的相关管理;不挪用、侵占保费,不擅自超越合同的权限或所属机构授权;保障和平衡客户和所属企业双方利益。

7. 团结互助

团结互助是指保险从业人员在同事工作关系中,为了实现所属企业及团队的目标和利益时,应做到互相帮助和支持、力求实现共同发展。团结互助是社会主义职业道德下对保险从业人员职业道德的一项重要要求。

8. 文明礼貌

文明礼貌是指保险从业人员在从事保险职业活动中的行为和精神面貌应符合社会精神文明的要求。文明礼貌作为社会进步的产物,是每位公民应遵守的基本道德,保险从业人员文明礼貌的职业道德则是在保险职业实践中所形成的道德规范,它展现着保险从业人员的基本素质,展现着所在保险企业的服务水准,也代表着整个保险行业的形象。

9. 爱岗敬业

爱岗指保险从业人员应热爱自己所从事的保险工作,这是对保险从业人员工作态度的基本要求。敬业是指保险从业人员基于对保险工作热爱的基础上,由内心自发产生的一种使命感和责任感,并在这种使命感和责任感下所表现出的勤勉、认真和努力的行为。爱岗敬业是集体主义精神在保险行业中的体现,也是保险从业人员的职业道德规范的重要行为表现。

10. 开拓创新

创新是指保险从业人员为了所在保险企业的发展需要,运用现有的信息和知识,不断学习打破常规思维,发现并创造出具有企业及社会价值的新事物和思想、新产品和服务的职业行为。在保险行业的竞争中,一切经营活动及其保险项目产品都需要有优质高效的服务做保障,才能获得盈利,取得高效益。

二、保险代理从业人员职业道德操守

保险代理从业人员可以分为两类:一类是指接受保险公司委托从事保险代理业务的人员(保险营销员);另一类是大保险专业代理机构或保险兼业代理机构中从事保险代理业务的人员(保险代理机构从业人员)。

作为保险业诚信建设的重要组成部分,2004年中国保险监督管理委员会在充分吸收业内外意见的基础上,制定并发布了《保险代理从业人员职业道德指引》《保险经纪从业人员职业道德指引》和《保险公估从业人员职业道德指引》。

《保险代理从业人员职业道德指引》(以下简称《指引》)既广泛借鉴了保险市场发达国家的先进经验,又充分体现了我国保险业实际情况,是我国保险代理人员最基本的行为规范,也是指导保险代理从业人员的职业道德建设的纲领性文件。

《指引》对保险代理从业人员应当遵循的职业道德作出了原则性规定。其主体部分由7个道德原则和21个要点构成。这7个道德原则是:守法遵规、诚实信用、专业胜利、客户至上、勤勉尽责、公平竞争、保守秘密。这7个道德原则可视为《指引》的骨架;每个原则下的若干要点则可视为《指引》的具体内容。7个道德原则之间不是孤立的,而是一个相互联系的有机整体。其中,守法遵规、专业胜利是基础,诚实信用是核心,客户至上、勤勉尽责、公平竞争、保守秘密这几条原则可视为诚实信用原则在不同方面的发展。

(一) 守法遵规

作为保险代理从业人员在执业活动中应从以下方面体现守法遵规。

1. 以《中华人民共和国保险法》为行为准绳,遵守有关法律和行政法规,遵守社会公德

首先,《中华人民共和国保险法》是我国保险业的基本法。《中华人民共和国保险法》对保险从业人员的基本行为规范作出了规定。保险代理从业人员是保险从业人员中一个群体,《中华人民共和国保险法》对保险从业人员的约束也必然构成对保险代理从业人员的约束。其次,《中华人民共和国消费者权益保护法》《中华人民共和国民法通则》和《中华人民共和国反不正当竞争法》等与保险代理相关的法律法规,保险代理从业人员也必须遵守。最后,遵守社会公德。社会公德是指适用于社会公共领域中的道德规范或者道德要求,是社会各个阶层、集团都应当遵循的共同道德要求。

2. 遵守保险监管部门的相关规章和规范性文件,服从保险监管部门的监督与管理

我国的保险监管部门是指中国保险监督管理委员会及其派出机构。中国保监会根据国务院授权履行行政管理职能,依法统一监管中国保险市场。《中华人民共和国保险法》规定:"国务院保险监督管理机构依照本法负责对保险业实施监督管理。"其中提到的保险监督管理机构是指中国保险监督管理委员会。作为保险业的监管部门,中国保监会自1998年成立以来制定了大量的规章和规范性文件,其中一些是与保险代理从业人员有关的,如《保险代理机构管理规定》《保险营销员管理规定》和《关于进一步落实保险营销员持证上岗制度的通知》等。

3. 遵守保险行业自律组织的规则

保险行业自律组织包括中国保险行业协会、地方性的保险行业协会(同业协会)等。保

险行业自律组织对会员的自律,一是通过组织会员签订自律公约,约束不正当竞争行为,监督会员依法合规经营,从而维护公平竞争的市场环境;二是依据有关法律法规和保险业发展情况,组织制定行业标准,如质量标准、技术规范、服务标准和行规行约,制定从业人员道德的行准则,并督促会员共同遵守。从规范对象来看,保险行业自律组织制定的自律规则可分为两类:一是规范机构会员行为的规则;二是规范从业人员行为的规则。后者对保险代理从业人员的行为起着直接的约束作用;而前者能通过规范机构会员的行为部分地起到间接规范从业人员行为的作用。

4. 遵守所属机构的管理规定

所属机构按照内部单位的需要,制定出在本机构内部适用的准则即管理规定,规范其员工的行为,统一其行动的方向。保险代理机构的管理规定可以表现为员工守则、考勤制度、业务管理规定、财务制度等。

(二) 诚实信用

诚实信用是保险代理从业人员职业道德的灵魂。保险代理从业人员的中介作用使其成为联系保险人与投保人或被保险人的纽带,因而,保险代理人应对保险人和投保人或被保险人同时做到诚实信用。保险代理从业人员要以维护和增进保险代理、保险业的信用和声誉为重,以卓著的信用和良好的道德形象,赢得客户和保险人及社会的信任。

1. 诚实信用应贯穿于保险代理人执业活动的各个方面和各个环节

无论是准客户的开拓,还是老客户的维持;无论是对投保人风险的分析与评估,还是被保险人投保方案的设计;无论是方案的推介阶段,还是保单的签发与递送环节,保险代理人都应做到诚实信用。

首先,"真诚永远"应成为保险代理从业人员的行为准则。保险营销离不开感情的联络,但更需要情感的投入。保险代理人要以真诚的服务赢得客户的依赖。其次,"一诺千金"是社会信誉的浓缩,保险业是遵守承诺的典型行业,保险单即是承诺书,保险责任系于一张保单上,所以保险经营的特殊性使得"其诺重千金"。因此,作为保险消费者的近距离接触者,保险代理人首先要"谨诺",以保证保险人"践诺"。最后,信任是处理各种关系的润滑剂。保险营销就是建立在客户与营销人员的相互信任基础上的。保险代理人员应以建立双方的友好关系为起点开展合作,以诚信之心赢得客户的信任。

2. 在执业活动中主动出示法定执业证件并将本人或所属机构与保险公司的关系如实告知客户

保险代理从业人员包括直接与保险公司签订代理合同从事代理业务的保险代理营销员,以及专业或兼业保险代理机构中从事代理业务的人员。他们在执业活动中应当首先向客户声明所属机构的名称、性质和业务范围,并主动出示《保险代理从业人员展业证书》或《保险代理从业人员执业证书》而且还要明确告知与所属机构的关系。比如:保险营销员要讲明与保险公司之间的代理关系,而代理机构从业人员只需明确所属的专业或兼业代理机构与保险公司之间的关系即可。这样既符合保险代理从业人员的行为规范,又可以取得客户的信任。

3. 客观、全面地向客户介绍有关保险产品与服务的信息,不误导客户;如实告知所属机构与投保有关的客户信息

实务中,如实告知义务可以分为两个方面:一是代理从业人员对客户的如实告知义务,

这也是如实告知义务的主要方面。由于保险产品的无形性和保险合同条款的专业性、复杂性，投保人一般希望从保险代理人那里获取更专业、更准确的信息，以作出科学的投保决策，所以，保险代理人应"客观、全面地向客户介绍有关保险产品与服务的信息"。二是代理从业人员对所属机构的如实告知义务。由于保险经营的特殊性，投保人比保险人更清楚自身以及被保险人的实际情况，代理从业人员深入了解这些情况并把会影响保险人作出重大决定的信息如实告知所属机构，将有利于保险人更好地经营。

4. 向客户推荐保险产品应符合客户的需求，不强迫或诱导客户购买保险产品

当客户拟购买的保险产品不适合客户需要时，应主动提示并给予适当的建议。首先，在开发客户的时候，应该以客户的实际情况及需求为导向，推荐适当的产品。不能因为代理销售产品的手续费的高低等原因而有选择地向客户推荐，更不能强卖、骗卖。其次，由于保险产品的复杂性和技术性，有些客户会因为不够了解而选择不符合自身情况的产品，这个时候，代理从业人员应从维护客户利益出发，主动提醒客户并给予适当的建议，以更好地体现保险的价值。

（三）专业胜任

作为一名保险代理从业人员，是否具备保险代理的特殊职业素质，能否胜任保险的专业性要求，主要考察其保险公估代理的专业技能。具体要求如下：

1. 执业前取得法定资格并具备足够的专业知识与能力

鉴于保险产品的特殊性，各国法律一般规定，保险代理从业人员应具备法律规定的条件，经过考核或政府主管部门的批准方能取得保险代理从业资格。我国对于保险代理从业人员同样也实行资格认证制度。其首先应当通过中国保监会统一组织的保险代理从业人员资格考试，并向保险监管部门申请领取《保险代理从业人员资格证书》；然后取得有关单位根据《保险代理从业人员资格证书》核发的《保险代理从业人员展业证书》或者《保险代理从业人员执业证书》之后，才能进行执业。

保险及其产品的特殊性，要求保险代理从业人员首先要有扎实的基础知识，如基础文化知识、政策法规基础知识等；其次要有精熟透彻的保险专业知识、保险法律知识、保险专门知识等；最后要有广博的与保险相关的专业知识，如投资理财、风险营销、医疗知识等。但是，仅有丰富的知识还不够，还要能够把专业知识运用于保险代理的实践中去，指导和提升自己的实践活动，增强解决实际问题的能力。这些能力包括：风险识别与分析和评估的基本技能、理财方案的策划与设计能力、把握市场的能力、客户关系管理能力、公关交际能力、开拓创新能力等。

2. 在执业活动中加强业务学习，不断提高业务技能

保险代理从业人员要善于从实践中不断获取新的知识。在执业活动中不断加强业务学习，以不断提高业务技能。"纸上得来终觉浅，绝知此事要躬行"。保险代理从业人员通过业务实践，有意识地检验自己的知识水平和知识结构，对自己的工作作出合乎实际的估价，发扬优点，修正错误；同时，通过实践直接学习，从实践中汲取丰富的知识营养，完善自己的知识结构。

3. 参加保险监管部门、保险行业自律组织和所属机构组织的考试和持续教育，使自身能够不断适应市场的发展

保险代理从业人员在执业之前取得的《保险代理从业人员资格证书》仅仅是一个基本资

格。许多国家在基本资格上又设定了分级分类的资格考试。每一级资格的取得,就是对保险代理从业人员更高专业技能的认可。我国这一体系目前正在酝酿建设中,保险代理从业人员可以通过参加这类考试而不断提高业务素质和技能。另外,保险代理从业人员还要善于通过接受教育不断更新知识,不断提高业务素质和技能。因此,在做好本职工作的前提下,保险代理从业人员还应争取受教育的机会,通过学历教育、岗位培训等途径,接受再教育,掌握最新的文化基础知识和保险业动态,以使自己能够适应不断发展与变化的保险业需要。

(四) 客户至上

保险业有句名言:"保险是卖出去的。"通常保险都是处于买方市场,服务意识对于保险营销至关重要。通过服务,可以增加保险的附加值,建立良好的企业形象,达到客户与公司利益的双赢。"客户至上"这一道德规范,是保险代理从业人员正确处理与客户之间关系的基本准则。

1. 为客户提供热情、周到和优质的专业服务

保险业是服务性行为。客户购买保单也就意味着购买了保险服务。首先,服务客户要保持热情的服务态度。坚持"三声服务",即顾客进门有迎声,顾客问话有应声,顾客出门有送声;平等对待每一位客户,做到生人熟人一样热情、大小客户一样欢迎、忙时闲时一样耐心。其次,站在客户的角度换位思考客户的保险需求,多问"如果我是客户,我会怎样";要善于发现问题,更要善于解决问题。最后,服务客户要优质。优质的客户服务并不是通过服务给人印象如何深刻、如何个性化来测定的,而是通过服务满足客户期望的高低来测量的;优质的服务质量也不是由公司来想象的,而是由客户来认可的。只要客户不认可,就不是优质的服务。要研究并发现客户的需求,缩小甚至消除"服务缺口"。在保险代理活动中,从业人员要"想保户所想,急保户所急,谋保户所需",从而达到提供优质服务的目的。

2. 不影响客户的正常生活和工作,言谈举止文明礼貌,时刻维护职业形象

作为与客户打交道的代表,保险代理从业人员的举止言行不仅代表保险公司,而且代表整个保险业的形象。所以,应以高度负责的精神来塑造和维护保险业的形象。这就要求保险代理人"言谈举止文明礼貌,时刻维护职业形象";禁用服务忌语、语言要亲切自然,不得冷漠;在客户面前应避免不礼貌的行为,积极主动回应客户的抱怨。

3. 在执业活动中主动避免利益冲突

在利益冲突不能避免时,应向客户或附属机构作出说明,并确保客户和所属机构的利益不受损害。

(五) 勤勉尽责

作为一名保险代理从业人员,勤勉尽责的具体要求如下。

1. 秉持勤勉的工作态度,努力避免执业活动中的失误

保险代理从业人员应立足于本职岗位,积极尽职,秉承勤奋认真的工作态度,把职业理想与平凡的日常工作结合起来创造优异绩效。当每个个体均能以苦干、实干和创新性劳动态度做到干一行、爱一行、钻一行、专一行,并勇于开拓创新时,整个职业团体就会迸发出无穷无尽的物质力量,创造出一流的业绩。

2. 忠诚服务,不侵害所属机构利益;切实履行对所属机构的责任和义务,接受所属机构的管理

保险代理从业人员应忠诚于所属机构。首先,忠诚服务要求保险代理从业人员忠实于

所属机构的经营理念。经营理念不仅是一个公司昭示于社会公众的一个标志,而且也是全体员工的行为准则。只有忠实于公司的经营理念,员工的行为才有了指南,不至于偏离方向。其次,忠诚服务于所属机构。要求保险代理从业人员尽到自己的责任和义务。责任感是以道德为基础的,是一种对自己应负责任的义不容辞的情感。当人承担了应尽的责任时,就会体验到满意、喜悦、自豪的情感。最后,忠诚服务要求保险代理从业人员接受所属机构的管理。

3. 不挪用、侵占保费,不擅自超越代理合同的代理权限或所属机构授权

代理从业人员代收保费以及代赔款是一种经常的现象,属于代理权限内容的。但在实际的操作中,也会出现个别代理从业人员挪用、侵占、截留、滞留保费或者赔款的行为。

保险代理从业人员必须严格地按照代理合同或所属机构的授权进行执业,准确地根据所代理的业务条款进行宣传和解释,并根据所规定的实务手续进行操作。在遇到某些特殊情况需要超越代理权限的,要经过所属机构的许可。

(六) 公平竞争

保险竞争的主要内容包括服务质量的竞争、业务的竞争、价格的竞争等。由于保险业经营的特殊性,要求保险业的同业竞争以促进保险业的稳健发展、保护被保险人利益为目标,反对各种不正当竞争。只有公平竞争,才能使价值规律充分发挥作用。保险代理从业人员公平竞争的职业道德的具体要求是:

1. 尊重竞争对手,不诋毁、贬低或负面评价其他保险公司、其他保险中介机构及其从业人员

保险代理从业人员应当在我国法律允许的范围内,在相同的条件下开展保险代理业务的竞争。正当的竞争应该是竞相向客户提供物美价廉的产品和优质的服务。那些诋毁、贬低或负面评价同行的行为,是一种损人利己的不道德行为,是一种不正当竞争行为,将会造成保险市场秩序的混乱,影响我国保险业的健康发展。

2. 依靠专业技能和服务质量展开竞争

根据《中华人民共和国反不正当竞争法》,不正当竞争行为是指损害其他经营者的利益,扰乱社会经济秩序的行为。保险代理实践中的各种不正当竞争行为不仅危及保险代理秩序,损害各方当事人的合法权益,有损保险业界的形象,甚至可能导致保险业的盲目竞争,直接危及保险公司的生存能力。

竞争手续要正当、合规、合法,不借助行政力量或其他非正当手段开展业务,不向客户给予或承诺给予保险合同以外的经济利益。

3. 加强同业人员间的交流与合作,实现优势互补、共同进步

保险代理从业人员是一个特殊的群体,群体内部团结和谐,凝聚力就强,同业之间就可以优势互补,就会产生一种整体协同效应,这种效应远远大于其部分之和。但是,如果个体间相互损耗,力量也就相互抵消,反而产生负效应。因此,保险代理从业人员在从事保险代理业务时,要加强同业人员间的交流与合作,保持融洽和谐的合作关系。

案例分析

某保险公司下属分公司行贿案

【案情】 从2011年4月到2012年3月差不多一年的时间,某保险公司下属分公司在让某银行的分行进行保险代销的时候,该分行为了增加自己的销售成绩,该分公司当

时的一个负责人李某被该公司授权准许该分公司的银保部通过"展业费"的方式,给某银行的一线柜员经常返回扣,资金的总计竟高达约100万元。另外,在此期间,李某为了让保险业务延伸到该市的另一家分行,总共给该行的业务部负责人贿赂10万元,同时也向该行的副行长贿赂5万元,向业务部的副总贿赂3万元。

在2012年5月11日,该市中级人民法院对该案件有了终审判决:某保险公司的某分公司触犯了行贿罪,给予了90万元的资金处罚;负责人李某触犯单位行贿罪,给予有期徒刑一年零九个月的处罚;以及牵涉这桩案件中的个人均因触犯单位行贿罪,而给予了不同的处罚。在该案件中接受贿赂的银行支行等人等则另立案处置,处罚的人中业务部负责人因受贿罪给予有期徒刑十年的处罚,该行的副行长给予有期徒刑三年的处罚,业务部的副总给予有期徒刑两年的处罚,但是两年之后再执行。

【分析】 商业贿赂行为是一种不正当竞争行为。商业贿赂不仅让保险业的名誉降低,同时提升的保险业的经营成本,也让代理机构的工作人员因金钱交易触犯了法律,对保险业的发展是极其不利的。

资料来源:李逸楠,《保险从业人员职业道德建设研究》,西南石油大学硕士学位论文,2014年,第21页。

(七) 保守秘密

保守秘密是保险代理从业人员的一项义务。保险代理从业人员应当对有关客户的信息向所属机构以外的其他机构和个人保密。保险代理从业人员应当对客户的与投保无关的信息向所属机构保密。保险代理从业人员应当保守所属机构的商业秘密。

三、保险经纪从业人员职业道德操守

《保险经纪从业人员职业道德指引》所称保险经纪从业人员是指从事保险经纪业务的保险经纪机构工作人员。保险经纪从业人员在执业活动中应做到:守法遵规、诚实信用、专业胜任、勤勉尽责、友好合作、公平竞争、保守秘密。

因《保险经纪从业人员职业道德指引》与《保险代理从业人员职业道德指引》内涵大体相同,下列内容简述之。

(一) 守法遵规

保险经纪从业人员应以《中华人民共和国保险法》为行为准绳,遵守有关法律和行政法规,遵守社会公德;遵守保险监管部门的相关规章和规范性文件,服从保险监管部门的监督与管理;遵守保险行业自律组织的规则;遵守所属保险经纪机构的管理规定。

(二) 诚实信用

保险经纪从业人员在执业活动的各个方面和各个环节中应恪守诚实信用原则。在执业活动中应主动出示法定执业证件并将本人或所属保险经纪机构与保险公司的关系如实告知客户。应当客观、全面地向客户介绍有关保险产品与服务的信息;如实向保险公司披露与投保有关的客户信息。

(三) 专业胜任

保险经纪从业人员执业前应取得法定资格并具备足够的专业知识与能力。同时,在执业活动中加强业务学习,不断提高业务技能;参加保险监管部门、保险行业自律组织和所属保险经纪机构组织的考试和持续教育,使自身能够不断适应保险市场的发展。

(四) 勤勉尽责

作为一名保险经纪从业人员,应秉持勤勉的工作态度,努力避免执业活动中的失误。保险经纪从业人员代表客户利益,对于客户的各项委托应尽职尽责,确保客户的利益得到最好保障,且不因手续费(佣金)或服务费的高低而影响客户利益。同时,要忠诚服务,不侵害所属保险经纪机构利益;切实履行对所属保险经纪机构的责任和义务,接受所属保险经纪机构的管理。不擅自超越客户的委托范围或所属保险经纪机构的授权。在执业活动中主动避免利益冲突。不能避免时,应向客户或所属保险经纪机构作出说明,并确保客户和所属保险经纪机构的利益不受损害。

(五) 友好合作

保险经纪从业人员应与保险公司、保险代理机构和保险公估机构的从业人员友好合作、共同发展。同时,要加强同业人员间的交流与合作,实现优势互补、共同进步。

(六) 公平竞争

保险经纪从业人员应尊重竞争对手,不诋毁、贬低或负面评价保险公司、其他保险中介机构及其从业人员。应当依靠专业技能和服务质量展开竞争,竞争手段正当、合规、合法,不借助行政力量或其他非正当手段开展业务,不向客户给予或承诺给予保险合同以外的经济利益。

(七) 保守秘密

保险经纪从业人员对客户和所属保险经纪机构负有保密义务。

四、保险公估人员职业道德操守

为保护保险合同相关各方的利益,提高保险公估从业人员的职业道德水准,促进保险业的健康发展,中国保监会于2004年制定了《保险公估从业人员职业道德指引》(以下简称《指引》)。《指引》所称保险公估从业人员是指从事保险公估业务的保险公估机构工作人员。保险公估从业人员在执业活动中应做到:守法遵规、独立执业、专业胜任、客观公正、勤勉尽责、友好合作、公平竞争、保守秘密。

因《保险公估从业人员职业道德指引》与《保险代理从业人员职业道德指引》内涵大体相同,下列内容简述之。

(一) 守法遵规

保险公估从业人员应以《中华人民共和国保险法》为行为准绳,遵守有关法律和行政法规,遵守社会公德;遵守保险监管部门的相关规章和规范性文件,服从保险监管部门的监督与管理;遵守保险行业自律组织的规则;遵守所属保险公估机构的管理规定。

(二) 独立执业

保险公估从业人员在执业活动中应保持独立性,不接受不当利益,不屈从于外界压力,不因外界干扰而影响专业判断,不因自身利益而使独立性受到损害。

(三) 专业胜任

保险公估从业人员执业前应取得法定资格并具备足够的专业知识与能力;在执业活动中应加强业务学习,不断提高业务技能;应参加保险监管部门、保险行业自律组织和所属保险公估机构组织的考试和持续教育,使自身能够不断适应保险市场的发展。

(四) 客观公正

保险公估从业人员在执业活动中应以客观事实为根据,采用科学、专业、合理的技术手段,得出公正合理的结论。

(五) 勤勉尽责

保险公估从业人员,应秉持勤勉的工作态度,努力避免执业活动中的失误;对于委托人的各项委托应尽职尽责,不因公估服务费用的高低而影响公估服务的公正性和质量;忠诚服务,不侵害所属保险公估机构利益;切实履行对所属保险公估机构的责任和义务,接受所属保险公估机构的管理。

(六) 友好合作

保险公估从业人员应在执业活动中与保险人、被保险人等有关各方友好合作,确保执业活动的顺利开展;应与保险公司、保险经纪机构和保险代理机构的从业人员友好合作、共同发展;加强同业人员间的交流与合作,实现优势互补、共同进步。

(七) 公平竞争

保险公估从业人员应尊重竞争对手,不诋毁、贬低或负面评价保险公司、其他保险中介机构及其从业人员;依靠专业技能和服务质量展开竞争,竞争手段正当、合规、合法,不借助行政力量或其他非正当手段开展业务,不向客户给予或承诺给予不正当的经济利益。

(八) 保守秘密

保险公估从业人员对对执业活动中的相关各方以及所属保险公估机构负有保密义务。

本 章 小 结

保险公司经营管理具有以下特征:保险经营活动具有特殊性,保险经营资产具有负债性,保险经营成本具有不确定性,保险利润计算具有调整性,保险投资是现代保险企业稳健经营的基石,保险经营具有分散性和广泛性。保险公司经营的基本原则有:经济核算原则、随行就市原则、薄利多销原则。保险经营的特殊原则有:风险大量原则、风险选择原则、风险分散原则。

保险产品开发是保险业务开展经营活动的基础,保险产品开发的基本原则有:市场性原则、合法性原则、效益性原则、规范性原则、国际性原则。保险产品开发通常包括六个步骤:创意形成、创意优选、综合业务分析、产品技术设计、新产品实施、产品评估。保险费简称保费,是投保人为取得保险保障,按保险合同约定向保险人支付的费用。交纳保险费一般有四种方式:一次交纳、按年交纳、按季交纳、按月交纳。保险费率由纯费率和附加费率两部分构成。保险费率的厘定方法有:分类法、判断法和增减法。

保险销售,也就是推销保险单,也称展业,保险销售的主要环节有:寻找准客户、拜访准客户、递送保单、售后服务。保险销售渠道包括直接销售和间接销售两种。随着保险业的快速发展,新的保险销售方式不断出现,形成了个人营销、银行保险、团体保险、电话营销、网络营销、经纪公司和代理公司销售等多种渠道和方式并存的局面。

核保的主要内容有:投保人资格的审核,是否具有保险利益;保险标的的审核;保险金额审核;保险费率的审核和确定;投保人或被保险人的信誉审核。人寿保险业务核保的流程主要包括：业务员的风险选择、业务内勤初审、电脑核保、核保人员核保。保险承保是指保险人对投保人的保险标的给予保险保障的合同行为。新单业务承保流程有：接单初审、预收录入、专业核保、缮制保单、递送保单、整理归档。

防灾防损是指保险人对其所承保的保险标的可能发生的各种风险进行识别、分析和处理，以防止事故的发生和减少灾害损失的发生。防灾防损的方法有：法律方法、经济方法和技术方法。防灾防损的程序主要包括：进行防灾防损宣传，制定保险防灾防损措施和具体实施细则，落实各项防灾防损措施，及时处理不安全因素和事故隐患，参与抢险救灾，拨付防灾防损费用，以及开展灾情调查，积累灾情资料。

保险理赔有赔偿和给付两种方式。人寿保险的索赔时效一般为5年；其他保险的索赔时效一般为2年。保险理赔的原则有：近因原则，重合同、守信用，实事求是，主动、迅速、准确、合理。保险理赔的程序包括：立案查勘，审核证明和资料，核定保险责任，核定保险责任，代位追偿。

保险资金运用是保险企业在经营过程中，将积聚的各种保险资金部分用于投资或融资，使资金增值的活动。保险资金运用最根本的原因是由资本本身属性决定的，保险资金运用是由保险业务自身性质决定的，保险资金运用是市场竞争的必然结果。保险资金的构成主要包括：资本金、准备金和其他投资资金。保险资金运用的原则有：安全性、收益性和流动性。保险资金运用的形式有：债券、股票、不动产、贷款、银行存款、债券、资金拆借、金融衍生工具。

保险从业人员的职业道德是保险行业从业人员在其职业活动中应当遵循的行为规范和准则。保险代理从业人员应当遵循守法遵规、诚实信用、专业胜利、客户至上、勤勉尽责、公平竞争、保守秘密7个道德原则。保险经纪从业人员在执业活动中应做到：守法遵规、诚实信用、专业胜任、勤勉尽责、友好合作、公平竞争、保守秘密。保险公估从业人员在执业活动中应做到：守法遵规、独立执业、专业胜任、客观公正、勤勉尽责、友好合作、公平竞争、保守秘密。

主要专业术语的中英文对照表

中文术语	对应英语	中文术语	对应英语
1. 保险费	insurance expenses	10. 防灾防损	insurance against disaster and loss
2. 纯费率	pure premium rate	11. 保险理赔	settlement of insurance claim
3. 附加费率	after charge	12. 保险资金运用	insurance funds investment
4. 保险销售	insurance sale	13. 资本金	capital fund
5. 直接销售	direct selling	14. 准备金	reserve fund
6. 间接销售	indirect selling	15. 其他投资资金	other investment funds
7. 核保	underwriting	16. 保险代理人	insurance agent
8. 承保	accept insurance	17. 保险经纪人	insurance broker
9. 保单	guarantee slip	18. 保险公估人	insurance assessor

本章知识、技能训练与思考题

一、名词解释

1. 保险费率
2. 保险销售
3. 核保
4. 承保
5. 防灾防损
6. 保险理赔

二、简答题

1. 简述保险公司经营的原则。
2. 简述保险产品开发的基本步骤。
3. 简述保险销售的主要环节。
4. 简述寻找准客户的方法。
5. 简述核保的流程。
6. 简述人身保险的承保流程。
7. 简述防灾防损的程序。
8. 简述保险代理从业人员的道德准则。
9. 简述保险经纪从业人员的道德准则。
10. 简述保险公估从业人员的道德准则。

三、单选题

1. 客观、全面地向客户介绍有关保险产品和服务的信息,不误导客户,是《保险代理从业人员职业道德指引》中的(　　)原则。
   A. 守法遵规　　B. 专业胜任　　C. 诚实信用　　D. 客户至上
2. 保险代理从业人员接洽客户时,主动出示的证件为(　　)。
   A. 身份证
   B. 《保险代理营业执照》
   C. 《保险代理经营许可证》
   D. 《保险代理从业人员展业证书》或《保险代理从业人员执业证书》
3. 保险代理从业人员在执业活动中,应主动避免利益冲突,要为客户提供热情周到和优质的专业服务,言谈举止文明礼貌,时刻维护职业形象是以下哪一条原则(　　)。
   A. 客户至上原则　　　　　　B. 诚实信用原则
   C. 勤勉尽责原则　　　　　　D. 专业胜任原则
4. 保险代理从业人员在执业活动中,应做到不影响客户的正常生活和工作,言谈举止文明礼貌,时刻维护职业形象。这一职业道德所诠释的是道德原则中的(　　)。
   A. 客户至上原则　　　　　　B. 诚实信用原则
   C. 勤勉尽责原则　　　　　　D. 专业胜任原则

5. 保险代理人员执业活动中,在利益冲突不能避免时,应向客户或所属机构作出说明,并确保客户和所属机构利益不受损害。以上诠释的是保险代理人员职业道德原则之一的(　　)。
   A. 诚实信用原则　　　　　　　　B. 客户至上原则
   C. 勤勉尽责原则　　　　　　　　D. 专业胜任原则
6. 保险代理从业人员应立足于本职岗位,积极尽职,秉承勤奋认真的工作态度,表明保险代理从人员应遵守(　　)道德原则。
   A. 诚实信用　　B. 守法遵规　　C. 客户至上　　D. 勤勉尽责
7. 保险代理从业人员在执业活动中,应该秉持勤勉的工作态度,努力避免执业活动中的失误,这一职业道德所诠释的是道德原则中的(　　)。
   A. 客户至上原则　　　　　　　　B. 诚实信用原则
   C. 勤勉尽责原则　　　　　　　　D. 专业胜任原则
8. 保险代理从业人员在执业活动中,应忠诚服务,不侵害所属机构利益;切实履行对所属机构的责任和义务,接受所属机构的管理。这一职业道德所诠释的是道德原则中的(　　)。
   A. 客户至原则　　　　　　　　　B. 诚实信用原则
   C. 勤勉尽责原则　　　　　　　　D. 专业胜任原则
9. 保险从业人员向客户给予或承诺给予保险合同以外的经济利益的行为属于(　　)。
   A. 非法竞争行为　　　　　　　　B. 恶意竞争行为
   C. 不正当竞争行为　　　　　　　D. 优势竞争行为
10. 保险代理人员借助行政力量或者其他非正当手段进行执业活动,视为(　　)。
   A. 非法竞争行为　　　　　　　　B. 恶意竞争行为;
   C. 不正当竞争行为　　　　　　　D. 优势竞争行为

四、多选题

1. 下列属于保险经营基本原则的是:(　　)。
   A. 随行就市原则　　　　　　　　B. 风险大量原则
   C. 风险选择原则　　　　　　　　D. 风险分散原则
   E. 薄利多销原则
2. 下列属于保险产品开发基本原则的是:(　　)。
   A. 市场性原则　　B. 合法性原则　　C. 效益性原则　　D. 规范性原则
   E. 国际性原则
3. 保险产品间接销售的渠道有:(　　)。
   A. 保险代理人销售　　　　　　　B. 保险营销员销售
   C. 保险经纪人销售　　　　　　　D. 银行销售
   E. 网络销售
4. 保险代理人包括:(　　)。
   A. 保险专业代理机构　　　　　　B. 保险经纪公司
   C. 保险兼业代理机构　　　　　　D. 个人保险代理人

E. 保险公估人员

5. 保险防灾防损的方法有：（　　　）。
A. 经济方法　　　B. 法律方法　　　C. 技术方法　　　D. 道德方法
E. 社会舆论方法

6. 保险资金的构成主要包括：（　　　）。
A. 资本金　　　B. 保费收入　　　C. 准备金　　　D. 保费滞纳金
E. 其他投资资金

五、实践技能训练

1. 假定你是某商业保险公司保险代理从业人员，你了解到所居住的小区附近有一所幼儿园和一所小学，学生平安保险有着广阔的市场。请设计你在该小区进行学生平安保险的展业计划。

2. 假定你是一名保险代理从业人员，你在推销人身保险时会采取哪些初步的核保措施来尽可能降低所在保险公司的风险？

拓展案例及分析

带病投保 3 年被发现，保险公司拒赔合理吗

【案情介绍】

严女士在自己 30 岁的时候购买了一份终身重疾险，保额为 80 万元。在投保时，严女士在投保书所附的"健康告知"页中，对于"您是否曾患有下列疾病或因下列疾病而接受检查或治疗？"栏内的第七条载明有"肝炎、肝炎病毒携带者……"这个选项后，均手工选了"否"。

在投保成功后，严女士在 3 年里定期将交纳足额的保费。而某一天，严女士感觉身体不适遂前往医院就医，被医生确诊为原发性肝癌。严女士在住院了 10 天左右后，病情就恶化了。她知道自己可能时日无多，便将投保的那份终身重疾险的受益人变更为自己的父亲。

1 个月后，严女士去世了，她的父亲拿着保单向保险公司申请理赔。而保险公司早在严女士投保成功后不久，就查出严女士曾在投保前就因为肝炎入院接受治疗，便认为严女士是带病投保，投保时隐瞒了自己的身体状况，遂作出不予理赔的决定。

双方产生了极大的纠纷，最后闹上法庭。法院审理后认为，严女士的确属于带病投保，未能履行如实告知的义务。但由于合同已超过 2 年，保险公司合同解除权已消灭，应当对严女士的父亲承担给付保险金的责任。

那么法院为什么会这么判呢？请说明理由。

第八章

保险监管

学习目标

- ■ 了解：保险业国家监管的目的、方式与机构；保险公司及其业务监管的主要内容。
- ■ 理解：将保险公司偿付能力作为保险监管重点的必要性。
- ■ 掌握：我国对保险财务监管、偿付能力监管的主要规定。
- ■ 能力：作为消费者，在投保或保险理赔时如遇到自身权益受到侵害，能运用所学知识合理维权；作为保险从业人员，能依法依规执业，同时能维护自身合法权益。

第一节 保险监管概述

案例分析

【案情一】　　　　　　拒不依法履行赔偿保险金义务

2015年3月，江西保监局接到保险消费者许某投诉，反映中国太平洋财产保险股份有限公司（以下简称太平洋财险）江西分公司拖赔。调查发现，2013年3月31日，被保险人陈某的车辆与许某的车辆在浙江衢州发生相撞事故，被保险人陈某负全责。出险后，太平洋财险江西分公司委托太平洋财险浙江分公司查勘定损。2013年4月，许某的车辆核定损失5 000元，但车上货物损失未核定。2013年6月24日，许某向太平洋财险江西分公司提供货物损失清单和部分原始货物清单，共计70 490元，但太平洋财险认为货物实际损失20 350元，一直未对可以确定的损失数额先予支付保险金。

针对太平洋财险江西分公司在收到赔偿保险金的请求和有关资料60日内，未对可确定车辆损失赔款先予支付保险金的问题，江西保监局对该公司拒不依法履行保险合同约定的赔偿保险金义务的行为罚款 10 万元。

资料来源：作者收集整理。

【案情二】   **到手的保险业务被同行抢走**

张玉是 A 公司的保险代理人，最近特别郁闷。因为他花了近 2 个月时间联系的一家大企业的补充养老保险业务，眼看到了签约的时候却被 B 公司的代理人李杰抢走了。事后经过了解才知道，李杰在保单正常承保的合同费率之外，以合同价格的 8 折进行了销售，并且还赠送企业高层领导的家属到国外旅游了一趟。

本案中李杰的行为是否违反法律法规？张玉将如何为自己讨回公道？

资料来源：黄玉娟，《保险基础知识》，北京大学出版社，2014 年，第 214 页。

【分析】 保险业是一个公共性极强的行业，素有"社会稳定器"之称。为了切实维护保险消费者合法权益、保证保险市场的有序经营、保障社会经济稳定与发展，保险业是当今受到严格监管的行业之一。如何监管，监管的内容有哪些呢？这正是本章要学习的主要内容。

一、保险监管的意义

（一）含义

保险监管即对保险业的监督管理，有广义和狭义之分。

广义的保险监管包括三个层次：① 保险业的国家监管，即国家建立专门的保险监管机构，通过法律和行政手段，对保险市场、保险公司及其经营活动进行监督管理；② 保险业的行业自律，即建立保险行业的自律组织如保险行业协会，制定行业自律规则，对保险公司在保险市场上的行为进行自我监管；③ 保险公司内部的监管，即保险公司通过建立各种规章制度和监管机制对本公司的各个部门及职工进行监管。这三个层次相辅相成，构成了完整的保险业监管体系。

狭义的保险监管是指保险业的国家监管。一个国家的保险监管制度通常由两大部分构成：一是国家通过制定保险法律法规，对本国保险业进行宏观指导与管理；二是国家专门的保险监管职能机构依据法律或行政授权对保险业进行行政管理，以保证保险法规的贯彻执行。

（二）意义

1. 国家对保险业进行严格监管，是由保险业的技术性与专业性特点所决定的

保险业是经营风险的特殊行业，是社会经济补偿制度的一个重要组成部分，对社会经济的稳定和人民生活的安定负有很大的责任。构成保险的要件之一是必须集合为数众多的经济单位，这样才能有效地分散风险。所以参加保险的人数众多、覆盖面大、涉及面广。保险经营具有很强的专业性和技术性，保险需专门知识，参加保险的一般成员往往缺乏这方面的知识。国家对保险业进行严格监管也是由保险经营和保险业的这种技术性与专业性特点所决定的。

2. 国家对保险业进行严格监管，是有效地保护与保险活动相关的行业和公众利益的需要

保险经营与风险密不可分，保险事故的随机性、损失程度的不可知性、理赔的差异性使

得保险经营本身存在着不确定性,加上激烈的同业竞争和保险道德风险及欺诈的存在,使得保险成了高风险行业。保险公司经营亏损或倒闭不仅会直接损害公司自身的存在和利益,还会严重损害广大被保险人的利益,危害相关产业的发展,从而影响社会经济的稳定和人民生活的安定。所以,保险业具有极强的公众性和社会性。国家对保险业进行严格的监管,是有效地保护与保险活动相关的行业和公众利益的需要。

3. 国家对保险业进行严格的监管,也是培育、发展和规范保险市场的需要

由买方、卖方和中介人三要素构成的保险市场,有一个产生、发育、走向成熟的过程,它伴随商品经济的发展而发展。国家对保险业的严格监管有利于依法规范保险活动,创造和维护平等的竞争环境,防止盲目竞争和破坏性竞争,促进保险市场的发育、成熟。

二、保险监管的目标

在发达市场经济国家的保险法规和国际保险监管组织文件中,对监管目标的表述虽然不尽一致,但基本上包括三方面,即:维护被保险人的合法权益,维护公平竞争的市场秩序,维护保险体系的整体安全与稳定。一些新兴市场经济国家的保险监管机构除了履行法定监管职责之外,还承担着推动本国保险业发展的任务。

(一)维护被保险人的合法权益

由于被保险人对保险机构、保险中介机构和保险产品的认知程度是极为有限,这就需要保险监管机构通过法律和规则,对保险供给者的行为进行必要的制约,还有一些强制的信息披露要求,让保险需求者尽量知情。同时也鼓励需求者自觉掌握尽量多的信息和专业知识,提高判断力,并对自己的选择和判断承担相应的风险。显然监管本身并不是目的,而是防止被保险人的利益可能因不知情而受到保险机构和保险中介公司的恶意侵害。

(二)维护公平竞争的市场秩序

维护公平竞争的市场秩序的目标可以理解为第一目标的延伸。保险业务行为不规范和保险诈骗是保险市场秩序混乱的两大现象。保险业务行为不规范主要表现为保险费率、保险赔付、异地出单、强行推销、代理手续费等方面业务活动的不规范。保险诈骗行为体现在投保人利用保险谋取不当利益的行为上。当然,保险诈骗行为在保险人身上也能得以体现为非法经营保险业务、承保动机不良、利用虚假证词恶意拒赔等。因此,为促使保险市场各方遵守市场运行规则,营造一个公平竞争的市场环境,切实保证保险双方的合法利益不受侵犯和经济社会的安全与稳定,将维护保险市场正常秩序作为保险监管的一个重要目标。实行保险监管,不仅在于维护保险人和被保险人之间的公平,保护被保险人的利益,还在于为保险人之间的竞争提供良好的环境。

(三)维护保险体系的整体安全与稳定

维护保险体系的整体安全与稳定是维护被保险人合法权益、维护公平竞争的市场秩序的客观要求和自然延伸。如果保险体系的运转是安全和稳定的,那么维护相关社会公众的合法权益和维护市场秩序就有了必要的基础和条件;相反,如果整个保险体系的运转是不安全不稳定的,那么被保险人的合法权益就难以保障,市场秩序也难以维护。

(四)促进保险业健康发展

为实现保险业的健康发展,保险经营者应有适应经济发展的长远规划,如进入保险市场的时机、保险资本的规则、保险业务的范围及拓展的空间等。为此,保险监管应尊重保险业

发展的自身规律,制定适应保险业长远发展规划的政策法规,如市场准入政策、保险业并购重组政策、混业经营政策等,为保险业的健康发展创造有利条件。

三、保险监管的原则

(一) 依法监管原则

保险业必须依法接受保险监督管理机关的监管,同时,保险监管机关也必须依法监管。在保险市场上,为了被保险人和保险业的整体利益,必须依靠法律,以保证监管的权威性、严肃性、强制性、一贯性,从而达到监管的有效性。

(二) 适度竞争原则

有市场就必须有竞争,但过度的竞争也会损害市场的健康稳定发展,市场失灵的现象普遍存在。为了保证市场的健康发展,必须要有外部的适当干预,即政府的监管。保险监管的重心应放在创造适度竞争的市场环境上,放在防止出现过度竞争、破坏性竞争、恶意竞争从而危及保险业的健康发展上,要做到管而不死,活而不乱,既限制竞争,又不消灭竞争。

(三) 自我约束与外部强制相结合原则

保险监管不能代替保险公司的内部自我管理。监管应该一方面消除保险公司不正当的经营行为,化解其经营中存在的风险;另一方面,要把培养保险公司自身管理能力作为监管的工作目标之一。

(四) 稳健经营与风险预防原则

保险行业是经营风险的特殊行业,稳健经营是其最基体的目标。而要达到这一目标,就必须进行系统的风险预防和监测,把稳定经营和风险防范与化解紧密结合起来。

(五) 不干预保险机构内部经营管理原则

保险公司是自主经营、自负盈亏的独立企业法人,它有权在法律规定的范围内,独立地决定自己的经营方针和政策,对此,保险监管机构不能非法干涉。在保险监管中要充分尊重保险企业的独立法人地位和经营自主权,只有这样才能促进保险业的健康发展。

我国保险监管部门提出了保险监管五项原则:以我为主、安全可控、优势互补、合作共赢、和谐发展。以我为主,就是根据国民经济发展需要和保险业实际,牢牢把握对外开放的主动权,不断完善对外开放政策;安全可控,就是将对外开放的力度和我国保险市场的可承受程度结合起来,有步骤、有秩序地扩大对外开放,防范对外开放可能带来的风险,维护金融保险安全;优势互补,就是充分利用外资保险公司在资本、技术、管理等方面的优势,加强我国保险市场薄弱环节,促进区域协调发展;合作共赢,就是加强中外资保险公司的合作与交流,公平竞争,共同发展,形成促进保险业发展的合力;和谐发展,就是通过对外开放,实现国内市场和国际市场的有机融合,实现国内保险资源和国际保险资源的优化配置,实现中资保险公司和外资保险公司的协调发展。

第二节 保险监管的主要内容

虽然各国保险监管的机构和模式有所差异,但监管的内容基本上是一致的,即以对保险公司的监管为重点,以对保险公司的机构、业务、财务和偿付能力监管为主要内容。

一、保险机构监管

保险机构监管围绕保险机构的设立、整顿、接管和清算等方面实施。

(一) 保险机构的设立

各国的法律对保险机构的组织形式和应具备的条件都做了规定。我国的《保险法》规定,保险人应当采取股份有限公司和国有独资公司形式,同时我国对保险市场的准入实行的是审批制。设立保险公司应当具备下列条件:

(1) 有符合《保险法》和《公司法》规定的章程。

(2) 有符合《保险法》规定的注册资本最低限额。即设立保险公司,其注册资本的最低限额为人民币2亿元,且必须为实缴货币资本。在不低于该最低限额的基础上,保险监督管理机构有权根据保险公司业务范围、经营规模调整其注册资本的最低限额。

(3) 有具备任职专业知识和业务工作经验的高级管理人员。保险公司的高级管理人员必须符合银保监会规定的任职资格;保险公司必须聘用经保监会认可的精算专业人员,经营寿险业务的全国性保险公司至少要有三名经保监会认可的精算人员,经营寿险业务的区域性保险公司至少要有一名经保监会认可的精算人员。

(4) 有健全的组织机构和管理制度。

(5) 有符合要求的营业场所和与业务有关的其他设施。

(二) 保险公司的整顿与接管

根据我国《保险法》规定,当保险公司未按规定提取或结转各项准备金,或者未按规定办理再保险,或者严重违反关于资金运用规定的,由保险监管机构责令该保险公司限期改正。若保险公司在限期内未予改正的,由保险监管机构决定选派保险专业人员和指定该保险公司的有关人员,组成整顿组织对其进行整顿。整顿以被整顿保险公司纠正其违法行为或恢复正常经营状况为条件而结束。如果保险公司损害社会公共利益,可能严重危及或者已经危及保险公司偿付能力的,按照《保险法》的规定,保险监管机构可以对该保险公司实行接管。接管的目的是对被接管的保险公司采取必要措施,保护被保险人的利益,恢复保险公司的正常经营。

(三) 保险公司的解散、撤销、破产和清算

保险公司的解散是指依法设立的保险公司因法定事由的出现,经保险监管机构批准,关闭其营业机构,停止其从事保险业务的行为。对保险公司的解散、撤销、破产和清算,《保险法》作了以下规定:

(1) 保险公司因分立、合并或者公司章程规定的解散事由出现,经保险监管机构批准后解散。保险公司应当依法成立清算组,进行清算。经营人寿保险业务的保险公司,除分立、合并外,不得解散。

(2) 保险公司违反法律、行政法规,被保险监督管理机构吊销经营保险业务许可证的,依法撤销。由保险监管机构依法及时组织清算组,进行清算。

(3) 保险公司不能支付到期债务,经保险监管机构同意,由人民法院依法宣告破产保险公司宣告破产的,由人民法院组织保险监管机构等有关部门和有关人员成立清算组,进行清算。

(4) 经营人寿保险业务的保险公司被依法撤销或者被依法宣告破产的,其持有的人寿

保险合同及准备金,必须转移给其他经营人寿保险业务的保险公司;不能同其他保险公司达成转让协议的,由保险监管机构指定经营人寿保险业务的保险公司接受。

(5) 保险公司依法破产的,破产财产优先支付其破产费用后,按照下列顺序清偿:① 所欠职工工资和劳动保险费用;② 赔偿或者给付保险金;③ 所欠税款;④ 清偿公司债务。破产财产不足清偿同一顺序清偿要求的,按照比例分配。

二、保险业务监管

保险业务监管主要包括对保险公司的经营范围、保险条款、保险费率、再保险、跨国保险活动的监管等内容。

(一) 对经营范围的监管

经营范围监管,是保险监管机构依法规定保险公司所能经营的业务种类和范围,并禁止没有取得授权而开展保险业务的行为。包括两方面的内容:一是金融业间(银行、保险、证券、信托业之间)的兼业问题,即是否允许保险人兼营保险以外的金融业务,或非保险机构经营保险业务;二是保险业内不同业务的兼营问题,即同一保险人是否可以同时经营性质不同的保险业务。目前多数国家实行银行业、证券业和保险业之间分业经营、分业监管体制,禁止混业经营。但少数国家对跨行业经营的限制已取消或放宽。关于保险业务兼营,多数国家禁止保险公司同时从事性质不同的保险业务,一般执行"产寿险分业经营的原则",即同一保险人不得同时兼营财产保险与人寿保险业务。其原因在于财产保险与人寿保险的性质不同,两者在经营技术、承保手续、费率厘定、准备金计提、保险金给付、资金运用等方面存在明显差异,为避免业务混乱,保证偿付能力,有必要实行产寿险分业经营。

我国《保险法》第九十五条规定,保险公司的业务范围是:

(1) 财产保险业务,包括财产损失保险、责任保险、信用保险等保险业务。

(2) 人身保险业务,包括人寿保险、健康保险、意外伤害保险等保险业务。

(3) 同一保险人不得同时兼营财产保险和人身保险业务。但经营财产保险业务的保险公司经保险监管机构核定,可以经营短期健康保险业务和意外伤害保险业务。

(4) 经保险监管机构核定,保险公司可以经营规定的保险业务的再保险业务。具体规定是:财产保险公司可以经营财产保险业务的再保险业务;人寿保险公司可以经营人身保险业务的再保险业务;再保险公司经中国保监会批准后;可以同时经营财产再保险和人寿再保险业务。

(二) 对保险条款和保险费率的监管

各国保险监管机构对保险条款及保险费率都实行比较严格的监管。

在对保险条款的监管中,各国保险监管机构一般从三个方面作出要求:一是保险条款的内容要完整,即要明确保险标的、保险责任与责任免除、保险期限、保险费率及缴费方式、保险赔款及保险金给付办法、违约责任及争议处理等内容;二是保险条款的表达方式要做到用词准确、表达清晰;三是投保人对保险条款有疑问时,保险人须作出客观解释,不得误导投保人。

在对保险费率的监管中,各国保险监管机构的目标是保证费率的合理性,具体表现在三个方面:一是费率要适当,即保险费率必须充分反映实际损失和经营成本,不能因费率过低而影响保险公司的偿付能力;二是费率要公道,即保险费率的适当是保险人的正常经营的需要,但不能因追求过高利润而制定损害投保人利益的高费率;三是无歧视,即保险费率只能以风险为基础,在不同风险基础之上制定不同的费率,对相同的风险不得实行差别费率。

我国《保险法》第一百三十五条规定:关系社会公众利益的保险险种,依法实行强制保险的险种和新开发的人寿保险险种等的保险条款和保险费率,应当报保险监督管理机构审批。保险公司拟订的其他险种的保险条款和保险费率应当报保险监督管理机构备案。其中应当报批的"险种"范围由中国保监会认定,且中国保监会可以根据市场情况对险种范围进行调整;中国保监会可以委托保险行业协会或保险公司拟定主要险种的基本保险条款和保险费率;保险公司拟定的其他险种条款和保险费率,应由总公司报中国保监会备案;中国保监会对报备的条款和费率自收到备案申请文件之日起 30 日内未提出异议的,保险公司可以使用该条款、费率;人身保险公司拟定的长期人身保险条款保单预定利率不得高于中国保监会制定的相关标准,使用的生命表应当经过中国保监会批准;保险公司对同一险种应当执行统一的保险条款。

保险公司申报、修改或调整备案的财产保险条款和保险费率时,应提交下列文件:① 保险条款和保险费率备案文件一式三份;② 保险产品的市场预测,保险标的最近三年的损失率、预定保险赔付率、预定各项管理费用及预定利润率;③ 保险费率的计算公式及确定依据;④ 该险种的业务宣传材料;⑤ 中国保监会要求申报的其他材料。

保险公司申报、修改或调整备案的人身保险条款和保险费率时,应提交下列文件:① 条款和保险费率备案文本一式三份;② 保险产品的市场预测、预定利率、预定费用率及使用的生命表;③ 保险费率、保险责任准备金、保单现金价值的计算公式及方法;④ 该险种的业务宣传材料;⑤ 中国保监会要求申报的其他材料。

(三) 对再保险的监管

各国对再保险业务进行监管,这种监管有利于保险公司分散风险,保持经营稳定,有利于防止保费外流,发展民族保险业。

我国《保险法》第一百零三条规定:保险公司对每一危险单位,即对一次保险事故可能造成的最大损失范围所承担的责任,不得超过其实有资本金加公积金总和的百分之十;超过的部分应当办理再保险。第一百零五条还规定:保险公司应当按照国务院保险监督管理机构的规定办理再保险,并审慎选择再保险接受人。

中国保监会在对保险的监督过程中,有权限制或者禁止保险公司向中国境外的保险公司办理再保险分出业务或者接受中国境外再保险分入业务,并要求保险公司办理再保险分出业务时优先向中国境内的保险公司办理。

(四) 对跨国保险活动的监管

国际保险监管协会对跨国监管提出了四个基本原则:① 不同监管机构应进行合作,以使任何国外保险机构都无法逃脱监管;② 子公司应受东道国规则监管,分支公司则同时受母国和东道国的监管;③ 所有跨国保险集团和保险人都必须服从有效监管;④ 跨国设立保险实体要同时征得东道国和母国的同意,实施上述四个基本原则的目的是为了实现发放许可非歧视,监管有效,节省双方监管机构的资源。

三、保险财务监管

保险财务监管是对保险公司资产负债情况的监管,其内容主要包括对资本金、准备金、保险保障基金、公积金、资金运用和财务核算等方面监管。

（一）对资本金的监管

保险公司申请开业必须具有一定数量的资本金，达不到法定最低资本金限额者，不得开业。

我国《保险法》第六十九条规定："设立保险公司，其注册资本的最低限额为人民币二亿元。"保险公司注册资本最低限额必须为实缴货币资本。保险监督管理机构根据保险公司业务范围、经营规模，可以调整其注册资本的最低限额。但是不得低于第一款规定的限额。对资本金进行严格监管的目的在于：确保保险公司承保及偿付能力，增加保险公司承保及投资损失的弥补能力。

（二）对准备金的监管

准备金是保险公司履行承担赔偿或给付保险金义务的资金准备，是保险公司的负债。如果各项责任准备金计提不足，就不能保证被保险人或受益人及时得到赔付。为了确保保险公司的偿付能力，保障被保险人和受益人的利益，各国的保险法规都对准备金的提取做了明确规定，且内容大体一致。

（1）未到期责任准备金。未到期责任准备金是指保险公司在会计年度决算时，对未满期保单提存的一种资金准备。由于会计年度与保单规定的保险期限并不一致，在会计年度决算时，对第二年依然有效的保单，必须从当年保费收入中提取一部分结转下一会计年度提存的这部分保费收入，即未到期责任准备金。我国《保险法》规定，保险公司提取和结转责任准备金的具体办法由保险监督管理机构制定。

（2）未决赔款准备金。未决赔款准备金是保险公司在会计年度决算时，对已发生保险责任而应该赔付，但尚未赔付的赔款所提存的资金准备。造成这种情况的原因主要是：被保险人或受益人已经提出索赔，但保险公司需要对索赔申请进行审核，以确定是否属于保险责任以及责任的多少；发生了保险事故，但被保险人或受益人尚未提出索赔申请。因此，保险公司必须从当年收取的保费中提取一部分作为未决赔款准备金。

我国《保险法》第一百三十九条规定："保险公司未依照本法规定提取或者结转各项责任准备金，或者未依照本法规定办理再保险，或者严重违反本法关于资金运用的规定的，由保险监督管理机构责令限期改正，并可以责令调整负责人及有关管理人员。"

（三）对保险保障基金的监管

保险保障基金是保险公司为了应付可能发生的巨额赔款而提存的一种资金准备。保险金是保险公司的资本，主要是应付巨大灾害事故的特大赔款，只有在当年业务收入或准备金不足以赔付时才能运用。提取保险保障基金是为了保障被保险人和受益人的利益、支持保险公司的稳健经营。世界各国都要求保险公司在提存各种保险准备金之外，另提存保险保障基金。

根据中国保监会 2008 年 9 月 16 日发布的《保险保障基金管理办法》的规定，我国设立国有独资的中国保险保障基金有限责任公司，依法负责保险保障基金的筹集、管理和运用。保险公司应当按照下列规定，对经营的财产保险业务和人身保险业务交纳保险保障基金，交纳保险保障基金的保险业务纳入保险保基金的救助范围：

（1）非投资型财产保险按保费收入的 0.8% 交纳；投资型财产保险，有保证收益的按照业务收入的 0.08% 交纳，无保证收益的按照业务收入的 0.05% 交纳；

(2) 有保证收益的人寿保险按照业务收入的 0.15% 交纳，无保证收益的人寿保险按照业务收入的 0.08% 交纳；

(3) 短期健康保险按照保费收入的 0.8% 交纳，长期健康保险按照保费收入的 0.15% 交纳；

(4) 非投资型意外伤害保险按照保费收入的 0.8% 交纳，投资型意外伤害保险，有保证收益的按照业务收入的 0.08% 交纳，无保证收益的按照业务收入的 0.05% 交纳。

上述业务收入是指投保人按保险合同的约定，为购买相应的保险产品支付给保险公司的全部金额。保险公司应当及时、足额地将保险保障基金交纳到保险保障基金的专门账户。

（四）对公积金的监管

公积金是保险公司依照有关律、行政法规及国家财务会计制度的规定，从公司税后利润中提取的积累资金。保险公司提取公积金，是为了用于弥补公司亏损和增加公司资本金。

（五）对资金运用的监管

各国保险监管机构都把保险资金运用监管作为资产监管的主要内容，对保险资金运用的程度、资金投向和比例限度等作出明确规定。当然，由于各国经济政策、保险体制、历史背景等不同，各国对保险投资的管理理念存在较大差异。例如，美国各州对保险资金的运用实行严格监管，对投资领域和投资品种都有立法限制。英国主张宽松式管理，只要保险人具有规定的偿付能力，并依法在年终将财务报告、资产负债表、利润表按规定格式编制并呈交工贸部，而保险资金的投资项目、投资范围等完全可以自行决定。

我国《保险法》第一百零六条对保险公司的资金运用做了如下明确规定：① 保险公司的资金运用必须稳健，遵循安全性原则；② 保险公司的资金运用限于银行存款、买卖债券、股票、证券投资基金份额等有价证券、投资不动产、国务院规定的其他资金运用形式。同时，第一百零七条规定，经国务院保险监督管理机构会同国务院证券监督管理机构批准，保险公司可以设立保险资产管理公司；保险资产管理公司从事证券投资活动，应当遵守《中华人民共和国证券法》等法律、行政法规的规定。

（六）对财务核算的监管

为了有效管理保险公司的经营，及时了解和掌握保险公司的营业状况，各国保险监管机构一般都要求保险公司在年终向保险监管部门递交年终报告，反映其财务核算情况。

我国《保险法》规定：① 保险公司应当于每一会计年度终了后 3 个月内将上一年度的营业报告、财务会计报告及有关报表报送保险监管机构，并于公布；② 保险公司应当于每月月底前将上一月的营业统计报表报送保险监管机构；③ 保险公司必须聘用经保险监管机构认可的精算专业人员，建立精算报告制度；④ 保险公司的营业报告、财务会计报告、精算报告及其他有关报表、文件和资料必须如实记录保险业务事项，不得有虚假、误导性陈述和重大遗漏。

四、保险公司偿付能力监管

（一）偿付能力及其衡量指标

偿付能力，是指保险公司偿还到期债务的能力，即保险公司履行赔偿或给付保险金责任的能力。偿付能力体现了保险公司资金实力与其自身所承担的赔付责任的比较，它通常被作为衡量保险公司财务状况良好的最低标准。保险公司偿付能力监管是保险监管的核心内容,保险监管各方面的工作都是围绕确保保险公司的偿付能力不低于某一水平而展开的。

保险公司偿付能力的衡量指标是偿付能力充足率。偿付能力充足率即资本充足率,是指保险公司的实际资本与最低资本的比率。根据中国保监会 2008 年 7 月 10 日发布的《保险公司偿付能力管理规定》,保险公司应当具有与其风险和业务规模相适应的资本,并建立与其发展战略和经营规划相适应的资本补充机制,通过融资和提高盈利能力,确保偿付能力充足率不低于 100%。

(二) 最低资本评估标准

为确保《保险公司偿付能力管理规定》的顺利实施,2008 年 10 月 31 日中国保监会发布了《关于实施〈保险公司偿付能力管理规定〉有关事项的通知》,对保险公司应具备的最低资本评估标准做了如下规定:

(1) 财产保险公司应具备的最低资本为非寿险保障型业务最低资本和非寿险投资性业务最低资本之和。

其一,非寿险保障型业务最低资本为下列两项中数额较大的一项:① 最近会计年度公司自留保费减营业税及附加后 1 亿元人民币以下部分的 18% 和 1 亿元人民币以上部分的 16%;② 公司最近 3 年平均综合赔款金额 7 000 万元人民币以下部分的 26% 和 7 000 万元人民币以上部分的 23%。其中综合赔款金额为赔款支出、未决赔款准备金提转差、分保赔款支出之和减去摊回分保款和追偿款收入。经营不满 3 个完整会计年度的保险公司,采用第①项规定的标准。

其二,非寿险投资性业务最低资本为其风险保费部分最低资本和投资部分最低资本之和。其中,非寿险投资性业务风险保费部分最低资本的计算适用非寿险保障型业务最低资本的评估标准;非寿险投资性业务投资金部分最低资本为下列两项之和:① 预定收益型非寿险投资产品投资金部分期末责任准备金的 4%;② 非预定收益型非寿险投资产品投资金部分期末责任准备金的 1%。

(2) 人寿保险公司最低资本为长期人身保险业务最低资本和短期人身保险业务最低资本之和。

其一,长期人身保险业务最低资本为下列两项之和:① 投资连结保险产品期末责任准备金的 1% 和其他寿险产品期末责任准备金的 4%;② 保险期间小于 3 年的定期死亡保险风险保额的 0.1%,保险期间为 3~5 年的定期死亡保险风险保额的 0.15%,保险期间超过 3 年的定期死亡保险和其他险种风险保额的 0.3%。在统计中未对定期死亡保险区分保险期间的,统一按风险保额的 0.3% 计算。

其二,短期人身保险业务最低资本的计算适用非寿险保障型业务最低资本的评估标准。

其三,再保险公司最低资本等于其财产保险业务和人身保险业务分别按上述标准计算的最低资本之和。

(三) 对偿付能力不足的保险公司的监管的措施

中国保监会根据保险公司偿付能力状况将保险公司分为下列三类:不足类公司,即偿付能力充足率低于 100% 的保险公司;充足 I 类公司,即偿付能力充足率在 100%~150% 的保险公司;充足 II 类保险公司,即偿付能力充足率高于 150% 的保险公司。

对于偿付能力不足的保险公司,国务院保险监督管理机构将其列为重点监管对象,并根据具体情况采取下列措施:① 责令增加资本金、办理再保险;② 限制业务范围;③ 限制向股东分红;④ 限制固定资产购置或者经营费用规模;⑤ 限制资金运用的形式、比例;⑥ 限制增设分支机构;⑦ 责令拍卖不良资产、转让保险业务;⑧ 限制董事、监事、高级管理人员的薪酬水平;⑨ 限制商业性广告;⑩ 责令停止接受新业务。

> **案例分析**
>
> ### 拖延、拒绝承保交强险
>
> **【案情】** 2015年2—3月,重庆保监局接到保险消费者投诉,反映中国人民财产保险股份有限公司(以下简称人保财险)合川支公司、渝北支公司存在拖延、拒绝承保摩托车交强险行为。调查发现,人保财险合川支公司长期、大量积压摩托车交强险承保资料,在营业大厅无人员排队、保险消费者明确表示需要尽快办理投保进行年审的情况下,仍告知投保人必须等十几日后才接受交强险投保申请;人保财险渝北支公司以未携带农村户口证明、谎称专职办理人员请假不在为由,拒绝办理摩托车交强险投保业务。
>
> 针对人保财险合川、渝北支公司存在拖延、拒绝承保摩托车交强险行为的问题,重庆保监局对人保财险合川支公司、人保财险渝北支公司各罚款25万元,并责令限期改正。
>
> **【分析】** 此案中重庆保监局对人保财险合川、渝北支公司两个保险公司依法行使了对其保险公司经营的监管。
>
> 资料来源:作者收集整理。

第三节 保险监管的方式

一、保险监管的机构

保险监管机构作为一个国家保险的主管机关,从世界范围来看,形式多样,名称不尽相同。美国由州政府的保险署实施监管;英国由工贸部下设的保险局主管;法国由受财政部领导的国家保险委员会管理;新加坡由金融管理局下设的保险监管处管理;泰国由商业部下设的保险局实施监管;日本由大藏省银行局下设保险课实施监管。

(一) 我国的保险监管机构

我国保险业在中华人民共和国成立后经历了一个曲折的发展过程,保险业的行政归属也几经周折。中华人民共和国成立初期,保险监管部门是中国人民银行;1958年国内保险业务停办后,改由财政部兼管;20世纪80年代初恢复国内保险业务后,由中国人民保险公司独家垄断经营保险业务,事实上并无专门的保险监管活动;1986年后,新疆生产建设兵团保险公司、深圳平安保险公司、中国太平洋保险公司等相继成立,中国人民保险公司的垄断地位被打破,这期间的保险监管由中国人民银行负责;1995年7月,中国人民银行设立了专门行使保险监管职能的部门——保险司;1998年11月18日,中国保险监督管理委员会(简称保监会)正式成立。保监会是国务院直属的事业单位,是全国商业保险的主管机关,它的成立标志着我国保险监管工作进入了新的历史阶段。

2018年3月,十三届全国人大一次会议表决通过了关于国务院机构改革方案的决定,设立中国银行保险监督管理委员会。2018年4月8日上午,中国银行保险监督管理委员会(简称中国银保监会)正式挂牌。中国银保监会整合了中国银行业监督管理委员会和中国保险监督管理委员会的职责,是国务院直属事业单位。

(二)我国的保险监管机构的职责

中国银行保险监督管理委员会在保险监管方面的主要职责有:

(1) 拟定保险业发展的方针政策,制定行业发展战略和规划;起草保险业监管的法律、法规;制定业内规章。

(2) 审批保险公司及其分支机构、保险集团公司、保险控股公司的设立;会同有关部门审批保险资产管理公司的设立;审批境外保险机构代表处的设立;审批保险代理公司、保险经纪公司、保险公估公司等保险中介机构及其分机构的设立;审批境内保险机构和非保险机构在境外设立保险机构;审批保险机构的合并、分立、变更、解散,决定接管和指定接受;参与、组织保险公司的破产、清算。

(3) 审查、认定各类保险机构高级管理人员的任职资格;制定保险从业人员的基本资格标准。

(4) 审批关系社会公众利益的保险险种、依法实施强制保险的险种和新开发的人寿保险险种等的保险条款和保险费率,对其他保险险种的保险条款和保险费率实施备案管理。

(5) 依法监管保险公司的偿付能力和市场行为;负责保险保障基金的管理,监管保险保证金;根据法律和国家对保险资金的运用政策,制定有关规章制度,依法对保险公司资金运用进行监管。

(6) 对政策性保险和强制保险进行业务监管;对专属自保、相互保险等组织形式和业务活动进行监管。归口管理保险行业协会、保险学会等行业社团组织。

(7) 依法对保险机构和保险从业人员的不正当竞争等违法行为以及对非保险机构经营或变相经营保险业务进行调查、处罚。

(8) 依法对境内保险及非保险机构在境外设立的保险机构进行监管。

(9) 制定保险业信息化标准;建立保险风险评价、预警和监控体系,跟踪分析、监测、预测保险市场运行状况,负责统一编制全国保险业的数据、报表,并按照国家有关规定予以发布。

(10) 承办国务院交办的其他事项。

阅读资料

中国银保监会对2017年度保险消费投诉处理
考评排名靠后保险公司开展监管谈话

据中国银行保险监督管理委员会2018年6月1日的网上信息,中国银行保险监督管理委员会结合2017年度保险消费投诉处理考评情况,分别对投诉处理考评排名靠后的中国人寿、新华人寿、人民人寿、阳光人寿、泰康人寿、中华财险、永安财险、太平财险、英大财险、众安在线等10家保险公司进行监管谈话,要求相关保险公司高度重视消费者权益保护工作,限时整改。这是中国银行保险监督管理委员会全面贯彻中央经济工作会议和全国金融工作会议精神，落实"以人民为中心"发展理念，进一步落实保险公司主体责任的重要举措。

10家保险公司存在的主要问题集中在保险消费投诉数量过高、投诉处理制度落实不到位、销售纠纷和理赔纠纷投诉较多、侵害消费者权益的违法违规行为比较突出等方面。此次对10家公司监管谈话除约谈保险公司"一把手"，同时约谈引发投诉较多业务部门的负责人。

中国银保监会明确要求相关公司切实承担维护消费者合法权益主体责任，树立依法合规经营理念，妥善处置化解投诉纠纷、强化销售行为管控、优化保险理赔服务。接受谈话的保险公司负责人均表示将严格落实中国银行保险监督管理委员会监管要求，提出有效整改举措，妥善处理投诉纠纷，不断提升经营水平和服务质量，切实保护消费者合法权益。

资料来源：作者收集整理。

二、保险监管的方式

由于各国经济、法律环境不同，对保险业实施监管的方式不完全相同，但大体可分为以下三种方式，即公示监管、规范监管和实体监管。

（一）公示监管

这是保险业国家监管中最为宽松的一种方式。英国曾采取这种监管方式，到20世纪80年代放弃。在公示方式下，国家对保险业的实体经营不加以任何直接监管，而仅把保险业的资产负债、营业结果及其他有关事项予以公布。至于业务的实质及经营的好坏优劣则由被保险人和一般公众自己判断。关于保险业的组织、保险合同格式的设计及资本金的运用由保险公司自主决定，政府不做过多干预。

公示监管的优点是通过保险业的自由经营，使保险业在自由竞争的环境中得到充分发展。缺点是一般公众对保险企业优劣的评判标准不易准确掌握，对不正当的经营无能为力。同时，易出现损害被保险人利益的倾向。采取这种监管方式的国家必须具备相当的条件：客观上该国国民经济高度发展，保险机构普遍存在，投保人有选择优劣的可能，保险企业具有一定的自制能力，市场具有平等竞争条件和良好的商业道德；主观上国民具有一定的自制能力，具有较高的文化水准和参与意识，投保人对保险企业的优劣有适当的判断能力和评估标准。

（二）规范监管

这种管理方式注重保险经营形式上的合法。荷兰自1922年以后曾采用过这一种方式。规范监管，又称准则主义。对于形式上不合法者，主管机关给予处罚，而只要形式上合法，主管机关便不加干预。其做法是，由政府制定出一系列有关保险的法律、法规，要求保险企业共同遵守。但是，由于保险技术性较强，涉及的事物面较复杂，有关法律、法规难以面面俱到，往往会出现形式上合法而实质上不合法的行为，不能很好地实现政府对保险业的监督管理，因而这种管理方式也渐渐被淘汰。

（三）实体监管

1885年，瑞士创立了保险业实体监管方式。这是保险业国家监管中比较严格的监管方式,目前我国也采用这种方式。采用实体监管的国家,通常制定了比较完善的法律制度和监管规则,设置了拥有较高权威和权力的保险监督管理机构。保险组织的设立,必须经其审核批准并发放许可证;在经营过程中,必须接受保险监管机构在财务、业务方面的监管;破产清算也须在监管机构监督下进行。

> **阅读资料**
>
> **保险监管"三支柱"框架逐步形成**
>
> 目前我国现代保险监管体系已经初步形成,防范风险的五道防线正在逐步完善,初步建立起市场行为监管、偿付能力监管和保险公司治理结构监管的现代保险监管"三支柱"框架。保监会目前已建立了以公司内控为基础、以偿付能力监管为核心、以现场检查为主要手段、以资金运用监管为关键环节、以保险保障基金为屏障防范风险的"五道防线"。
>
> 资料来源:作者收集整理。

三、保险监管的主要方法

保险监管部门对保险监督管理对象进行监督管理的方法主要有现场检查和非现场检查两种。我国《保险公司管理规定》第五十九条规定:"中国保监会对保险机构的监督管理采取现场监管与非现场监管相结合的方式。"

(一)现场监管

现场监管是指保险监督管理机构及其分支机构派出监督管理小组到各保险机构进行实地调查。现场监管有定期检查和临时检查两种,临时检查一般只对某些专项进行检查,定期检查要对被检查机构作出综合评价。现场监管的重点是被检查保险机构内部控制制度和治理结构是否完善,财务统计信息是否真实准确,保险投诉是否确实合理。

《保险公司管理规定》第六十一条规定:中国保监会对保险机构的现场检查包括但不限于下列事项:

(1) 机构设立、变更是否依法经批准,或者向中国保监会报告;
(2) 董事、监事、高级管理人员任取资格是否依法经核准;
(3) 行政许可的申报材料是否真实;
(4) 资本金、各项准备金是否真实、充足;
(5) 公司治理和内控制度建设是否符合中国保监会的规定;
(6) 偿付能力是否充足;
(7) 资金运用是否合法;
(8) 业务经营和财务情况是否合法,报告、报表、文件、资料是否及时、完整、真实;
(9) 是否按规定对使用的保险条款和保险费率进行报批或者备案;
(10) 与保险中介的业务往来是否合法;
(11) 信息化建设工作是否符合规定;
(12) 需要事后报告的其他事项是否按照规定报告;
(13) 中国保监会依法检查的其他事项。

为保证现场监督管理的质量，保险监督管理机构要制定必要的检查程序和处理方法，以确保工作的严格进行，保证既定指标和检查结果相统一。

（二）非现场监管

非现场监管是指保险监督管理部门审查和分析保险机构各种报告和统计报表，依据报告和报表审查保险机构对法律法规和监督管理要求的执行情况。非现场监管能反映保险机构潜在的风险，尤其是现场检查间隔阶段发生风险的可能，从而提前防范风险。必要时，国家保险监管机构可以聘用外部注册会计师或审计师检查来操作，或者由双方共同完成。为确保非现场监管方式在保险风险监督管理中发挥应有的效力，要求保险公司的报表具有时效性、准确性和真实性。

非现场监管既可以发现个别保险机构存在的问题，也可以把握整个保险系统以及市场体系的总体趋势，还能为保险监督管理机构的业务咨询工作提供依据。在西方发达国家，非现场监管得到了普遍的重视和应用。而在大多数发展中国家，由于报告的信息资料和数据准确性差，使风险分析和评估缺乏可靠性和科学性。

上述两种监管方法各有特色。现场监管可以获得真实和全面的信息，为对被检查单位作出准确评价提供依据。非现场监管能够帮助监管机构有效地确定开展现场检查的范围，调整进行现场监督的频率，增强现场检查的针对性。监管实务中，通常将现场监管与非现场监管两种方法结合使用。

案例分析

利用产品说明会虚假宣传

【案情】 2015年6月，新疆保监局接到保险消费者投诉，反映2011—2014年参加合众人寿保险股份有限公司（以下简称合众人寿）哈密中心支公司举办的产品说明会时，经保险公司及保险代理人介绍购买了"合众聚富定投两全保险（分红型）"，后发现实际收益与当时承诺不符。调查发现，保险代理人在进行"合众聚富定投两全保险（分红型）"宣传讲解过程中，使用"5年期年化收益率24%，10年期年化收益率48%"的宣传用语，夸大保险产品收益且未采用高、中、低三档演示未来的利益给付，以及未对保单红利的不确定性进行提示。同时还发现，合众人寿哈密中心支公司在2014年10月举办的两场"合众聚富定投两全保险（分红型）"产品说明会中，自行制作并使用的宣传课件含有"本金50万""分红25万"的用语，保险营销员展业册"合众聚富定投两全保险（分红型）"产品宣传存在"固定利息3%~20%""复利分红70%""日复利滚息4.5%"等误导性内容。

针对上述问题，新疆保监局对合众人寿哈密中心支公司罚款10万元，对该公司经理警告并罚款5万元，对涉及销售误导的两名保险代理人分别给予警告并罚款1万元。

【分析】 此案中合众人寿哈密中心支公司在产品说明会的宣传课件和展业材料中均存在着虚假宣传，新疆保监局对合众人寿哈密中心支公司依法行使了对保险业务的监管。

资料来源：作者收集整理。

本 章 小 结

保险监管通常是指一个国家对本国保险业的监督管理。一个国家的保险监管制度通常由两大部分构成:一是国家通过制定保险法律法规,对本国保险业进行宏观指导与管理;二是国家专门的保险监管职能机构依据法律或行政授权对保险业进行行政管理,以保证保险法规的贯彻执行。国家对保险业进行严格监管,是由保险业的技术性与专业性特点所决定的,是有效地保护与保险活动相关的行业和公众利益的需要,也是培育、发展和规范保险市场的需要。保险监管的目标包括:维护被保险人的合法权益,维护公平竞争的市场秩序,维护保险体系的整体安全与稳定,促进保险业健康发展。保险监管应遵循依法监管、适度竞争、自我约束与外部强制相结合、稳健经营与风险预防、不干预保险机构内部经营管理等原则。

保险监管的主要内容包括保险机构监管、保险业务监管、保险财务监管和保险公司偿付能力监管。保险机构监管围绕保险机构的设立、整顿、接管和清算等方面实施;保险业务监管主要包括对保险公司的经营范围、保险条款、保险费率、再保险、跨国保险活动的监管等内容;保险财务监管是对保险公司资产负债情况的监管,其内容主要包括对资本金、准备金、保险保障基金、公积金、资金运用和财务核算等方面监管;保险公司偿付能力监管是保险监管的核心内容,保险公司偿付能力的衡量指标是偿付能力充足率。

保险监管机构作为一个国家保险的主管机关,从世界范围来看,形式多样,名称不尽相同。我国保险业的行政归属几经周折,目前由中国银行保险监督管理委员会监管。保险业监管的方式大致可以分为公示监管、规范监管和实体监管三种方式。公示监管是保险业国家监管中最为宽松的一种方式;规范监管注重保险经营形式上的合法;实体监管是保险业国家监管中比较严格的监管方式。保险监管部门对保险监督管理对象进行监督管理的方法主要有现场监管和非现场监管两种,应将这两种方法结合使用。

主要专业术语的中英文对照表

中文术语	对应英语	中文术语	对应英语
1. 保险监管	insurance regulation	8. 资本充足率	capital adequacy ratio
2. 保险监管机构	insurance regulatory agency	9. 中国银行保险监督管理委员会	china bank insurance regulatory commission
3. 保险机构监管	supervision of insurance institutions	10. 公示监管	the public regulation
4. 保险业务监管	supervision of insurance business	11. 规范监管	standardizing supervision
5. 保险财务监管	insurance financial supervision	12. 实体监管	regulatory entity
6. 保险公司偿付能力监管	supervision of insurance companies' compensation capacity	13. 现场监管	on-site supervision
7. 偿付能力充足率	solvency margin ratio	14. 非现场监管	off-site regulation

本章知识、技能训练与思考题

一、名词解释

1. 保险监管
2. 公示监管
3. 规范监管
4. 实体监管
5. 偿付能力监管
6. 偿付能力充足率
7. 现场监管
8. 非现场监管

二、简答题

1. 简述保险监管的目标。
2. 简述保险监管的原则。
3. 简述保险机构监管的主要内容。
4. 简述保险业务监管的主要内容。
5. 简述保险财务监管的主要内容。
6. 简述保险公司偿付能力监管的主要内容。
7. 简述保险监管的主要方法。

三、单选题

1. 目前,我国的保险监督管理机构是(   )。
   A. 中国银保监会　　　　　　　　B. 中国人民银行
   C. 中国保险行业协会　　　　　　D. 中国银监会
2. 在我国,保险公司必须按注册资本的(   )提取保证金。
   A. 5%　　　　B. 10%　　　　C. 15%　　　　D. 20%
3. 由保险监管机关代为行使经营管理权利,保险公司仍继续营业,债权债务关系不发生变化的监管措施叫(   )。
   A. 整顿　　　　B. 清算　　　　C. 接管　　　　D. 解散
4. 一般地,保险公司被强制解散的原因是(   )。
   A. 公司章程规定的营业期满　　　B. 公司权力机构的决定
   C. 公司被依法撤销或破产　　　　D. 公司分离或合并
5. 政府对保险市场进行监督管理的各种方式中最为宽松的一种是(   )。
   A. 规范监管　　B. 公告监管　　C. 实体监管　　D. 流程监管
6. 国家制定出一系列有关保险经营的基本准则并监督执行,这种管理方式称为(   )。
   A. 准则管理　　B. 公告管理　　C. 实体管理　　D. 规范管理
7. 在保险监督管理方式中最为严格、具体的方式是(   )。
   A. 流程管理　　B. 实体管理　　C. 规范管理　　D. 公告管理
8. 我国《保险法》规定设立保险机构的注册资本最低限额是人民币(   )。

A. 1亿元　　　　B. 2亿元　　　　C. 5亿元　　　　D. 10亿元

9. 由保险法或保险监督管理颁布有关规定，保险公司必须满足的偿付能力，称为（　　）。

A. 最低偿付能力　　　　　　　　B. 最高偿付能力
C. 实际偿付能力　　　　　　　　D. 偿付能力额度

10. 保险市场监管的核心是（　　）。

A. 保险产品监管　　　　　　　　B. 保险费率监管
C. 保险组织监管　　　　　　　　D. 偿付能力监管

四、多选题

1. 以下属于保险监管主体的有（　　）。

A. 国家保险监管机关　　　　　　B. 保险信用评级机构
C. 保险行业自律组织　　　　　　D. 社会媒体
E. 保险公司

2. 对保险机构监督管理的内容主要包括（　　）。

A. 对保险人的组织形式的限制　　B. 保险公司申请设立的许可
C. 保险公司停业解散的监督管理　D. 外资保险企业的监督管理
E. 保险费率的监管

3. 中国保监会对保险机构的现场检查包括不用于下列事项（　　）。

A. 机构设立、变更是否依法经批准或者向中国保监报告
B. 董事、监事、高级管理人员任职资格是否依法经核准
C. 行政许可的申报材料是否真实
D. 资本金、各项准备金是否真实
E. 偿付能力是否充足

4. 保险监督管理的范围包括（　　）。

A. 人寿保险　　B. 财产保险　　C. 健康保险　　D. 社会保险
E. 再保险

5. 由于各国经济、法律环境不同，对保险业务实施监督管理的方式并不完全相同，大体可分为（　　）。

A. 环境管理　　B. 条款管理　　C. 实体管理　　D. 规范管理
E. 公示管理

6. 保险监管的内容有（　　）。

A. 偿付能力监管　　　　　　　　B. 保险机构监管
C. 保险业务监管　　　　　　　　D. 保险财务监管
E. 保险环境监管

7. 保险监管的主要方法主要包括（　　）。

A. 现场监管　　　　　　　　　　B. 非现场监管
C. 财务监管　　　　　　　　　　D. 非财务监管
E. 保险环境监管

五、实践技能训练

1. 调查身边亲友购买保险的经历,从中总结保险代理人的违规展业行为,写成调查报告。

> 拓展案例及分析

中国银保监会依法严肃查处一起银行保险销售误导典型案件

【案情介绍】

2016年12月,消费者王某发在中国银行呼和浩特市呼和佳地支行,通过阳光人寿保险公司呼和浩特中心支公司工作人员王某君购买了该行代理销售的阳光人寿阳光财富年金保险B款(分红型)产品。

中国银保监会调查发现,阳光人寿保险公司呼和浩特中心支公司工作人员王某君在销售该保险产品时所宣称的保险期间和年化收益率等内容与保险合同规定严重不符,欺骗投保人;中国银行呼和浩特市呼和佳地支行允许保险公司工作人员王某君驻点销售、参与银行代理保险销售工作和"双录"工作,违反了相关监管法律法规。

【案例评析】

自中国银保监会成立以来,进一步强化了对保险销售误导的查处惩戒力度。针对损害保险消费者合法权益的典型问题和突出公司,组织开展"精准打击行动",从严整治、从快处理、从重问责,发挥警示和震慑作用;针对人身保险销售、渠道、产品和非法经营等方面问题开展人身保险"治乱打非"专项整治,查处违法违规行为,整顿规范市场秩序,切实保护好消费者合法权益。

【处理结果】

针对上述违法违规行为,中国银保监会依法对责任机构及相关责任人员作出行政处罚。责令阳光人寿保险公司呼和浩特中心支公司改正、停止接受银行代理新业务1年并处罚款60万元;对阳光人寿保险公司内蒙古分公司总经理吴某给予警告并处罚款5万元、总经理助理张某给予警告并处罚款5万元,对阳光人寿保险公司呼和浩特中心支公司副总经理李某给予警告并处罚款3万元、撤销任职资格。责令中国银行内蒙古分行改正,责令中国银行呼和浩特地区所有机构停止接受代理保险新业务1年,责令中国银行呼和浩特市呼和佳地支行改正并处罚款30万元;对中国银行内蒙古分行副行长高某给予警告并处罚款3万元,对中国银行呼和浩特市中山支行副行长李某给予警告并处罚款5万元,对中国银行呼和浩特市呼和佳地支行行长杨某给予警告并处罚款5万元。

附录

中华人民共和国保险法

（1995年6月30日第八届全国人民代表大会常务委员会第十四次会议通过；根据2002年10月28日第九届全国人民代表大会常务委员会第三十次会议第一次修正；2009年2月28日第十一届全国人民代表大会常务委员会第七次会议第二次修订；根据2014年8月31日中华人民共和国第十二届全国人民代表大会常务委员会第十次会议《全国人民代表大会常务委员会关于修改〈中华人民共和国保险法〉等五部法律的决定》第三次修正；根据2015年4月24日中华人民共和国第十二届全国人民代表大会常务委员会第十四次会议《全国人民代表大会常务委员会关于修改〈中华人民共和国计量法〉等五部法律的决定》第四次修订，中华人民共和国主席令第26号公布，自公布之日起施行。）

第一章 总 则

第一条 为了规范保险活动，保护保险活动当事人的合法权益，加强对保险业的监督管理，维护社会经济秩序和社会公共利益，促进保险事业的健康发展，制定本法。

第二条 本法所称保险，是指投保人根据合同约定，向保险人支付保险费，保险人对于合同约定的可能发生的事故因其发生所造成的财产损失承担赔偿保险金责任，或者当被保险人死亡、伤残、疾病或者达到合同约定的年龄、期限等条件时承担给付保险金责任的商业保险行为。

第三条 在中华人民共和国境内从事保险活动，适用本法。

第四条 从事保险活动必须遵守法律、行政法规，尊重社会公德，不得损害社会公共利益。

第五条 保险活动当事人行使权利、履行义务应当遵循诚实信用原则。

第六条 保险业务由依照本法设立的保险公司以及法律、行政法规规定的其他保险组织经营，其他单位和个人不得经营保险业务。

第七条 在中华人民共和国境内的法人和其他组织需要办理境内保险的，应当向中华人民共和国境内的保险公司投保。

第八条 保险业和银行业、证券业、信托业实行分业经营、分业管理，保险公司与银行、证券、信托业务机构分别设立。国家另有规定的除外。

第九条 国务院保险监督管理机构依法对保险业实施监督管理。

国务院保险监督管理机构根据履行职责的需要设立派出机构。派出机构按照国务院保险监督管理机构的授权履行监督管理职责。

第二章 保险合同

第一节 一般规定

第十条 保险合同是投保人与保险人约定保险权利义务关系的协议。

投保人是指与保险人订立保险合同,并按照合同约定负有支付保险费义务的人。

保险人是指与投保人订立保险合同,并按照合同约定承担赔偿或者给付保险金责任的保险公司。

第十一条 订立保险合同,应当协商一致,遵循公平原则确定各方的权利和义务。

除法律、行政法规规定必须保险的外,保险合同自愿订立。

第十二条 人身保险的投保人在保险合同订立时,对被保险人应当具有保险利益。

财产保险的被保险人在保险事故发生时,对保险标的应当具有保险利益。

人身保险是以人的寿命和身体为保险标的的保险。

财产保险是以财产及其有关利益为保险标的的保险。

被保险人是指其财产或者人身受保险合同保障,享有保险金请求权的人。投保人可以为被保险人。

保险利益是指投保人或者被保险人对保险标的具有的法律上承认的利益。

第十三条 投保人提出保险要求,经保险人同意承保,保险合同成立。保险人应当及时向投保人签发保险单或者其他保险凭证。

保险单或者其他保险凭证应当载明当事人双方约定的合同内容。当事人也可以约定采用其他书面形式载明合同内容。

依法成立的保险合同,自成立时生效。投保人和保险人可以对合同的效力约定附条件或者附期限。

第十四条 保险合同成立后,投保人按照约定交付保险费,保险人按照约定的时间开始承担保险责任。

第十五条 除本法另有规定或者保险合同另有约定外,保险合同成立后,投保人可以解除合同,保险人不得解除合同。

第十六条 订立保险合同,保险人就保险标的或者被保险人的有关情况提出询问的,投保人应当如实告知。

投保人故意或者因重大过失未履行前款规定的如实告知义务,足以影响保险人决定是否同意承保或者提高保险费率的,保险人有权解除合同。

前款规定的合同解除权,自保险人知道有解除事由之日起,超过三十日不行使而消灭。自合同成立之日起超过二年的,保险人不得解除合同;发生保险事故的,保险人应当承担赔偿或者给付保险金的责任。

投保人故意不履行如实告知义务的,保险人对于合同解除前发生的保险事故,不承担赔偿或者给付保险金的责任,并不退还保险费。

投保人因重大过失未履行如实告知义务,对保险事故的发生有严重影响的,保险人对于合同解除前发生的保险事故,不承担赔偿或者给付保险金的责任,但应当退还保险费。

保险人在合同订立时已经知道投保人未如实告知的情况的,保险人不得解除合同;发生保险事故的,保险人应当承担赔偿或者给付保险金的责任。

保险事故是指保险合同约定的保险责任范围内的事故。

第十七条 订立保险合同,采用保险人提供的格式条款的,保险人向投保人提供的投保单应当附格式条款,保险人应当向投保人说明合同的内容。

对保险合同中免除保险人责任的条款,保险人在订立合同时应当在投保单、保险单或者其他保险凭证上作出足以引起投保人注意的提示,并对该条款的内容以书面或者口头形式向投保人作出明确说明;未作提示或者明确说明的,该条款不产生效力。

第十八条 保险合同应当包括下列事项:

（一）保险人的名称和住所;

（二）投保人、被保险人的姓名或者名称、住所,以及人身保险的受益人的姓名或者名称、住所;

（三）保险标的;

（四）保险责任和责任免除;

（五）保险期间和保险责任开始时间;

（六）保险金额;

（七）保险费以及支付办法;

（八）保险金赔偿或者给付办法;

（九）违约责任和争议处理;

（十）订立合同的年、月、日。

投保人和保险人可以约定与保险有关的其他事项。

受益人是指人身保险合同中由被保险人或者投保人指定的享有保险金请求权的人。投保人、被保险人可以为受益人。

保险金额是指保险人承担赔偿或者给付保险金责任的最高限额。

第十九条 采用保险人提供的格式条款订立的保险合同中的下列条款无效:

（一）免除保险人依法应承担的义务或者加重投保人、被保险人责任的;

（二）排除投保人、被保险人或者受益人依法享有的权利的。

第二十条 投保人和保险人可以协商变更合同内容。

变更保险合同的,应当由保险人在保险单或者其他保险凭证上批注或者附贴批单,或者由投保人和保险人订立变更的书面协议。

第二十一条 投保人、被保险人或者受益人知道保险事故发生后,应当及时通知保险人。故意或者因重大过失未及时通知,致使保险事故的性质、原因、损失程度等难以确定的,保险人对无法确定的部分,不承担赔偿或者给付保险金的责任,但保险人通过其他途径已经及时知道或者应当及时知道保险事故发生的除外。

第二十二条 保险事故发生后,按照保险合同请求保险人赔偿或者给付保险金时,投保人、被保险人或者受益人应当向保险人提供其所能提供的与确认保险事故的性质、原因、损失程度等有关的证明和资料。

保险人按照合同的约定,认为有关的证明和资料不完整的,应当及时一次性通知投保人、被保险人或者受益人补充提供。

第二十三条 保险人收到被保险人或者受益人的赔偿或者给付保险金的请求后,应当及时作出核定;情形复杂的,应当在三十日内作出核定,但合同另有约定的除外。保险人应当将核定结果通知被保险人或者受益人;对属于保险责任的,在与被保险人或者受益人达成赔偿或者给付保险金的协议后十日内,履行赔偿或者给付保险金义务。保险合同对赔偿或者给付保险金的期限有约定的,保险人应当按照约定履行赔偿或者给付保险金义务。

保险人未及时履行前款规定义务的,除支付保险金外,应当赔偿被保险人或者受益人因此受到的损失。

任何单位和个人不得非法干预保险人履行赔偿或者给付保险金的义务,也不得限制被保险人或者受益人取得保险金的权利。

第二十四条 保险人依照本法第二十三条的规定作出核定后,对不属于保险责任的,应当自作出核定之日起三日内向被保险人或者受益人发出拒绝赔偿或者拒绝给付保险金通知书,并说明理由。

第二十五条 保险人自收到赔偿或者给付保险金的请求和有关证明、资料之日起六十日内,对其赔偿或者给付保险金的数额不能确定的,应当根据已有证明和资料可以确定的数额先予支付;保险人最终确定赔偿或者给付保险金的数额后,应当支付相应的差额。

第二十六条 人寿保险以外的其他保险的被保险人或者受益人,向保险人请求赔偿或者给付保险金的诉讼时效期间为二年,自其知道或者应当知道保险事故发生之日起计算。

人寿保险的被保险人或者受益人向保险人请求给付保险金的诉讼时效期间为五年,自其知道或者应当知道保险事故发生之日起计算。

第二十七条 未发生保险事故,被保险人或者受益人谎称发生了保险事故,向保险人提出赔偿或者给付保险金请求的,保险人有权解除合同,并不退还保险费。

投保人、被保险人故意制造保险事故的,保险人有权解除合同,不承担赔偿或者给付保险金的责任;除本法第四十三条规定外,不退还保险费。

保险事故发生后,投保人、被保险人或者受益人以伪造、变造的有关证明、资料或者其他证据,编造虚假的事故原因或者夸大损失程度的,保险人对其虚报的部分不承担赔偿或者给付保险金的责任。

投保人、被保险人或者受益人有前三款规定行为之一,致使保险人支付保险金或者支出费用的,应当退回或者赔偿。

第二十八条 保险人将其承担的保险业务,以分保形式部分转移给其他保险人的,为再保险。

应再保险接受人的要求,再保险分出人应当将其自负责任及原保险的有关情况书面告知再保险接受人。

第二十九条 再保险接受人不得向原保险的投保人要求支付保险费。

原保险的被保险人或者受益人不得向再保险接受人提出赔偿或者给付保险金的请求。

再保险分出人不得以再保险接受人未履行再保险责任为由,拒绝履行或者迟延履行其原保险责任。

第三十条 采用保险人提供的格式条款订立的保险合同,保险人与投保人、被保险人或者受益人对合同条款有争议的,应当按照通常理解予以解释。对合同条款有两种以上解释的,人民法院或者仲裁机构应当作出有利于被保险人和受益人的解释。

第二节 人身保险合同

第三十一条 投保人对下列人员具有保险利益：
（一）本人；
（二）配偶、子女、父母；
（三）前项以外与投保人有抚养、赡养或者扶养关系的家庭其他成员、近亲属；
（四）与投保人有劳动关系的劳动者。
除前款规定外，被保险人同意投保人为其订立合同的，视为投保人对被保险人具有保险利益。
订立合同时，投保人对被保险人不具有保险利益的，合同无效。

第三十二条 投保人申报的被保险人年龄不真实，并且其真实年龄不符合合同约定的年龄限制的，保险人可以解除合同，并按照合同约定退还保险单的现金价值。保险人行使合同解除权，适用本法第十六条第三款、第六款的规定。
投保人申报的被保险人年龄不真实，致使投保人支付的保险费少于应付保险费的，保险人有权更正并要求投保人补交保险费，或者在给付保险金时按照实付保险费与应付保险费的比例支付。
投保人申报的被保险人年龄不真实，致使投保人支付的保险费多于应付保险费的，保险人应当将多收的保险费退还投保人。

第三十三条 投保人不得为无民事行为能力人投保以死亡为给付保险金条件的人身保险，保险人也不得承保。
父母为其未成年子女投保的人身保险，不受前款规定限制。但是，因被保险人死亡给付的保险金总和不得超过国务院保险监督管理机构规定的限额。

第三十四条 以死亡为给付保险金条件的合同，未经被保险人同意并认可保险金额的，合同无效。
按照以死亡为给付保险金条件的合同所签发的保险单，未经被保险人书面同意，不得转让或者质押。
父母为其未成年子女投保的人身保险，不受本条第一款规定限制。

第三十五条 投保人可以按照合同约定向保险人一次支付全部保险费或者分期支付保险费。

第三十六条 合同约定分期支付保险费，投保人支付首期保险费后，除合同另有约定外，投保人自保险人催告之日起超过三十日未支付当期保险费，或者超过约定的期限六十日未支付当期保险费的，合同效力中止，或者由保险人按照合同约定的条件减少保险金额。
被保险人在前款规定期限内发生保险事故的，保险人应当按照合同约定给付保险金，但可以扣减欠交的保险费。

第三十七条 合同效力依照本法第三十六条规定中止的，经保险人与投保人协商并达成协议，在投保人补交保险费后，合同效力恢复。但是，自合同效力中止之日起满二年双方未达成协议的，保险人有权解除合同。
保险人依照前款规定解除合同的，应当按照合同约定退还保险单的现金价值。

第三十八条 保险人对人寿保险的保险费，不得用诉讼方式要求投保人支付。

第三十九条　人身保险的受益人由被保险人或者投保人指定。

投保人指定受益人时须经被保险人同意。投保人为与其有劳动关系的劳动者投保人身保险，不得指定被保险人及其近亲属以外的人为受益人。

被保险人为无民事行为能力人或者限制民事行为能力人的，可以由其监护人指定受益人。

第四十条　被保险人或者投保人可以指定一人或者数人为受益人。

受益人为数人的，被保险人或者投保人可以确定受益顺序和受益份额；未确定受益份额的，受益人按照相等份额享有受益权。

第四十一条　被保险人或者投保人可以变更受益人并书面通知保险人。保险人收到变更受益人的书面通知后，应当在保险单或者其他保险凭证上批注或者附贴批单。

投保人变更受益人时须经被保险人同意。

第四十二条　被保险人死亡后，有下列情形之一的，保险金作为被保险人的遗产，由保险人依照《中华人民共和国继承法》的规定履行给付保险金的义务：

（一）没有指定受益人，或者受益人指定不明无法确定的；

（二）受益人先于被保险人死亡，没有其他受益人的；

（三）受益人依法丧失受益权或者放弃受益权，没有其他受益人的。

受益人与被保险人在同一事件中死亡，且不能确定死亡先后顺序的，推定受益人死亡在先。

第四十三条　投保人故意造成被保险人死亡、伤残或者疾病的，保险人不承担给付保险金的责任。投保人已交足二年以上保险费的，保险人应当按照合同约定向其他权利人退还保险单的现金价值。

受益人故意造成被保险人死亡、伤残、疾病的，或者故意杀害被保险人未遂的，该受益人丧失受益权。

第四十四条　以被保险人死亡为给付保险金条件的合同，自合同成立或者合同效力恢复之日起二年内，被保险人自杀的，保险人不承担给付保险金的责任，但被保险人自杀时为无民事行为能力人的除外。

保险人依照前款规定不承担给付保险金责任的，应当按照合同约定退还保险单的现金价值。

第四十五条　因被保险人故意犯罪或者抗拒依法采取的刑事强制措施导致其伤残或者死亡的，保险人不承担给付保险金的责任。投保人已交足二年以上保险费的，保险人应当按照合同约定退还保险单的现金价值。

第四十六条　被保险人因第三者的行为而发生死亡、伤残或者疾病等保险事故的，保险人向被保险人或者受益人给付保险金后，不享有向第三者追偿的权利，但被保险人或者受益人仍有权向第三者请求赔偿。

第四十七条　投保人解除合同的，保险人应当自收到解除合同通知之日起三十日内，按照合同约定退还保险单的现金价值。

第三节　财产保险合同

第四十八条　保险事故发生时，被保险人对保险标的不具有保险利益的，不得向保险人请求赔偿保险金。

第四十九条 保险标的转让的,保险标的的受让人承继被保险人的权利和义务。

保险标的转让的,被保险人或者受让人应当及时通知保险人,但货物运输保险合同和另有约定的合同除外。

因保险标的转让导致危险程度显著增加的,保险人自收到前款规定的通知之日起三十日内,可以按照合同约定增加保险费或者解除合同。保险人解除合同的,应当将已收取的保险费,按照合同约定扣除自保险责任开始之日起至合同解除之日止应收的部分后,退还投保人。

被保险人、受让人未履行本条第二款规定的通知义务的,因转让导致保险标的的危险程度显著增加而发生的保险事故,保险人不承担赔偿保险金的责任。

第五十条 货物运输保险合同和运输工具航程保险合同,保险责任开始后,合同当事人不得解除合同。

第五十一条 被保险人应当遵守国家有关消防、安全、生产操作、劳动保护等方面的规定,维护保险标的的安全。

保险人可以按照合同约定对保险标的的安全状况进行检查,及时向投保人、被保险人提出消除不安全因素和隐患的书面建议。

投保人、被保险人未按照约定履行其对保险标的的安全应尽责任的,保险人有权要求增加保险费或者解除合同。

保险人为维护保险标的的安全,经被保险人同意,可以采取安全预防措施。

第五十二条 在合同有效期内,保险标的的危险程度显著增加的,被保险人应当按照合同约定及时通知保险人,保险人可以按照合同约定增加保险费或者解除合同。保险人解除合同的,应当将已收取的保险费,按照合同约定扣除自保险责任开始之日起至合同解除之日止应收的部分后,退还投保人。

被保险人未履行前款规定的通知义务的,因保险标的的危险程度显著增加而发生的保险事故,保险人不承担赔偿保险金的责任。

第五十三条 有下列情形之一的,除合同另有约定外,保险人应当降低保险费,并按日计算退还相应的保险费:

(一)据以确定保险费率的有关情况发生变化,保险标的的危险程度明显减少的;

(二)保险标的的保险价值明显减少的。

第五十四条 保险责任开始前,投保人要求解除合同的,应当按照合同约定向保险人支付手续费,保险人应当退还保险费。保险责任开始后,投保人要求解除合同的,保险人应当将已收取的保险费,按照合同约定扣除自保险责任开始之日起至合同解除之日止应收的部分后,退还投保人。

第五十五条 投保人和保险人约定保险标的的保险价值并在合同中载明的,保险标的发生损失时,以约定的保险价值为赔偿计算标准。

投保人和保险人未约定保险标的的保险价值的,保险标的发生损失时,以保险事故发生时保险标的的实际价值为赔偿计算标准。

保险金额不得超过保险价值。超过保险价值的,超过部分无效,保险人应当退还相应的保险费。

保险金额低于保险价值的,除合同另有约定外,保险人按照保险金额与保险价值的比例承担赔偿保险金的责任。

第五十六条 重复保险的投保人应当将重复保险的有关情况通知各保险人。

重复保险的各保险人赔偿保险金的总和不得超过保险价值。除合同另有约定外,各保险人按照其保险金额与保险金额总和的比例承担赔偿保险金的责任。

重复保险的投保人可以就保险金额总和超过保险价值的部分,请求各保险人按比例返还保险费。

重复保险是指投保人对同一保险标的、同一保险利益、同一保险事故分别与两个以上保险人订立保险合同,且保险金额总和超过保险价值的保险。

第五十七条 保险事故发生时,被保险人应当尽力采取必要的措施,防止或者减少损失。

保险事故发生后,被保险人为防止或者减少保险标的的损失所支付的必要的、合理的费用,由保险人承担;保险人所承担的费用数额在保险标的损失赔偿金额以外另行计算,最高不超过保险金额的数额。

第五十八条 保险标的发生部分损失的,自保险人赔偿之日起三十日内,投保人可以解除合同;除合同另有约定外,保险人也可以解除合同,但应当提前十五日通知投保人。

合同解除的,保险人应当将保险标的的未受损失部分的保险费,按照合同约定扣除自保险责任开始之日起至合同解除之日止应收的部分后,退还投保人。

第五十九条 保险事故发生后,保险人已支付了全部保险金额,并且保险金额等于保险价值的,受损保险标的的全部权利归于保险人;保险金额低于保险价值的,保险人按照保险金额与保险价值的比例取得受损保险标的的部分权利。

第六十条 因第三者对保险标的的损害而造成保险事故的,保险人自向被保险人赔偿保险金之日起,在赔偿金额范围内代位行使被保险人对第三者请求赔偿的权利。

前款规定的保险事故发生后,被保险人已经从第三者取得损害赔偿的,保险人赔偿保险金时,可以相应扣减被保险人从第三者已取得的赔偿金额。

保险人依照本条第一款规定行使代位请求赔偿的权利,不影响被保险人就未取得赔偿的部分向第三者请求赔偿的权利。

第六十一条 保险事故发生后,保险人未赔偿保险金之前,被保险人放弃对第三者请求赔偿的权利的,保险人不承担赔偿保险金的责任。

保险人向被保险人赔偿保险金后,被保险人未经保险人同意放弃对第三者请求赔偿的权利的,该行为无效。

被保险人故意或者因重大过失致使保险人不能行使代位请求赔偿的权利的,保险人可以扣减或者要求返还相应的保险金。

第六十二条 除被保险人的家庭成员或者其组成人员故意造成本法第六十条第一款规定的保险事故外,保险人不得对被保险人的家庭成员或者其组成人员行使代位请求赔偿的权利。

第六十三条 保险人向第三者行使代位请求赔偿的权利时,被保险人应当向保险人提供必要的文件和所知道的有关情况。

第六十四条 保险人、被保险人为查明和确定保险事故的性质、原因和保险标的的损失程度所支付的必要的、合理的费用,由保险人承担。

第六十五条 保险人对责任保险的被保险人给第三者造成的损害,可以依照法律的规定或者合同的约定,直接向该第三者赔偿保险金。

责任保险的被保险人给第三者造成损害,被保险人对第三者应负的赔偿责任确定的,根据被保险人的请求,保险人应当直接向该第三者赔偿保险金。被保险人怠于请求的,第三者有权就其应获赔偿部分直接向保险人请求赔偿保险金。

责任保险的被保险人给第三者造成损害,被保险人未向该第三者赔偿的,保险人不得向被保险人赔偿保险金。

责任保险是指以被保险人对第三者依法应负的赔偿责任为保险标的的保险。

第六十六条 责任保险的被保险人因给第三者造成损害的保险事故而被提起仲裁或者诉讼的,被保险人支付的仲裁或者诉讼费用以及其他必要的、合理的费用,除合同另有约定外,由保险人承担。

第三章 保 险 公 司

第六十七条 设立保险公司应当经国务院保险监督管理机构批准。

国务院保险监督管理机构审查保险公司的设立申请时,应当考虑保险业的发展和公平竞争的需要。

第六十八条 设立保险公司应当具备下列条件:

(一) 主要股东具有持续盈利能力,信誉良好,最近三年内无重大违法违规记录,净资产不低于人民币二亿元;

(二) 有符合本法和《中华人民共和国公司法》规定的章程;

(三) 有符合本法规定的注册资本;

(四) 有具备任职专业知识和业务工作经验的董事、监事和高级管理人员;

(五) 有健全的组织机构和管理制度;

(六) 有符合要求的营业场所和与经营业务有关的其他设施;

(七) 法律、行政法规和国务院保险监督管理机构规定的其他条件。

第六十九条 设立保险公司,其注册资本的最低限额为人民币二亿元。

国务院保险监督管理机构根据保险公司的业务范围、经营规模,可以调整其注册资本的最低限额,但不得低于本条第一款规定的限额。

保险公司的注册资本必须为实缴货币资本。

第七十条 申请设立保险公司,应当向国务院保险监督管理机构提出书面申请,并提交下列材料:

(一) 设立申请书,申请书应当载明拟设立的保险公司的名称、注册资本、业务范围等;

(二) 可行性研究报告;

(三) 筹建方案;

(四) 投资人的营业执照或者其他背景资料,经会计师事务所审计的上一年度财务会计报告;

(五) 投资人认可的筹备组负责人和拟任董事长、经理名单及本人认可证明;

（六）国务院保险监督管理机构规定的其他材料。

第七十一条 国务院保险监督管理机构应当对设立保险公司的申请进行审查，自受理之日起六个月内作出批准或者不批准筹建的决定，并书面通知申请人。决定不批准的，应当书面说明理由。

第七十二条 申请人应当自收到批准筹建通知之日起一年内完成筹建工作；筹建期间不得从事保险经营活动。

第七十三条 筹建工作完成后，申请人具备本法第六十八条规定的设立条件的，可以向国务院保险监督管理机构提出开业申请。

国务院保险监督管理机构应当自受理开业申请之日起六十日内，作出批准或者不批准开业的决定。决定批准的，颁发经营保险业务许可证；决定不批准的，应当书面通知申请人并说明理由。

第七十四条 保险公司在中华人民共和国境内设立分支机构，应当经保险监督管理机构批准。

保险公司分支机构不具有法人资格，其民事责任由保险公司承担。

第七十五条 保险公司申请设立分支机构，应当向保险监督管理机构提出书面申请，并提交下列材料：

（一）设立申请书；

（二）拟设机构三年业务发展规划和市场分析材料；

（三）拟任高级管理人员的简历及相关证明材料；

（四）国务院保险监督管理机构规定的其他材料。

第七十六条 保险监督管理机构应当对保险公司设立分支机构的申请进行审查，自受理之日起六十日内作出批准或者不批准的决定。决定批准的，颁发分支机构经营保险业务许可证；决定不批准的，应当书面通知申请人并说明理由。

第七十七条 经批准设立的保险公司及其分支机构，凭经营保险业务许可证向工商行政管理机关办理登记，领取营业执照。

第七十八条 保险公司及其分支机构自取得经营保险业务许可证之日起六个月内，无正当理由未向工商行政管理机关办理登记的，其经营保险业务许可证失效。

第七十九条 保险公司在中华人民共和国境外设立子公司、分支机构，应当经国务院保险监督管理机构批准。

第八十条 外国保险机构在中华人民共和国境内设立代表机构，应当经国务院保险监督管理机构批准。代表机构不得从事保险经营活动。

第八十一条 保险公司的董事、监事和高级管理人员，应当品行良好，熟悉与保险相关的法律、行政法规，具有履行职责所需的经营管理能力，并在任职前取得保险监督管理机构核准的任职资格。

保险公司高级管理人员的范围由国务院保险监督管理机构规定。

第八十二条 有《中华人民共和国公司法》第一百四十六条规定的情形或者下列情形之一的，不得担任保险公司的董事、监事、高级管理人员：

（一）因违法行为或者违纪行为被金融监督管理机构取消任职资格的金融机构的董事、监事、高级管理人员，自被取消任职资格之日起未逾五年的；

（二）因违法行为或者违纪行为被吊销执业资格的律师、注册会计师或者资产评估机构、验证机构等机构的专业人员，自被吊销执业资格之日起未逾五年的。

第八十三条 保险公司的董事、监事、高级管理人员执行公司职务时违反法律、行政法规或者公司章程的规定，给公司造成损失的，应当承担赔偿责任。

第八十四条 保险公司有下列情形之一的，应当经保险监督管理机构批准：

（一）变更名称；

（二）变更注册资本；

（三）变更公司或者分支机构的营业场所；

（四）撤销分支机构；

（五）公司分立或者合并；

（六）修改公司章程；

（七）变更出资额占有限责任公司资本总额百分之五以上的股东，或者变更持有股份有限公司股份百分之五以上的股东；

（八）国务院保险监督管理机构规定的其他情形。

第八十五条 保险公司应当聘用专业人员，建立精算报告制度和合规报告制度。

第八十六条 保险公司应当按照保险监督管理机构的规定，报送有关报告、报表、文件和资料。

保险公司的偿付能力报告、财务会计报告、精算报告、合规报告及其他有关报告、报表、文件和资料必须如实记录保险业务事项，不得有虚假记载、误导性陈述和重大遗漏。

第八十七条 保险公司应当按照国务院保险监督管理机构的规定妥善保管业务经营活动的完整账簿、原始凭证和有关资料。

前款规定的账簿、原始凭证和有关资料的保管期限，自保险合同终止之日起计算，保险期间在一年以下的不得少于五年，保险期间超过一年的不得少于十年。

第八十八条 保险公司聘请或者解聘会计师事务所、资产评估机构、资信评级机构等中介服务机构，应当向保险监督管理机构报告；解聘会计师事务所、资产评估机构、资信评级机构等中介服务机构，应当说明理由。

第八十九条 保险公司因分立、合并需要解散，或者股东会、股东大会决议解散，或者公司章程规定的解散事由出现，经国务院保险监督管理机构批准后解散。

经营有人寿保险业务的保险公司，除因分立、合并或者被依法撤销外，不得解散。

保险公司解散，应当依法成立清算组进行清算。

第九十条 保险公司有《中华人民共和国企业破产法》第二条规定情形的，经国务院保险监督管理机构同意，保险公司或者其债权人可以依法向人民法院申请重整、和解或者破产清算；国务院保险监督管理机构也可以依法向人民法院申请对该保险公司进行重整或者破产清算。

第九十一条 破产财产在优先清偿破产费用和共益债务后，按照下列顺序清偿：

（一）所欠职工工资和医疗、伤残补助、抚恤费用，所欠应当划入职工个人账户的基本养老保险、基本医疗保险费用，以及法律、行政法规规定应当支付给职工的补偿金；

（二）赔偿或者给付保险金；

（三）保险公司欠缴的除第（一）项规定以外的社会保险费用和所欠税款；

（四）普通破产债权。

破产财产不足以清偿同一顺序的清偿要求的，按照比例分配。

破产保险公司的董事、监事和高级管理人员的工资，按照该公司职工的平均工资计算。

第九十二条 经营有人寿保险业务的保险公司被依法撤销或者被依法宣告破产的，其持有的人寿保险合同及责任准备金，必须转让给其他经营有人寿保险业务的保险公司；不能同其他保险公司达成转让协议的，由国务院保险监督管理机构指定经营有人寿保险业务的保险公司接受转让。

转让或者由国务院保险监督管理机构指定接受转让前款规定的人寿保险合同及责任准备金的，应当维护被保险人、受益人的合法权益。

第九十三条 保险公司依法终止其业务活动，应当注销其经营保险业务许可证。

第九十四条 保险公司，除本法另有规定外，适用《中华人民共和国公司法》的规定。

第四章 保险经营原则

第九十五条 保险公司的业务范围：

（一）人身保险业务，包括人寿保险、健康保险、意外伤害保险等保险业务；

（二）财产保险业务，包括财产损失保险、责任保险、信用保险、保证保险等保险业务；

（三）国务院保险监督管理机构批准的与保险有关的其他业务。

保险人不得兼营人身保险业务和财产保险业务。但是，经营财产保险业务的保险公司经国务院保险监督管理机构批准，可以经营短期健康保险业务和意外伤害保险业务。

保险公司应当在国务院保险监督管理机构依法批准的业务范围内从事保险经营活动。

第九十六条 经国务院保险监督管理机构批准，保险公司可以经营本法第九十五条规定的保险业务的下列再保险业务：

（一）分出保险；

（二）分入保险。

第九十七条 保险公司应当按照其注册资本总额的百分之二十提取保证金，存入国务院保险监督管理机构指定的银行，除公司清算时用于清偿债务外，不得动用。

第九十八条 保险公司应当根据保障被保险人利益、保证偿付能力的原则，提取各项责任准备金。

保险公司提取和结转责任准备金的具体办法，由国务院保险监督管理机构制定。

第九十九条 保险公司应当依法提取公积金。

第一百条 保险公司应当交纳保险保障基金。

保险保障基金应当集中管理，并在下列情形下统筹使用：

（一）在保险公司被撤销或者被宣告破产时，向投保人、被保险人或者受益人提供救济；

（二）在保险公司被撤销或者被宣告破产时，向依法接受其人寿保险合同的保险公司提供救济；

（三）国务院规定的其他情形。

保险保障基金筹集、管理和使用的具体办法，由国务院制定。

第一百零一条 保险公司应当具有与其业务规模和风险程度相适应的最低偿付能力。

保险公司的认可资产减去认可负债的差额不得低于国务院保险监督管理机构规定的数额；低于规定数额的，应当按照国务院保险监督管理机构的要求采取相应措施达到规定的数额。

第一百零二条 经营财产保险业务的保险公司当年自留保险费，不得超过其实有资本金加公积金总和的四倍。

第一百零三条 保险公司对每一危险单位，即对一次保险事故可能造成的最大损失范围所承担的责任，不得超过其实有资本金加公积金总和的百分之十；超过的部分应当办理再保险。

保险公司对危险单位的划分应当符合国务院保险监督管理机构的规定。

第一百零四条 保险公司对危险单位的划分方法和巨灾风险安排方案，应当报国务院保险监督管理机构备案。

第一百零五条 保险公司应当按照国务院保险监督管理机构的规定办理再保险，并审慎选择再保险接受人。

第一百零六条 保险公司的资金运用必须稳健，遵循安全性原则。

保险公司的资金运用限于下列形式：

（一）银行存款；

（二）买卖债券、股票、证券投资基金份额等有价证券；

（三）投资不动产；

（四）国务院规定的其他资金运用形式。

保险公司资金运用的具体管理办法，由国务院保险监督管理机构依照前两款的规定制定。

第一百零七条 经国务院保险监督管理机构会同国务院证券监督管理机构批准，保险公司可以设立保险资产管理公司。

保险资产管理公司从事证券投资活动，应当遵守《中华人民共和国证券法》等法律、行政法规的规定。

保险资产管理公司的管理办法，由国务院保险监督管理机构会同国务院有关部门制定。

第一百零八条 保险公司应当按照国务院保险监督管理机构的规定，建立对关联交易的管理和信息披露制度。

第一百零九条 保险公司的控股股东、实际控制人、董事、监事、高级管理人员不得利用关联交易损害公司的利益。

第一百一十条 保险公司应当按照国务院保险监督管理机构的规定，真实、准确、完整地披露财务会计报告、风险管理状况、保险产品经营情况等重大事项。

第一百一十一条 保险公司从事保险销售的人员应当品行良好，具有保险销售所需的专业能力。保险销售人员的行为规范和管理办法，由国务院保险监督管理机构规定。

第一百一十二条 保险公司应当建立保险代理人登记管理制度，加强对保险代理人的培训和管理，不得唆使、诱导保险代理人进行违背诚信义务的活动。

第一百一十三条 保险公司及其分支机构应当依法使用经营保险业务许可证，不得转让、出租、出借经营保险业务许可证。

第一百一十四条 保险公司应当按照国务院保险监督管理机构的规定，公平、合理拟订保险条款和保险费率，不得损害投保人、被保险人和受益人的合法权益。

保险公司应当按照合同约定和本法规定,及时履行赔偿或者给付保险金义务。

第一百一十五条 保险公司开展业务,应当遵循公平竞争的原则,不得从事不正当竞争。

第一百一十六条 保险公司及其工作人员在保险业务活动中不得有下列行为:

(一)欺骗投保人、被保险人或者受益人;

(二)对投保人隐瞒与保险合同有关的重要情况;

(三)阻碍投保人履行本法规定的如实告知义务,或者诱导其不履行本法规定的如实告知义务;

(四)给予或者承诺给予投保人、被保险人、受益人保险合同约定以外的保险费回扣或者其他利益;

(五)拒不依法履行保险合同约定的赔偿或者给付保险金义务;

(六)故意编造未曾发生的保险事故、虚构保险合同或者故意夸大已经发生的保险事故的损失程度进行虚假理赔,骗取保险金或者牟取其他不正当利益;

(七)挪用、截留、侵占保险费;

(八)委托未取得合法资格的机构从事保险销售活动;

(九)利用开展保险业务为其他机构或者个人牟取不正当利益;

(十)利用保险代理人、保险经纪人或者保险评估机构,从事以虚构保险中介业务或者编造退保等方式套取费用等违法活动;

(十一)以捏造、散布虚假事实等方式损害竞争对手的商业信誉,或者以其他不正当竞争行为扰乱保险市场秩序;

(十二)泄露在业务活动中知悉的投保人、被保险人的商业秘密;

(十三)违反法律、行政法规和国务院保险监督管理机构规定的其他行为。

第五章　保险代理人和保险经纪人

第一百一十七条 保险代理人是根据保险人的委托,向保险人收取佣金,并在保险人授权的范围内代为办理保险业务的机构或者个人。

保险代理机构包括专门从事保险代理业务的保险专业代理机构和兼营保险代理业务的保险兼业代理机构。

第一百一十八条 保险经纪人是基于投保人的利益,为投保人与保险人订立保险合同提供中介服务,并依法收取佣金的机构。

第一百一十九条 保险代理机构、保险经纪人应当具备国务院保险监督管理机构规定的条件,取得保险监督管理机构颁发的经营保险代理业务许可证、保险经纪业务许可证。

第一百二十条 以公司形式设立保险专业代理机构、保险经纪人,其注册资本最低限额适用《中华人民共和国公司法》的规定。

国务院保险监督管理机构根据保险专业代理机构、保险经纪人的业务范围和经营规模,可以调整其注册资本的最低限额,但不得低于《中华人民共和国公司法》规定的限额。

保险专业代理机构、保险经纪人的注册资本或者出资额必须为实缴货币资本。

第一百二十一条 保险专业代理机构、保险经纪人的高级管理人员,应当品行良好,熟悉保险法律、行政法规,具有履行职责所需的经营管理能力,并在任职前取得保险监督管理机构核准的任职资格。

第一百二十二条 个人保险代理人、保险代理机构的代理从业人员、保险经纪人的经纪从业人员,应当品行良好,具有从事保险代理业务或者保险经纪业务所需的专业能力。

第一百二十三条 保险代理机构、保险经纪人应当有自己的经营场所,设立专门账簿记载保险代理业务、经纪业务的收支情况。

第一百二十四条 保险代理机构、保险经纪人应当按照国务院保险监督管理机构的规定缴存保证金或者投保职业责任保险。

第一百二十五条 个人保险代理人在代为办理人寿保险业务时,不得同时接受两个以上保险人的委托。

第一百二十六条 保险人委托保险代理人代为办理保险业务,应当与保险代理人签订委托代理协议,依法约定双方的权利和义务。

第一百二十七条 保险代理人根据保险人的授权代为办理保险业务的行为,由保险人承担责任。

保险代理人没有代理权、超越代理权或者代理权终止后以保险人名义订立合同,使投保人有理由相信其有代理权的,该代理行为有效。保险人可以依法追究越权的保险代理人的责任。

第一百二十八条 保险经纪人因过错给投保人、被保险人造成损失的,依法承担赔偿责任。

第一百二十九条 保险活动当事人可以委托保险公估机构等依法设立的独立评估机构或者具有相关专业知识的人员,对保险事故进行评估和鉴定。

接受委托对保险事故进行评估和鉴定的机构和人员,应当依法、独立、客观、公正地进行评估和鉴定,任何单位和个人不得干涉。

前款规定的机构和人员,因故意或者过失给保险人或者被保险人造成损失的,依法承担赔偿责任。

第一百三十条 保险佣金只限于向保险代理人、保险经纪人支付,不得向其他人支付。

第一百三十一条 保险代理人、保险经纪人及其从业人员在办理保险业务活动中不得有下列行为:

(一)欺骗保险人、投保人、被保险人或者受益人;

(二)隐瞒与保险合同有关的重要情况;

(三)阻碍投保人履行本法规定的如实告知义务,或者诱导其不履行本法规定的如实告知义务;

(四)给予或者承诺给予投保人、被保险人或者受益人保险合同约定以外的利益;

(五)利用行政权力、职务或者职业便利以及其他不正当手段强迫、引诱或者限制投保人订立保险合同;

(六)伪造、擅自变更保险合同,或者为保险合同当事人提供虚假证明材料;

(七)挪用、截留、侵占保险费或者保险金;

(八)利用业务便利为其他机构或者个人牟取不正当利益;

(九)串通投保人、被保险人或者受益人,骗取保险金;

（十）泄露在业务活动中知悉的保险人、投保人、被保险人的商业秘密。

第一百三十二条 本法第八十六条第一款、第一百一十三条的规定，适用于保险代理机构和保险经纪人。

第六章 保险业监督管理

第一百三十三条 保险监督管理机构依照本法和国务院规定的职责，遵循依法、公开、公正的原则，对保险业实施监督管理，维护保险市场秩序，保护投保人、被保险人和受益人的合法权益。

第一百三十四条 国务院保险监督管理机构依照法律、行政法规制定并发布有关保险业监督管理的规章。

第一百三十五条 关系社会公众利益的保险险种、依法实行强制保险的险种和新开发的人寿保险险种等的保险条款和保险费率，应当报国务院保险监督管理机构批准。国务院保险监督管理机构审批时，应当遵循保护社会公众利益和防止不正当竞争的原则。其他保险险种的保险条款和保险费率，应当报保险监督管理机构备案。

保险条款和保险费率审批、备案的具体办法，由国务院保险监督管理机构依照前款规定制定。

第一百三十六条 保险公司使用的保险条款和保险费率违反法律、行政法规或者国务院保险监督管理机构的有关规定的，由保险监督管理机构责令停止使用，限期修改；情节严重的，可以在一定期限内禁止申报新的保险条款和保险费率。

第一百三十七条 国务院保险监督管理机构应当建立健全保险公司偿付能力监管体系，对保险公司的偿付能力实施监控。

第一百三十八条 对偿付能力不足的保险公司，国务院保险监督管理机构应当将其列为重点监管对象，并可以根据具体情况采取下列措施：

（一）责令增加资本金、办理再保险；
（二）限制业务范围；
（三）限制向股东分红；
（四）限制固定资产购置或者经营费用规模；
（五）限制资金运用的形式、比例；
（六）限制增设分支机构；
（七）责令拍卖不良资产、转让保险业务；
（八）限制董事、监事、高级管理人员的薪酬水平；
（九）限制商业性广告；
（十）责令停止接受新业务。

第一百三十九条 保险公司未依照本法规定提取或者结转各项责任准备金，或者未依照本法规定办理再保险，或者严重违反本法关于资金运用的规定的，由保险监督管理机构责令限期改正，并可以责令调整负责人及有关管理人员。

第一百四十条 保险监督管理机构依照本法第一百四十条的规定作出限期改正的决定后，保险公司逾期未改正的，国务院保险监督管理机构可以决定选派保险专业人员和指定该保险公司的有关人员组成整顿组,对公司进行整顿。

整顿决定应当载明被整顿公司的名称、整顿理由、整顿组成员和整顿期限,并予以公告。

第一百四十一条 整顿组有权监督被整顿保险公司的日常业务。被整顿公司的负责人及有关管理人员应当在整顿组的监督下行使职权。

第一百四十二条 整顿过程中,被整顿保险公司的原有业务继续进行。但是,国务院保险监督管理机构可以责令被整顿公司停止部分原有业务、停止接受新业务,调整资金运用。

第一百四十三条 被整顿保险公司经整顿已纠正其违反本法规定的行为,恢复正常经营状况的,由整顿组提出报告,经国务院保险监督管理机构批准,结束整顿,并由国务院保险监督管理机构予以公告。

第一百四十四条 保险公司有下列情形之一的,国务院保险监督管理机构可以对其实行接管:

(一)公司的偿付能力严重不足的;

(二)违反本法规定,损害社会公共利益,可能严重危及或者已经严重危及公司的偿付能力的。

被接管的保险公司的债权债务关系不因接管而变化。

第一百四十五条 接管组的组成和接管的实施办法,由国务院保险监督管理机构决定,并予以公告。

第一百四十六条 接管期限届满,国务院保险监督管理机构可以决定延长接管期限,但接管期限最长不得超过二年。

第一百四十七条 接管期限届满,被接管的保险公司已恢复正常经营能力的,由国务院保险监督管理机构决定终止接管,并予以公告。

第一百四十八条 被整顿、被接管的保险公司有《中华人民共和国企业破产法》第二条规定情形的,国务院保险监督管理机构可以依法向人民法院申请对该保险公司进行重整或者破产清算。

第一百四十九条 保险公司因违法经营被依法吊销经营保险业务许可证的,或者偿付能力低于国务院保险监督管理机构规定标准,不予撤销将严重危害保险市场秩序、损害公共利益的,由国务院保险监督管理机构予以撤销并公告,依法及时组织清算组进行清算。

第一百五十条 国务院保险监督管理机构有权要求保险公司股东、实际控制人在指定的期限内提供有关信息和资料。

第一百五十一条 保险公司的股东利用关联交易严重损害公司利益,危及公司偿付能力的,由国务院保险监督管理机构责令改正。在按照要求改正前,国务院保险监督管理机构可以限制其股东权利;拒不改正的,可以责令其转让所持的保险公司股权。

第一百五十二条 保险监督管理机构根据履行监督管理职责的需要,可以与保险公司董事、监事和高级管理人员进行监督管理谈话,要求其就公司的业务活动和风险管理的重大事项作出说明。

第一百五十三条 保险公司在整顿、接管、撤销清算期间,或者出现重大风险时,国务院保险监督管理机构可以对该公司直接负责的董事、监事、高级管理人员和其他直接责任人员采取以下措施:

(一)通知出境管理机关依法阻止其出境;

（二）申请司法机关禁止其转移、转让或者以其他方式处分财产，或者在财产上设定其他权利。

第一百五十四条 保险监督管理机构依法履行职责，可以采取下列措施：

（一）对保险公司、保险代理人、保险经纪人、保险资产管理公司、外国保险机构的代表机构进行现场检查；

（二）入涉嫌违法行为发生场所调查取证；

（三）询问当事人及与被调查事件有关的单位和个人，要求其对与被调查事件有关的事项作出说明；

（四）查阅、复制与被调查事件有关的财产权登记等资料；

（五）查阅、复制保险公司、保险代理人、保险经纪人、保险资产管理公司、外国保险机构的代表机构以及与被调查事件有关的单位和个人的财务会计资料及其他相关文件和资料；对可能被转移、隐匿或者毁损的文件和资料予以封存；

（六）查询涉嫌违法经营的保险公司、保险代理人、保险经纪人、保险资产管理公司、外国保险机构的代表机构以及与涉嫌违法事项有关的单位和个人的银行账户；

（七）对有证据证明已经或者可能转移、隐匿违法资金等涉案财产或者隐匿、伪造、毁损重要证据的，经保险监督管理机构主要负责人批准，申请人民法院予以冻结或者查封。

保险监督管理机构采取前款第（一）项、第（二）项、第（五）项措施的，应当经保险监督管理机构负责人批准；采取第（六）项措施的，应当经国务院保险监督管理机构负责人批准。

保险监督管理机构依法进行监督检查或者调查，其监督检查、调查的人员不得少于二人，并应当出示合法证件和监督检查、调查通知书；监督检查、调查的人员少于二人或者未出示合法证件和监督检查、调查通知书的，被检查、调查的单位和个人有权拒绝。

第一百五十五条 保险监督管理机构依法履行职责，被检查、调查的单位和个人应当配合。

第一百五十六条 保险监督管理机构工作人员应当忠于职守，依法办事，公正廉洁，不得利用职务便利牟取不正当利益，不得泄露所知悉的有关单位和个人的商业秘密。

第一百五十七条 国务院保险监督管理机构应当与中国人民银行、国务院其他金融监督管理机构建立监督管理信息共享机制。

保险监督管理机构依法履行职责，进行监督检查、调查时，有关部门应当予以配合。

第七章 法 律 责 任

第一百五十八条 违反本法规定，擅自设立保险公司、保险资产管理公司或者非法经营商业保险业务的，由保险监督管理机构予以取缔，没收违法所得，并处违法所得一倍以上五倍以下的罚款；没有违法所得或者违法所得不足二十万元的，处二十万元以上一百万元以下的罚款。

第一百五十九条 违反本法规定，擅自设立保险专业代理机构、保险经纪人，或者未取得经营保险代理业务许可证、保险经纪业务许可证从事保险代理业务、保险经纪业务的，由保险监督管理机构予以取缔，没收违法所得，并处违法所得一倍以上五倍以下的罚款；没有违法所得或者违法所得不足五万元的，处五万元以上三十万元以下的罚款。

第一百六十条　保险公司违反本法规定,超出批准的业务范围经营的,由保险监督管理机构责令限期改正,没收违法所得,并处违法所得一倍以上五倍以下的罚款;没有违法所得或者违法所得不足十万元的,处十万元以上五十万元以下的罚款。逾期不改正或者造成严重后果的,责令停业整顿或者吊销业务许可证。

第一百六十一条　保险公司有本法第一百一十六条规定行为之一的,由保险监督管理机构责令改正,处五万元以上三十万元以下的罚款;情节严重的,限制其业务范围、责令停止接受新业务或者吊销业务许可证。

第一百六十二条　保险公司违反本法第八十四条规定的,由保险监督管理机构责令改正,处一万元以上十万元以下的罚款。

第一百六十三条　保险公司违反本法规定,有下列行为之一的,由保险监督管理机构责令改正,处五万元以上三十万元以下的罚款:

（一）超额承保,情节严重的;

（二）为无民事行为能力人承保以死亡为给付保险金条件的保险的。

第一百六十四条　违反本法规定,有下列行为之一的,由保险监督管理机构责令改正,处五万元以上三十万元以下的罚款;情节严重的,可以限制其业务范围、责令停止接受新业务或者吊销业务许可证:

（一）未按照规定提存保证金或者违反规定动用保证金的;

（二）未按照规定提取或者结转各项责任准备金的;

（三）未按照规定交纳保险保障基金或者提取公积金的;

（四）未按照规定办理再保险的;

（五）未按照规定运用保险公司资金的;

（六）未经批准设立分支机构的;

（七）未按照规定申请批准保险条款、保险费率的。

第一百六十五条　保险代理机构、保险经纪人有本法第一百三十一条规定行为之一的,由保险监督管理机构责令改正,处五万元以上三十万元以下的罚款;情节严重的,吊销业务许可证。

第一百六十六条　保险代理机构、保险经纪人违反本法规定,有下列行为之一的,由保险监督管理机构责令改正,处二万元以上十万元以下的罚款;情节严重的,责令停业整顿或者吊销业务许可证:

（一）未按照规定缴存保证金或者投保职业责任保险的;

（二）未按照规定设立专门账簿记载业务收支情况的。

第一百六十七条　违反本法规定,聘任不具有任职资格的人员的,由保险监督管理机构责令改正,处二万元以上十万元以下的罚款。

第一百六十八条　违反本法规定,转让、出租、出借业务许可证的,由保险监督管理机构处一万元以上十万元以下的罚款;情节严重的,责令停业整顿或者吊销业务许可证。

第一百六十九条　违反本法规定,有下列行为之一的,由保险监督管理机构责令限期改正;逾期不改正的,处一万元以上十万元以下的罚款:

（一）未按照规定报送或者保管报告、报表、文件、资料的,或者未按照规定提供有关信息、资料的;

（二）未按照规定报送保险条款、保险费率备案的；

（三）未按照规定披露信息的。

第一百七十条　违反本法规定,有下列行为之一的,由保险监督管理机构责令改正,处十万元以上五十万元以下的罚款;情节严重的,可以限制其业务范围、责令停止接受新业务或者吊销业务许可证:

（一）编制或者提供虚假的报告、报表、文件、资料的；

（二）拒绝或者妨碍依法监督检查的；

（三）未按照规定使用经批准或者备案的保险条款、保险费率的。

第一百七十一条　保险公司、保险资产管理公司、保险专业代理机构、保险经纪人违反本法规定的,保险监督管理机构除分别依照本法第一百六十条至第一百七十条的规定对该单位给予处罚外,对其直接负责的主管人员和其他直接责任人员给予警告,并处一万元以上十万元以下的罚款;情节严重的,撤销任职资格。

第一百七十二条　个人保险代理人违反本法规定的,由保险监督管理机构给予警告,可以并处二万元以下的罚款;情节严重的,处二万元以上十万元以下的罚款。

第一百七十三条　外国保险机构未经国务院保险监督管理机构批准,擅自在中华人民共和国境内设立代表机构的,由国务院保险监督管理机构予以取缔,处五万元以上三十万元以下的罚款。

外国保险机构在中华人民共和国境内设立的代表机构从事保险经营活动的,由保险监督管理机构责令改正,没收违法所得,并处违法所得一倍以上五倍以下的罚款;没有违法所得或者违法所得不足二十万元的,处二十万元以上一百万元以下的罚款;对其首席代表可以责令撤换;情节严重的,撤销其代表机构。

第一百七十四条　投保人、被保险人或者受益人有下列行为之一,进行保险诈骗活动,尚不构成犯罪的,依法给予行政处罚:

（一）投保人故意虚构保险标的,骗取保险金的；

（二）编造未曾发生的保险事故,或者编造虚假的事故原因或者夸大损失程度,骗取保险金的；

（三）故意造成保险事故,骗取保险金的。

保险事故的鉴定人、评估人、证明人故意提供虚假的证明文件,为投保人、被保险人或者受益人进行保险诈骗提供条件的,依照前款规定给予处罚。

第一百七十五条　违反本法规定,给他人造成损害的,依法承担民事责任。

第一百七十六条　拒绝、阻碍保险监督管理机构及其工作人员依法行使监督检查、调查职权,未使用暴力、威胁方法的,依法给予治安管理处罚。

第一百七十七条　违反法律、行政法规的规定,情节严重的,国务院保险监督管理机构可以禁止有关责任人员一定期限直至终身进入保险业。

第一百七十八条　保险监督管理机构从事监督管理工作的人员有下列情形之一的,依法给予处分:

（一）违反规定批准机构的设立的；

（二）违反规定进行保险条款、保险费率审批的；

（三）违反规定进行现场检查的；

（四）违反规定查询账户或者冻结资金的；
（五）泄露其知悉的有关单位和个人的商业秘密的；
（六）违反规定实施行政处罚的；
（七）滥用职权、玩忽职守的其他行为。

第一百七十九条 违反本法规定，构成犯罪的，依法追究刑事责任。

第八章 附 则

第一百八十条 保险公司应当加入保险行业协会。保险代理人、保险经纪人、保险公估机构可以加入保险行业协会。

保险行业协会是保险业的自律性组织，是社会团体法人。

第一百八十一条 保险公司以外的其他依法设立的保险组织经营的商业保险业务，适用本法。

第一百八十二条 海上保险适用《中华人民共和国海商法》的有关规定；《中华人民共和国海商法》未规定的，适用本法的有关规定。

第一百八十三条 中外合资保险公司、外资独资保险公司、外国保险公司分公司适用本法规定；法律、行政法规另有规定的，适用其规定。

第一百八十四条 国家支持发展为农业生产服务的保险事业。农业保险由法律、行政法规另行规定。

强制保险，法律、行政法规另有规定的，适用其规定。

第一百八十五条 本法自 2009 年 10 月 1 日起施行。

最高人民法院关于适用《中华人民共和国保险法》若干问题的解释(一)

《最高人民法院关于适用〈中华人民共和国保险法〉若干问题的解释(一)》已于2009年9月14日由最高人民法院审判委员会第1473次会议通过,现予公布,自2009年10月1日起施行。

最高人民法院

2009年9月21日

为正确审理保险合同纠纷案件,切实维护当事人的合法权益,现就人民法院适用2009年2月28日第十一届全国人大常委会第七次会议修订的《中华人民共和国保险法》(以下简称保险法)的有关问题规定如下:

第一条 保险法施行后成立的保险合同发生的纠纷,适用保险法的规定。保险法施行前成立的保险合同发生的纠纷,除本解释另有规定外,适用当时的法律规定;当时的法律没有规定的,参照适用保险法的有关规定。

认定保险合同是否成立,适用合同订立时的法律。

第二条 对于保险法施行前成立的保险合同,适用当时的法律认定无效而适用保险法认定有效的,适用保险法的规定。

第三条 保险合同成立于保险法施行前而保险标的转让、保险事故、理赔、代位求偿等行为或事件,发生于保险法施行后的,适用保险法的规定。

第四条 保险合同成立于保险法施行前,保险法施行后,保险人以投保人未履行如实告知义务或者申报被保险人年龄不真实为由,主张解除合同的,适用保险法的规定。

第五条 保险法施行前成立的保险合同,下列情形下的期间自2009年10月1日起计算:

(一)保险法施行前,保险人收到赔偿或者给付保险金的请求,保险法施行后,适用保险法第二十三条规定的三十日的;

(二)保险法施行前,保险人知道解除事由,保险法施行后,按照保险法第十六条、第三十二条的规定行使解除权,适用保险法第十六条规定的三十日的;

(三)保险法施行后,保险人按照保险法第十六条第二款的规定请求解除合同,适用保险法第十六条规定的二年的;

(四)保险法施行前,保险人收到保险标的转让通知,保险法施行后,以保险标的转让导致危险程度显著增加为由请求按照合同约定增加保险费或者解除合同,适用保险法第四十九条规定的三十日的。

第六条 保险法施行前已经终审的案件,当事人申请再审或者按照审判监督程序提起再审的案件,不适用保险法的规定。

最高人民法院关于适用《中华人民共和国保险法》若干问题的解释(二)

《最高人民法院关于适用〈中华人民共和国保险法〉若干问题的解释(二)》已于 2013 年 5 月 6 日由最高人民法院审判委员会第 1577 次会议通过,现予公布,自 2013 年 6 月 8 日起施行。

最高人民法院

2013 年 5 月 31 日

为正确审理保险合同纠纷案件,切实维护当事人的合法权益,根据《中华人民共和国保险法》《中华人民共和国合同法》《中华人民共和国民事诉讼法》等法律规定,结合审判实践,就保险法中关于保险合同一般规定部分有关法律适用问题解释如下:

第一条 财产保险中,不同投保人就同一保险标的分别投保,保险事故发生后,被保险人在其保险利益范围内依据保险合同主张保险赔偿的,人民法院应予支持。

第二条 人身保险中,因投保人对被保险人不具有保险利益导致保险合同无效,投保人主张保险人退还扣减相应手续费后的保险费的,人民法院应予支持。

第三条 投保人或者投保人的代理人订立保险合同时没有亲自签字或者盖章,而由保险人或者保险人的代理人代为签字或者盖章的,对投保人不生效。但投保人已经交纳保险费的,视为其对代签字或者盖章行为的追认。

保险人或者保险人的代理人代为填写保险单证后经投保人签字或者盖章确认的,代为填写的内容视为投保人的真实意思表示。但有证据证明保险人或者保险人的代理人存在保险法第一百一十六条、第一百三十一条相关规定情形的除外。

第四条 保险人接受了投保人提交的投保单并收取了保险费,尚未作出是否承保的意思表示,发生保险事故,被保险人或者受益人请求保险人按照保险合同承担赔偿或者给付保险金责任,符合承保条件的,人民法院应予支持;不符合承保条件的,保险人不承担保险责任,但应当退还已经收取的保险费。

保险人主张不符合承保条件的,应承担举证责任。

第五条 保险合同订立时,投保人明知的与保险标的或者被保险人有关的情况,属于保险法第十六条第一款规定的投保人"应当如实告知"的内容。

第六条 投保人的告知义务限于保险人询问的范围和内容。当事人对询问范围及内容有争议的,保险人负举证责任。

保险人以投保人违反了对投保单询问表中所列概括性条款的如实告知义务为由请求解

除合同的,人民法院不予支持。但该概括性条款有具体内容的除外。

第七条 保险人在保险合同成立后知道或者应当知道投保人未履行如实告知义务,仍然收取保险费,又依照保险法第十六条第二款的规定主张解除合同的,人民法院不予支持。

第八条 保险人未行使合同解除权,直接以存在保险法第十六条第四款、第五款规定的情形为由拒绝赔偿的,人民法院不予支持。但当事人就拒绝赔偿事宜及保险合同存续另行达成一致的情况除外。

第九条 保险人提供的格式合同文本中的责任免除条款、免赔额、免赔率、比例赔付或者给付等免除或者减轻保险人责任的条款,可以认定为保险法第十七条第二款规定的"免除保险人责任的条款"。

保险人因投保人、被保险人违反法定或者约定义务,享有解除合同权利的条款,不属于保险法第十七条第二款规定的"免除保险人责任的条款"。

第十条 保险人将法律、行政法规中的禁止性规定情形作为保险合同免责条款的免责事由,保险人对该条款作出提示后,投保人、被保险人或者受益人以保险人未履行明确说明义务为由主张该条款不生效的,人民法院不予支持。

第十一条 保险合同订立时,保险人在投保单或者保险单等其他保险凭证上,对保险合同中免除保险人责任的条款,以足以引起投保人注意的文字、字体、符号或者其他明显标志作出提示的,人民法院应当认定其履行了保险法第十七条第二款规定的提示义务。

保险人对保险合同中有关免除保险人责任条款的概念、内容及其法律后果以书面或者口头形式向投保人作出常人能够理解的解释说明的,人民法院应当认定保险人履行了保险法第十七条第二款规定的明确说明义务。

第十二条 通过网络、电话等方式订立的保险合同,保险人以网页、音频、视频等形式对免除保险人责任条款予以提示和明确说明的,人民法院可以认定其履行了提示和明确说明义务。

第十三条 保险人对其履行了明确说明义务负举证责任。

投保人对保险人履行了符合本解释第十一条第二款要求的明确说明义务在相关文书上签字、盖章或者以其他形式予以确认的,应当认定保险人履行了该项义务。但另有证据证明保险人未履行明确说明义务的除外。

第十四条 保险合同中记载的内容不一致的,按照下列规则认定:

(一)投保单与保险单或者其他保险凭证不一致的,以投保单为准。但不一致的情形系经保险人说明并经投保人同意的,以投保人签收的保险单或者其他保险凭证载明的内容为准;

(二)非格式条款与格式条款不一致的,以非格式条款为准;

(三)保险凭证记载的时间不同的,以形成时间在后的为准;

(四)保险凭证存在手写和打印两种方式的,以双方签字、盖章的手写部分的内容为准。

第十五条 保险法第二十三条规定的三十日核定期间,应自保险人初次收到索赔请求及投保人、被保险人或者受益人提供的有关证明和资料之日起算。

保险人主张扣除投保人、被保险人或者受益人补充提供有关证明和资料期间的,人民法院应予支持。扣除期间自保险人根据保险法第二十二条规定作出的通知到达投保人、被保险人或者受益人之日起,至投保人、被保险人或者受益人按照通知要求补充提供的有关证明和资料到达保险人之日止。

第十六条 保险人应以自己的名义行使保险代位求偿权。

根据保险法第六十条第一款的规定,保险人代位求偿权的诉讼时效期间应自其取得代位求偿权之日起算。

第十七条 保险人在其提供的保险合同格式条款中对非保险术语所作的解释符合专业意义,或者虽不符合专业意义,但有利于投保人、被保险人或者受益人的,人民法院应予认可。

第十八条 行政管理部门依据法律规定制作的交通事故认定书、火灾事故认定书等,人民法院应当依法审查并确认其相应的证明力,但有相反证据能够推翻的除外。

第十九条 保险事故发生后,被保险人或者受益人起诉保险人,保险人以被保险人或者受益人未要求第三者承担责任为由抗辩不承担保险责任的,人民法院不予支持。

财产保险事故发生后,被保险人就其所受损失从第三者取得赔偿后的不足部分提起诉讼,请求保险人赔偿的,人民法院应予依法受理。

第二十条 保险公司依法设立并取得营业执照的分支机构属于《中华人民共和国民事诉讼法》第四十八条规定的其他组织,可以作为保险合同纠纷案件的当事人参加诉讼。

第二十一条 本解释施行后尚未终审的保险合同纠纷案件,适用本解释;本解释施行前已经终审,当事人申请再审或者按照审判监督程序决定再审的案件,不适用本解释。

最高人民法院关于适用《中华人民共和国保险法》若干问题的解释(三)

《最高人民法院关于适用〈中华人民共和国保险法〉若干问题的解释(三)》已于2015年9月21日由最高人民法院审判委员会第1661次会议通过,现予公布,自2015年12月1日起施行。

最高人民法院
2015年11月25日

为正确审理保险合同纠纷案件,切实维护当事人的合法权益,根据《中华人民共和国保险法》《中华人民共和国合同法》《中华人民共和国民事诉讼法》等法律规定,结合审判实践,就保险法中关于保险合同中人身保险部分有关法律适用问题解释如下:

第一条 当事人订立以死亡为给付保险金条件的合同,根据保险法第三十四条的规定,"被保险人同意并认可保险金额"可以采取书面形式、口头形式或者其他形式;可以在合同订立时作出,也可以在合同订立后追认。

有下列情形之一的,应认定为被保险人同意投保人为其订立保险合同并认可保险金额:

(一) 被保险人明知他人代其签名同意而未表示异议的;

(二) 被保险人同意投保人指定的受益人的;

(三) 有证据足以认定被保险人同意投保人为其投保的其他情形。

第二条 被保险人以书面形式通知保险人和投保人撤销其依据保险法第三十四条第一款规定所作出的同意意思表示的,可认定为保险合同解除。

第三条 人民法院审理人身保险合同纠纷案件时,应主动审查投保人订立保险合同时是否具有保险利益,以及以死亡为给付保险金条件的合同是否经过被保险人同意并认可保险金额。

第四条 保险合同订立后,因投保人丧失对被保险人的保险利益,当事人主张保险合同无效的,人民法院不予支持。

第五条 保险合同订立时,被保险人根据保险人的要求在指定医疗服务机构进行体检,当事人主张投保人如实告知义务免除的,人民法院不予支持。

保险人知道被保险人的体检结果,仍以投保人未就相关情况履行如实告知义务为由要求解除合同的,人民法院不予支持。

第六条 未成年人父母之外的其他履行监护职责的人为未成年人订立以死亡为给付保险金条件的合同,当事人主张参照保险法第三十三条第二款、第三十四条第三款的规定认定该合同有效的，人民法院不予支持，但经未成年人父母同意的除外。

第七条 当事人以被保险人、受益人或者他人已经代为支付保险费为由，主张投保人对应的交费义务已经履行的，人民法院应予支持。

第八条 保险合同效力依照保险法第三十六条规定中止，投保人提出恢复效力申请并同意补交保险费的，除被保险人的危险程度在中止期间显著增加外，保险人拒绝恢复效力的，人民法院不予支持。

保险人在收到恢复效力申请后，三十日内未明确拒绝的，应认定为同意恢复效力。

保险合同自投保人补交保险费之日恢复效力。保险人要求投保人补交相应利息的，人民法院应予支持。

第九条 投保人指定受益人未经被保险人同意的，人民法院应认定指定行为无效。

当事人对保险合同约定的受益人存在争议，除投保人、被保险人在保险合同之外另有约定外，按照以下情形分别处理：

（一）受益人约定为"法定"或者"法定继承人"的，以继承法规定的法定继承人为受益人；

（二）受益人仅约定为身份关系，投保人与被保险人为同一主体的，根据保险事故发生时与被保险人的身份关系确定受益人；投保人与被保险人为不同主体的，根据保险合同成立时与被保险人的身份关系确定受益人；

（三）受益人的约定包括姓名和身份关系，保险事故发生时身份关系发生变化的，认定为未指定受益人。

第十条 投保人或者被保险人变更受益人，当事人主张变更行为自变更意思表示发出时生效的，人民法院应予支持。

投保人或者被保险人变更受益人未通知保险人，保险人主张变更对其不发生效力的，人民法院应予支持。

投保人变更受益人未经被保险人同意的，人民法院应认定变更行为无效。

第十一条 投保人或者被保险人在保险事故发生后变更受益人，变更后的受益人请求保险人给付保险金的，人民法院不予支持。

第十二条 投保人或者被保险人指定数人为受益人，部分受益人在保险事故发生前死亡、放弃受益权或者依法丧失受益权的，该受益人应得的受益份额按照保险合同的约定处理；保险合同没有约定或者约定不明的，该受益人应得的受益份额按照以下情形分别处理：

（一）未约定受益顺序和受益份额的，由其他受益人平均享有；

（二）未约定受益顺序但约定受益份额的，由其他受益人按照相应比例享有；

（三）约定受益顺序但未约定受益份额的，由同顺序的其他受益人平均享有；同一顺序没有其他受益人的，由后一顺序的受益人平均享有；

（四）约定受益顺序和受益份额的，由同顺序的其他受益人按照相应比例享有；同一顺序没有其他受益人的，由后一顺序的受益人按照相应比例享有。

第十三条 保险事故发生后，受益人将与本次保险事故相对应的全部或者部分保险金请求权转让给第三人，当事人主张该转让行为有效的，人民法院应予支持，但根据合同性质、当事人约定或者法律规定不得转让的除外。

第十四条 保险金根据保险法第四十二条规定作为被保险人的遗产，被保险人的继承人要求保险人给付保险金，保险人以其已向持有保险单的被保险人的其他继承人给付保险金为由抗辩的,人民法院应予支持。

第十五条 受益人与被保险人存在继承关系,在同一事件中死亡且不能确定死亡先后顺序的,人民法院应根据保险法第四十二条第二款的规定推定受益人死亡在先,并按照保险法及本解释的相关规定确定保险金归属。

第十六条 保险合同解除时,投保人与被保险人、受益人为不同主体,被保险人或者受益人要求退还保险单的现金价值的,人民法院不予支持,但保险合同另有约定的除外。

投保人故意造成被保险人死亡、伤残或者疾病,保险人依照保险法第四十三条规定退还保险单的现金价值的,其他权利人按照被保险人、被保险人继承人的顺序确定。

第十七条 投保人解除保险合同,当事人以其解除合同未经被保险人或者受益人同意为由主张解除行为无效的,人民法院不予支持,但被保险人或者受益人已向投保人支付相当于保险单现金价值的款项并通知保险人的除外。

第十八条 保险人给付费用补偿型的医疗费用保险金时,主张扣减被保险人从公费医疗或者社会医疗保险取得的赔偿金额的,应当证明该保险产品在厘定医疗费用保险费率时已经将公费医疗或者社会医疗保险部分相应扣除,并按照扣减后的标准收取保险费。

第十九条 保险合同约定按照基本医疗保险的标准核定医疗费用,保险人以被保险人的医疗支出超出基本医疗保险范围为由拒绝给付保险金的,人民法院不予支持;保险人有证据证明被保险人支出的费用超过基本医疗保险同类医疗费用标准,要求对超出部分拒绝给付保险金的,人民法院应予支持。

第二十条 保险人以被保险人未在保险合同约定的医疗服务机构接受治疗为由拒绝给付保险金的,人民法院应予支持,但被保险人因情况紧急必须立即就医的除外。

第二十一条 保险人以被保险人自杀为由拒绝给付保险金的,由保险人承担举证责任。

受益人或者被保险人的继承人以被保险人自杀时无民事行为能力为由抗辩的,由其承担举证责任。

第二十二条 保险法第四十五条规定的"被保险人故意犯罪"的认定,应当以刑事侦查机关、检察机关和审判机关的生效法律文书或者其他结论性意见为依据。

第二十三条 保险人主张根据保险法第四十五条的规定不承担给付保险金责任的,应当证明被保险人的死亡、伤残结果与其实施的故意犯罪或者抗拒依法采取的刑事强制措施的行为之间存在因果关系。

被保险人在羁押、服刑期间因意外或者疾病造成伤残或者死亡,保险人主张根据保险法第四十五条的规定不承担给付保险金责任的,人民法院不予支持。

第二十四条 投保人为被保险人订立以死亡为给付保险金条件的保险合同,被保险人被宣告死亡后,当事人要求保险人按照保险合同约定给付保险金的,人民法院应予支持。

被保险人被宣告死亡之日在保险责任期间之外,但有证据证明下落不明之日在保险责任期间之内,当事人要求保险人按照保险合同约定给付保险金的,人民法院应予支持。

第二十五条 被保险人的损失系由承保事故或者非承保事故、免责事由造成难以确定,当事人请求保险人给付保险金的,人民法院可以按照相应比例予以支持。

第二十六条 本解释自 2015 年 12 月 1 日起施行。本解释施行后尚未终审的保险合同纠纷案件,适用本解释;本解释施行前已经终审,当事人申请再审或者按照审判监督程序决定再审的案件,不适用本解释。

最高人民法院关于适用《中华人民共和国保险法》若干问题的解释(四)

《最高人民法院关于适用〈中华人民共和国保险法〉若干问题的解释(四)》已于2018年5月14日由最高人民法院审判委员会第1738次会议通过,现予公布,自2018年9月1日起施行。

最高人民法院
2018年7月31日

为正确审理保险合同纠纷案件,切实维护当事人的合法权益,根据《中华人民共和国保险法》《中华人民共和国合同法》《中华人民共和国民事诉讼法》等法律规定,结合审判实践,就保险法中财产保险合同部分有关法律适用问题解释如下:

第一条 保险标的已交付受让人,但尚未依法办理所有权变更登记,承担保险标的毁损灭失风险的受让人,依照保险法第四十八条、第四十九条的规定主张行使被保险人权利的,人民法院应予支持。

第二条 保险人已向投保人履行了保险法规定的提示和明确说明义务,保险标的受让人以保险标的转让后保险人未向其提示或者明确说明为由,主张免除保险人责任的条款不生效的,人民法院不予支持。

第三条 被保险人死亡,继承保险标的的当事人主张承继被保险人的权利和义务的,人民法院应予支持。

第四条 人民法院认定保险标的是否构成保险法第四十九条、第五十二条规定的"危险程度显著增加"时,应当综合考虑以下因素:

(一)保险标的用途的改变;
(二)保险标的使用范围的改变;
(三)保险标的所处环境的变化;
(四)保险标的因改装等原因引起的变化;
(五)保险标的使用人或者管理人的改变;
(六)危险程度增加持续的时间;
(七)其他可能导致危险程度显著增加的因素。

保险标的危险程度虽然增加,但增加的危险属于保险合同订立时保险人预见或者应当预见的保险合同承保范围的,不构成危险程度显著增加。

第五条 被保险人、受让人依法及时向保险人发出保险标的的转让通知后,保险人作出答复前,发生保险事故,被保险人或者受让人主张保险人按照保险合同承担赔偿保险金的责任的,人民法院应予支持。

第六条 保险事故发生后,被保险人依照保险法第五十七条的规定,请求保险人承担为防止或者减少保险标的的损失所支付的必要、合理费用,保险人以被保险人采取的措施未产生实际效果为由抗辩的,人民法院不予支持。

第七条 保险人依照保险法第六十条的规定,主张代位行使被保险人因第三者侵权或者违约等享有的请求赔偿的权利的,人民法院应予支持。

第八条 投保人和被保险人为不同主体,因投保人对保险标的的损害而造成保险事故,保险人依法主张代位行使被保险人对投保人请求赔偿的权利的,人民法院应予支持,但法律另有规定或者保险合同另有约定的除外。

第九条 在保险人以第三者为被告提起的代位求偿权之诉中,第三者以被保险人在保险合同订立前已放弃对其请求赔偿的权利为由进行抗辩,人民法院认定上述放弃行为合法有效,保险人就相应部分主张行使代位求偿权的,人民法院不予支持。

保险合同订立时,保险人就是否存在上述放弃情形提出询问,投保人未如实告知,导致保险人不能代位行使请求赔偿的权利,保险人请求返还相应保险金的,人民法院应予支持,但保险人知道或者应当知道上述情形仍同意承保的除外。

第十条 因第三者对保险标的的损害而造成保险事故,保险人获得代位请求赔偿的权利的情况未通知第三者或者通知到达第三者前,第三者在被保险人已经从保险人处获赔的范围内又向被保险人作出赔偿,保险人主张代位行使被保险人对第三者请求赔偿的权利的,人民法院不予支持。保险人就相应保险金主张被保险人返还的,人民法院应予支持。

保险人获得代位请求赔偿的权利的情况已经通知到第三者,第三者又向被保险人作出赔偿,保险人主张代位行使请求赔偿的权利,第三者以其已经向被保险人赔偿为由抗辩的,人民法院不予支持。

第十一条 被保险人因故意或者重大过失未履行保险法第六十三条规定的义务,致使保险人未能行使或者未能全部行使代位请求赔偿的权利,保险人主张在其损失范围内扣减或者返还相应保险金的,人民法院应予支持。

第十二条 保险人以造成保险事故的第三者为被告提起代位求偿权之诉的,以被保险人与第三者之间的法律关系确定管辖法院。

第十三条 保险人提起代位求偿权之诉时,被保险人已经向第三者提起诉讼的,人民法院可以依法合并审理。

保险人行使代位求偿权时,被保险人已经向第三者提起诉讼,保险人向受理该案的人民法院申请变更当事人,代位行使被保险人对第三者请求赔偿的权利,被保险人同意的,人民法院应予准许;被保险人不同意的,保险人可以作为共同原告参加诉讼。

第十四条 具有下列情形之一的,被保险人可以依照保险法第六十五条第二款的规定请求保险人直接向第三者赔偿保险金:

(一) 被保险人对第三者所负的赔偿责任经人民法院生效裁判、仲裁裁决确认;

(二) 被保险人对第三者所负的赔偿责任经被保险人与第三者协商一致;

(三) 被保险人对第三者应负的赔偿责任能够确定的其他情形。

前款规定的情形下,保险人主张按照保险合同确定保险赔偿责任的,人民法院应予支持。

第十五条 被保险人对第三者应负的赔偿责任确定后,被保险人不履行赔偿责任,且第三者以保险人为被告或者以保险人与被保险人为共同被告提起诉讼时,被保险人尚未向保险人提出直接向第三者赔偿保险金的请求的,可以认定为属于保险法第六十五条第二款规定的"被保险人怠于请求"的情形。

第十六条 责任保险的被保险人因共同侵权依法承担连带责任,保险人以该连带责任超出被保险人应承担的责任份额为由,拒绝赔付保险金的,人民法院不予支持。保险人承担保险责任后,主张就超出被保险人责任份额的部分向其他连带责任人追偿的,人民法院应予支持。

第十七条 责任保险的被保险人对第三者所负的赔偿责任已经生效判决确认并已进入执行程序,但未获得清偿或者未获得全部清偿,第三者依法请求保险人赔偿保险金,保险人以前述生效判决已进入执行程序为由抗辩的,人民法院不予支持。

第十八条 商业责任险的被保险人向保险人请求赔偿保险金的诉讼时效期间,自被保险人对第三者应负的赔偿责任确定之日起计算。

第十九条 责任保险的被保险人与第三者就被保险人的赔偿责任达成和解协议且经保险人认可,被保险人主张保险人在保险合同范围内依据和解协议承担保险责任的,人民法院应予支持。

被保险人与第三者就被保险人的赔偿责任达成和解协议,未经保险人认可,保险人主张对保险责任范围以及赔偿数额重新予以核定的,人民法院应予支持。

第二十条 责任保险的保险人在被保险人向第三者赔偿之前向被保险人赔偿保险金,第三者依照保险法第六十五条第二款的规定行使保险金请求权时,保险人以其已向被保险人赔偿为由拒绝赔偿保险金的,人民法院不予支持。保险人向第三者赔偿后,请求被保险人返还相应保险金的,人民法院应予支持。

第二十一条 本解释自 2018 年 9 月 1 日起施行。

本解释施行后人民法院正在审理的一审、二审案件,适用本解释;本解释施行前已经终审,当事人申请再审或者按照审判监督程序决定再审的案件,不适用本解释。

参考文献

1. 翟建华：《保险学概论(第四版)》,东北财经大学出版社,2016年。
2. 刘永刚：《保险学(第2版)》,中国工信出版集团、人民邮电出版社,2016年。
3. 刘永刚：《保险学案例分析》,中国财政经济出版社,2016年。
4. 黄玉娟：《保险基础知识》,北京大学出版社,2014年。
5. 夏秀梅：《保险学原理》,清华大学出版社,2014年。
6. 裘红霞：《保险学》,清华大学出版社,2011年。
7. 于光荣：《保险理论与实务》,北京理工大学出版社,2013年。
8. 李学英：《保险理论与实务》,华南理工大学出版社,2011年。
9. 徐昆：《保险理论与实务》,北京师范大学出版社,2018年。
10. 马宜斐、段文军：《保险原理与实务(第二版)》,中国人民大学出版社,2011年。
11. 郑美琴：《保险案例评析》,中国经济出版社,2004年。
12. 李国义：《保险概论(第二版)》,高等教育出版社,2001年。

图书在版编目(CIP)数据

商业保险理论与实务/杨俊峰主编. —上海:复旦大学出版社,2019.8
(复旦卓越)
人力资源管理和社会保障系列教材
ISBN 978-7-309-14429-1

Ⅰ.①商… Ⅱ.①杨… Ⅲ.①商业保险-高等职业教育-教材 Ⅳ.①F840.6

中国版本图书馆 CIP 数据核字(2019)第 127982 号

商业保险理论与实务
杨俊峰 主编
责任编辑/王雅楠

复旦大学出版社有限公司出版发行
上海市国权路 579 号 邮编:200433
网址:fupnet@fudanpress.com   http://www.fudanpress.com
门市零售:86-21-65642857   团体订购:86-21-65118853
外埠邮购:86-21-65109143   出版部电话:86-21-65642845
浙江省临安市曙光印务有限公司

开本 787×1092 1/16 印张 15 字数 347 千
2019 年 8 月第 1 版第 1 次印刷

ISBN 978-7-309-14429-1/F·2595
定价:35.00 元

如有印装质量问题,请向复旦大学出版社有限公司出版部调换。
版权所有 侵权必究